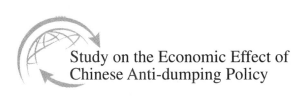

Study on the Economic Effect of
Chinese Anti-dumping Policy

安徽省哲学社会科学规划项目研究成果，项目批准号：AHSKF2019D048

中国对外反倾销
政策效应评估

陈清萍◎著

经济管理出版社

ECONOMY & MANAGEMENT PUBLISHING HOUSE

图书在版编目（CIP）数据

中国对外反倾销政策效应评估／陈清萍著. —北京：经济管理出版社，2020. 5
ISBN 978-7-5096-6987-7

Ⅰ. ①中… Ⅱ. ①陈… Ⅲ. ①反倾销—贸易政策—研究—中国 Ⅳ. ①F752. 023

中国版本图书馆 CIP 数据核字（2020）第 076709 号

组稿编辑：任爱清
责任编辑：任爱清
责任印制：黄章平
责任校对：赵天宇

出版发行：经济管理出版社
　　　　　（北京市海淀区北蜂窝 8 号中雅大厦 A 座 11 层　100038）
网　　　址：www. E-mp. com. cn
电　　　话：(010) 51915602
印　　　刷：三河市延风印装有限公司
经　　　销：新华书店
开　　　本：720mm×1000mm /16
印　　　张：16
字　　　数：263 千字
版　　　次：2020 年 8 月第 1 版　　2020 年 8 月第 1 次印刷
书　　　号：ISBN 978-7-5096-6987-7
定　　　价：88. 00 元

合理对外反倾销　维护中国产业安全

（代序）

　　中国经济正面临经济全球化赋予的新的开放特征和深刻而巨大的结构性与制度性转型，这促进了中国国内市场与国际市场深度的相互融合，要求国内市场和出口市场同时具有更强的抵御和化解风险的能力，凸显中国产业安全维护的重要性。全球多边贸易体制的运作规则，从推进"无条件"的自由贸易转向推进"对等"的自由贸易，这也对中国经济调控的手段和方式的合法性、合理性、策略性提出了更高要求。中国作为进口大国，加快其进口监管政策与国际接轨的步伐，优化中国反倾销政策，增强中国抵御和化解产业安全风险的能力是非常有必要的。《中国对外反倾销政策效应评估》一书是陈清萍博士在其博士学位论文基础上完善而成，在当前背景下具有重要的研究价值和启示意义。

　　该书有四个主要的特色。特色之一在于选择了中国作为诉讼发起国的视角来研究反倾销政策。中国是全球遭遇反倾销最多的国家，国内大量反倾销的研究主要采用的是中国作为应诉国的视角。然而，中国是出口大国，也是进口大国。尤其近年来中国连续举办进口博览会，积极主动扩大进口，中国在扩大进口中面临的产业安全和政策监管问题不容忽视。

　　特色之二，该书不仅评估了反倾销对于国内进口竞争性产业和企业的贸易救济效果，还评估了这一政策可能的代价，即对中间产品反倾销可能对下游产业和企业带来关联影响。这部分内容主要体现在该书的四个核心章节，即第四章至第七章。第四章从进口贸易流量效应的角度考察中国对外反倾销政策对进口竞争性企业和下游企业的影响，发现一方面反倾销措施提高了涉案产品价格、控制了进口数量激增，将对国内进口竞争性企业起到较好的贸易救济效果；另一方面，反倾销显著减少了进口涉案产品的下游企业和进口来源国数量，可能对下游企业造成损害。第五、六两章进一步对反倾销贸易救济效应进行不同角度的验证。第五章从生产率的角度分析反倾销对国内进口竞争性企业经营绩效的影响，发现中国对外反倾销显著促进了进口竞争性企业生产率的增长。第六章则考察反倾销对国内进口竞争性行业出口的影响，发现对外反倾销总体上促进了中国进口竞争性产品的出口。第七章则对反倾销的产业关联效应进行了研究，发现反倾销税的征收显著减少了下游企业的出口。这四章内容自成体系，各章的结论又可以互为佐证，对中国合理、适度应用反倾销具有政策参考价值。

特色之三，该书利用企业层级的数据进行了实证研究，为中国反倾销政策效应提供了更微观的证据。该书是企业异质性理论在国际贸易政策研究领域的一次应用。得益于中国可获得的企业数据，作者不仅能够考察对外反倾销对中国进口竞争性企业、下游企业等国内企业带来的差异化影响，还能够区分企业生产率、所有制等企业异质性特征可能带来的差异化影响，能够更好地揭示反倾销政策效应内在的微观作用机制。

特色之四，作者花费了大量时间精力，整合了世界银行、世界贸易组织和中国贸易救济信息网三大贸易救济案件数据库，梳理了截至2019年底中国对外发起的反倾销、反补贴和保障措施的所有案件信息，具体包括每起案件的应诉国、涉案产品、税则号以及立案、初裁、终裁、复审的时间和裁决结果，并将其完整地列示到书后附录之中，为科研工作者未来从事贸易救济措施相关研究提供诸多便利。

自1997年中国发起第一例对外反倾销案件至今，中国反倾销实践已有二十余年。中国在积极应用对外反倾销救济国内进口竞争性产业和企业的同时，也不能忽视全球价值链背景下贸易政策推行可能导致的综合影响。希望该书的出版能够为中国反倾销政策合理、适度应用带来有益的政策启示。

鲍晓华
2020年4月20日

自　序

  自 20 世纪 80 年代以来，反倾销在国际上被广泛使用，成为全球使用最频繁、应用最广、影响最大的一种贸易救济措施，受到了来自社会各界人士的关注。1997 年 11 月，当时的对外经济贸易部牵头对来自美国、加拿大和韩国的新闻纸发起反倾销调查，开启了中国对外反倾销的历史先河。如今，中国是全球第七大反倾销发起国，每年平均对占比 1.93% 的进口贸易采取反倾销措施，年均涉案金额达 182.39 亿美元，反倾销已经成为中国最重要的贸易救济工具。

  自党的十八大以来，中国经济从高速增长迈向高质量发展的新阶段，以习近平同志为核心的党中央着眼国际国内发展大局，推动了更高水平对外开放的重要战略部署，要求发挥国内大规模市场的先天优势，积极扩大进口。2018 年 11 月和 2019 年 11 月，中国分别成功举办第一届、第二届中国国际进口博览会，吸引了 181 个国家、地区和国际组织参会，合计意向成交额 1300 多亿美元；2019 年 1 月和 2020 年 1 月，国务院分别下调了 700 余项和 850 余项商品的进口关税，积极推进世界贸易组织的《贸易便利化协定》，加快提升营商环境，为全世界高品质商品的进口提供便利。可以预见，随着中国经济实力的不断增强，进口贸易将在不久的未来迎来长足的发展，而作为调节进口、规范外国出口商不公平竞争行为、维护进口秩序、救济国内进口竞争性企业的重要工具——反倾销政策将继续被中国高频次使用。

  实施反倾销，不是为了行贸易保护之实，而是为了更好地维护进口秩序，在实现进口贸易自由化的同时让国内产业得以健康发展。20 多年来，商务部一直遵循公平贸易原则并一以贯之，中国对外反倾销调查的发起也随着倾销进口的起伏而波动。在对外开放高质量发展阶段，国际贸易规则的合理运用被提上新的日程和高度，我们应审慎思考反倾销的作用，认识反倾销的合规性和有效性，全面评估中国对外反倾销的政策效应，而这正是本书的基本出发点。

合规性是本书关注的主题之一。自 1995 年世界贸易组织成立以来，中国对外贸易飞速发展，"中国制造"享誉世界，同时也让中国连续 15 年成为全球最大的反倾销被指控国。这一事实让"中国对外反倾销是为了震慑外国对华反倾销"的观点颇具代表性，在《中华人民共和国反倾销条例》第五十六条中设立的"任何国家（地区）对中华人民共和国的出口产品采取歧视性反倾销措施的，中华人民共和国可以根据实际情况对该国家（地区）采取相应的措施"也让人充满遐想，但是中国对外反倾销的实践和数据告诉我们并非如此。中国对外反倾销的调查程序严格遵守《中华人民共和国对外贸易法》第四十一条和世界贸易组织的《反倾销协议》。1997~2008 年中国对外发起反倾销 161 起、外国对华发起 584 起，2009~2018 年中国对外发起反倾销 113 起、外国对华发起 647 起，中国对外反倾销与外国对华反倾销之比从 1∶3.6 下降至 1∶5.7 就是例证。

有效性是本书关注的重点问题。待考察的主要包括两点：第一，反倾销是否有助于扼制倾销进口激增；第二，反倾销是否有助于救济国内进口竞争性企业。前者是途径，后者是目的。单就有效性而言，对前者的探讨只需聚焦于反倾销的贸易限制效应，但是涉及第二点，学术界往往同时考察其贸易转移效应。本书遵从已有的研究范式分析了反倾销的贸易限制效应、贸易转移效应和贸易总量效应，发现贸易转移效应不足以抵消贸易限制效应，也就是说，中国对外反倾销对涉案产品的进口起到良好的调控作用。对于第二点，反倾销的作用机制远比第一点复杂，受到的影响因素更多，实施效果取决于贸易转移效应的强弱、外国倾销企业是否采取了规避措施以及国内进口竞争性企业的生产经营理念和技术创新行为等。本书通过考察国内进口竞争性企业的劳动生产率和全要素生产率，发现整体上中国对外反倾销有助于救济国内进口竞争性企业，其中，对低效率企业的影响大于高效率企业、对国内销售企业的影响超过出口企业、对国有企业的影响超过外资企业和私营企业。针对该结论，有人提出："即使反倾销达到了救济国内进口竞争性企业的目的，这些企业在走向国际市场时也是不堪一击的"，反倾销将成为这些企业的"拐杖"而难以撤除。为了澄清这一点，本书还进一步考察了中国"与涉案产品相似的"同类产品在国际市场上的表现，结果发现，反倾销有助于促进中国同类产品的出口增长，但与被指控国家的同类产品相比它们还是逊色不少、差异化产品尤甚，表明反倾销主要通过规模经济效应而非技术创新效应提升国内进口竞争性企业和产品的出口竞争力。

　　如果说有效性是反倾销的直接影响，那么产业关联效应就是其间接影响了。在中国，九成以上的反倾销是针对中间产品发起的，它就像一把"双刃剑"，即反倾销在对国内进口竞争性企业起到救济作用的同时，还会伤害另一个群体——下游企业。本书研究发现，反倾销导致进口下游企业数量、进口国家数量、平均进口额和平均进口量的同步下降。从下游企业的角度来看，反倾销不仅降低了它们对外国中间投入品的可获得程度，同时还提高了其采购价格和生产成本，给生产和出口带来了不确定因素。因此，即使不考虑国内消费者的利益，反倾销对国内企业而言也不是完全利好的。这就要求我们在更加宏观的视角下考量反倾销的综合影响效应。但是，这并不意味着商务部将陷入进退维谷的两难境地，因为在反倾销的微观实践中很多问题可以迎刃而解。首先，反倾销的发起应秉承世界贸易组织一贯倡导的开放、透明和公平的基本原则，以打击外国企业倾销行为为目的，为实现公平的、自由的、平等的贸易提供保障；其次，商务部门在调查过程中可以尽可能广泛地聆听国内各类企业的声音，在全面考虑多种因素和企业意见的基础上，采取科学合理的方法构建模型计算反倾销措施的福利效应，做出正确的裁决。

　　2020 年是中华人民共和国成立 71 周年，也是改革开放的第 42 个年头。中国自 2013 年超越美国、已相继六年成为全球货物贸易第一大国（2016 年除外），2017~2019 年连续三年成为全球第二大外资流入国。日前中国主导的"一带一路"建设如火如荼，国内自贸区数量增至 18 个，已经实现了"沿海全覆盖、内陆有重点"的"四梁八柱"架构，中国对外开放正在形成陆海内外联动、东西双向互济的新格局，对外贸易发展正在由数量型扩张向质量型增长转变。在此经济背景下，如何在全球多边合作框架下运用成熟的贸易政策工具，并在此基础上进行突破创新，服务于中国更高水平对外开放大局，意义非凡且重大。本书力求用事实说话，全景式展现了中国对外反倾销案件从立案到裁决到复审的基本情况，采用双重差分法剖析反倾销对中国进口贸易、国内进口竞争性企业和产品以及下游企业的深刻影响，并针对主要发现从宏观和微观两大视角提出相应的对策建议，期待为我国更好地利用反倾销维护国内市场公平竞争环境提供有益的借鉴。

陈清萍

2020 年 6 月 12 日

目　录

第一章　绪　论

20 世纪最后几年，中国实现了反倾销法律制度运用的零的突破，如今已经跻身为全球第七大反倾销发起国。倾销问题何以发端？为何长期存在？中国对外反倾销的现状、特征与进口覆盖率如何？政策效应怎样？本书将从倾销的定义、分类及中国对外反倾销的历史沿革、体制机制和现状特征出发，全面阐释反倾销的政策效应，重点研究中国对外反倾销对国内进出口贸易与相关企业的影响效应，为反倾销实践提供理论支撑与政策建议。

第一节　研究背景与研究意义

一、研究背景

倾销是指来自国外的产品以低于其正常价值的价格在国内销售并且在短期内进口数量激增，对本国产业造成实质损害或实质损害威胁的行为。反倾销旨在增加国外低价产品的成本、提高进口价格、控制进口数量激增以救济本国产业。由于世界贸易组织（World Trade Organization，WTO）严格限制传统贸易壁垒的使用，反倾销法被各成员国争相援引，反倾销已经成为全球运用次数最多、应用范围最广、使用频率最高的一种贸易救济措施。1995~2018 年，全球共发起反倾销指控 5725 起，其中，以中国为指控对象国的案件 1327 起，占 23.2%（WTO，2019）。仅 2018 年，中国遭遇反倾销指控 57 起，是全球第二大反倾销被指控国韩国的 5 倍多，中国已经连续 23 年成为全球最大的反倾销指控对象国。这一事实使国内绝大多数研究以中国作为出口国的角度，为中国设计针对外国反倾销的策略和应对措施。然而，中国贸易救济体系的建立和完善，依赖于应对国外贸易救济调查和对外发起贸易救济调查两个不可分割的组成部分。

从贸易角度来看，过去中国的对外开放主要倚重的是出口导向战略，进口贸易侧重于引进、学习、模仿和利用发达国家的先进设备和技术，以减少自行研发和探索过程中需要的大量资金和人力资本投入，绕开技术创新过程中可能遭遇的障碍，从而最大限度地节约时间成本。如今，一方面，中国最大的贸易伙伴国——美国将其国内经济颓势归咎于中国的出口快速增长，不仅实施了"制造业回流"战略，还对中国的出口产品竖起了高高的关税壁垒，导致中国出口导向战略难以为继；另一方面，中国经济发展遭遇光刻机、芯片、操作系统、航空发动机短舱、触觉传感器等数十项卡脖子关键技术"瓶颈"[1]，在美国对华进行技术封锁的当下，一些产业的发展可能即将面临困难，意味着中国模仿后再创新之路的终结。党的十八大以来，中国调整了对外贸易战略，提出了出口和进口的双向开放，2018年11月在上海举办了首届中国国际进口博览会，习近平总书记出席并发表了热情洋溢的演讲，2019年第二届中国国际进口博览会如期召开，表明进口开放已经被提上了新的高度，意味着新时代进口贸易自由化将承担更多的历史重任，进口也将迎来新一轮的增长浪潮。需要指出的是，在进口贸易自由化的新进程中，中国应该特别谨防少数外国企业以倾销手段谋取不正当收益，充分重视对反倾销措施这种国际通行贸易政策工具的灵活运用，以维护国内企业的合法利益，提升中国企业的国际竞争力。

改革开放40多年来，中国在应对外国对华反倾销诉讼的历练中逐渐熟悉和了解这一贸易政策措施，反倾销法律制度不断趋于完善，并于1997年11月尝试着对其加以运用，截至2018年底，中国一共对外发起反倾销指控274起，成为全球第七大反倾销发起国。在绝对数量上，尽管中国反倾销指控尚不及巴西、阿根廷、澳大利亚的反倾销指控数量，更不能与印度、美国、欧盟等反倾销大国同日而语，但中国反倾销立案数量已经出现了大幅度增长，年均立案数量达到全球平均水平的2.6倍[2]，已从10年前不到外国对华反倾销指控的1/10增长到目前的1/5。与此同时，在中国，

---

① 刘亚东. 卡中国脖子的35项关键技术 [N]. 科技日报，2018-07-08.
② 1995~2018年，中国反倾销年均立案数量12.5起，全球50个经济体平均立案4.8起。

反倾销相对于其他贸易救济措施也呈较快增长态势，截至 2018 年，反倾销调查数占所有贸易救济措施案件总数的 95.1%①。反倾销措施被频繁使用的客观事实让中国反倾销政策的有效性及其内在作用机制成为目前有待检验的重要课题。

从实施目的上来看，中国对外反倾销是为了抵制国外产品低价倾销行为，防止国内进口竞争性企业遭遇不正当竞争行为的侵害，给予它们成长缓冲期和生存空间，并最终形成自身的核心竞争力。从实践来看，中国对外反倾销措施主要针对中间产品发起，所以它在对国内进口竞争性企业实施救济的同时，还将不可避免地损害到下游企业的利益。因此，要全面客观地评价中国对外反倾销对国内企业的政策效应，不仅需要考虑进口竞争性企业，还应该同时考虑下游企业所受的冲击。然而，大部分的国内外实证研究都是从国家或行业层面来研究该问题②，少数立足于企业层面的研究由于不能区分企业所处生产价值链的具体环节，也无法揭示反倾销对进口竞争性企业和下游企业的不同影响。进一步地，即使在同类企业内部，不同企业也可能由于生产结构、经营绩效、技术水平、产品质量等方面的差异而处于不同地位，受到的影响也会有所不同，反倾销对于某些企业可能是天大的利好，而对另一些企业却可能是灭顶之灾。有鉴于此，本书选择从企业角度来切入该课题，并剖析不同类型的进口竞争性企业和下游企业所受影响的差异，以求全面、准确、客观地评估中国对外反倾销的政策效应。

二、研究意义

基于现实的迫切需要和对现有相关研究的拓展与延续，本书在前期研究成果基础上，从企业角度就中国对外反倾销的政策效应进行实证研究。

相比于反倾销的既往研究，本书将反倾销的贸易流量效应及其对国内进口竞争性企业和下游企业的影响纳入一个统一的分析框架，这在国内属于崭新的研究领域，具有重要的理论意义。第一，从反倾销研究角度来

---

① 按照 WTO 提供的数据，1997~2018 年中国共发起 12 起反补贴和 2 起保障措施。

② 他们发现，反倾销对于一个国家的总贸易额和宏观经济的影响是很小的（Lichtenberg and Tan，1994；Gallaway，Blonigen and Flynn，1999；Egger and Nelson，2011；Vandenbussche and Zanardi，2011）。

说，本书不仅将反倾销的影响效应从行业层面延伸到企业层面，还将关注焦点从进口竞争性企业进一步拓展到下游企业，有助于全面阐释实施反倾销的政策效应；第二，从新贸易理论角度来说，现有的异质性企业模型并没有系统考虑诸如反倾销等贸易政策对国内企业的不同冲击，本书的研究成果将完善异质性企业贸易模型的理论研究；第三，本书将丰富反倾销对企业的影响研究的技术分析原理和方法，有助于从市场竞争、不确定性和成本变动等角度对反倾销的微观作用机制进行解释。

此外，本书还具有较为突出的实际应用价值：第一，反倾销是中国重要的对外贸易政策之一，立足于微观企业角度评估中国反倾销贸易政策的实施效应，可以为相关政府部门判断、把握及调整反倾销政策提供有益的实证支持和参考建议；第二，尽管反倾销政策对于生产与反倾销涉案产品相似的产品的进口竞争性企业具有扶持作用，但同时提高了以反倾销涉案产品为中间投入品的下游企业的生产成本，研究反倾销对上述企业经营绩效的作用机制和效应，可以帮助相关企业准确估算反倾销对自身带来的影响，也为其适时采取相应对策提供理论支撑；第三，作为贸易救济措施的一种，反倾销政策的评估方法可以不同程度地应用于诸如反补贴、保障措施等其他贸易政策，为理论界贸易政策研究提供崭新的视角与思路。

第二节　研究内容、基本思路和研究方法

一、研究内容

本书对反倾销的贸易流量效应、对国内进口竞争性企业的贸易救济效应与对下游企业的产业关联效应进行研究，主要研究内容包括七个方面：

第一，文献述评。全书将反倾销政策效应的相关文献分成三大部分进行综述：首先，反倾销的贸易流量效应，主要从调查效应、贸易限制效应、贸易转移效应、贸易偏转效应、贸易抑制效应和贸易阻止效应六个方面进行总结；其次，反倾销对国内进口竞争性企业的贸易救济效应，主要从生产规模、市场势力、技术创新、资源配置角度进行总结；最后，反倾

销对下游企业的产业关联效应，由于反倾销文献对该主题的讨论较少，该部分综述了包括贸易自由化在内的进口贸易政策的产业关联效应。

第二，中国对外反倾销的现状及特征。首先，对倾销与反倾销的相关概念与成立条件以及中国对外反倾销的体制步骤进行说明；其次，阐述了中国对外反倾销的运用现状、发起特征和实施特征；最后，从诉讼总量、产业和国别（或地区）分布等角度测度并分析中国对外反倾销的进口覆盖率。

第三，反倾销贸易流量效应的实证分析。该章试图从 HS8 分位税则号产品的进口变化寻找反倾销实现对进口竞争性企业贸易救济效应的证据，并将总进口分解为进口涉案产品的下游企业数、进口来源国数和平均进口，探讨反倾销对下游企业可能造成的负面冲击。

第四，反倾销对进口竞争性企业的影响分析。首先，阐明反倾销影响进口竞争性企业的理论机制；其次，采用双重差分法，从生产率的角度对反倾销对进口竞争性企业的影响效应进行实证检验，并进一步分析反倾销对不同类型企业的影响；最后，对反倾销影响进口竞争性企业的微观作用机制进行探讨。

第五，反倾销对进口竞争性产品的影响分析。此章是上一章观点的补充说明和进一步阐述，它选择了与反倾销涉案产品具有相同的 HS6 分位税则号产品作为实验组产品、其他相似产品为对照组产品，从影响效应、影响期限、影响强度和影响机制四个层面寻找反倾销影响进口竞争性产品出口的证据，以进一步验证反倾销的贸易救济效应。

第六，反倾销对下游企业的影响分析。首先，建立一个融入反倾销税的异质性企业模型，阐明反倾销对下游企业产生影响的内在机理；其次，采用双重差分法，从出口的角度对反倾销对下游企业的影响效应进行实证检验，并进一步分析反倾销如何通过调查效应和成本效应对下游企业产生影响。

第七，主要结论、政策建议与未来研究方向。首先，总结了有关反倾销贸易流量效应、贸易救济效应和产业关联效应的主要结论；其次，从中国政府和企业两大视角提出了相关政策建议；最后，对本书的不足和未来研究方向进行了简单讨论。

二、基本思路

本书在国内外反倾销文献综述的基础上，对中国对外反倾销的主要程序和现状特征进行描述，从四个层面重点讨论了中国对外反倾销的贸易流量效应、贸易救济效应和产业关联效应，并从政府和企业视角提出了对策措施，具体如图1-1所示。总体来看，本书由表及里、由浅入深地评估中国对外反倾销的政策效应，具有一定的理论意义与现实意义。

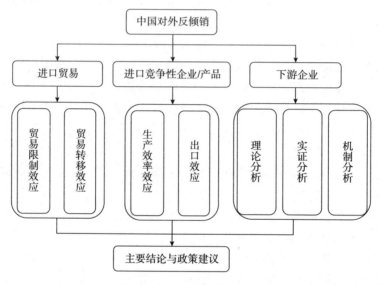

图1-1 本书研究思路

三、研究方法

本书采取理论规范分析和实证研究相结合的方法，借鉴大量有关反倾销的文献，建立包含反倾销税的异质性企业理论模型，推导反倾销措施对企业经营绩效的影响。在理论模型的基础上，收集并整理大量数据，对理论模型的预测结论进行实证检验。实证检验主要包括三个方法：①计量检验方法。在实证研究中，本书使用面板固定效应和随机效应以及 Probit、Logit 限值因变量模型，采用双重差分法（Difference-in-Difference）进行计量分析。②比较分析方法。在对两类企业的研究中，对不同外向型企业、不同所有制企业及不同生产率企业进行对照分析，使结果能够相互验证和补充，以期对中国反倾销的政策效应进行比较充分的经验分析。③案例分析法。由于化工行业是中国对外反倾销的主要涉案行业，因此，以化工行业中相关产品或企业为例分析中国反倾销的政策效应具有一定的可行性和代表性，为此，本书选取化工产品或企业进行案例分析。

第三节 研究的重难点、主要观点、创新及不足之处

一、研究的重点和难点

本书旨在评价中国对外反倾销的政策效应，其研究的重点主要有三个方面：第一，反倾销的贸易流量效应。本书除了关注反倾销的贸易限制效应之外，还关注其贸易转移效应，两者共同影响着进口贸易变化，进而对国内企业带来影响。第二，反倾销对进口竞争性企业的贸易救济效应。反倾销可能通过生产扩大效应、市场竞争效应和技术创新效应改善国内进口竞争性企业的经营绩效，本书将从生产率角度切入该主题，分析不同类型企业受到的不同影响，讨论反倾销发挥作用的微观机制并从进口竞争性产品出口的视角进行了拓展研究。第三，反倾销对下游企业的关联效应。反倾销可能通过调查效应和成本效应对下游企业产生影响，由于进口的中间投入品较多地用于生产出口产品（Upward et al.，2013），下游企业出口受到的影响将首当其冲，因此，本书将重点分析反倾销对下游企业出口的负面影响，同时还就不同生产率企业受到的不同影响展开讨论。

目前来看，研究的难点主要存在于三个方面：第一，反倾销贸易转移效应的分析。不同于整个国家，企业不可能从所有国家进口所有产品，反倾销既可能导致国内企业从指控对象国转向非指控对象国进口，也可能促使它们从非指控对象国进口更多，所以在企业层面探讨反倾销的贸易转移效应变得更加复杂，这对本部分的数据处理和计量分析提出了更高的要求。第二，进口竞争性企业的界定。从定义上来看，进口竞争性企业应该

是生产与反倾销目标产品相似的同类产品的企业，生产大多沿袭各国国内编码系统，反倾销则使用国际贸易中的协调编码系统，两者并不统一。针对该问题，大多数反倾销文献通过确定反倾销目标产品的行业，将该行业中所有的企业都当成进口竞争性企业。但是，这种界定方法的准确性较差。如何兼顾中国工业企业数据库和反倾销数据库的数据特点，并尽可能地提高进口竞争性企业界定的命中率是本书迫切需要解决的难题之一。第三，下游企业的定义。由于中国官方公布的投入产出表最多仅涉及 100 多个部门，且与反倾销涉案产品的编码系统并不统一，同时企业因其生产产品的不同而存在不同的上下游关联关系，这让界定涉案产品的下游企业变得十分困难。对此，需要认真阅读文献，并与中国企业数据库的特征进行比对，找到界定下游企业的最佳方法。

二、主要观点

本书的主要观点有四点：第一，中国对外反倾销呈现"一少两高四低"以及鲜明的地区和行业集中性特征，即反倾销调查数量较少、不足全球的 5%，产品重复性反倾销和肯定性裁决比例居高，进口覆盖率和裁决效率总体偏低，结案方式单一，反倾销税率低下，对欧盟、日本和美国的反倾销进口覆盖率与其进口位次不相称，反倾销尚集中在化工业、塑料制品业、钢铁和纸制品业等传统产业，对新兴产业的反倾销并不多见；第二，在进口贸易方面，反倾销限制了来自指控对象国的涉案产品进口增长，同时促进了来自非指控对象国的相似产品进口增长，但是贸易转移效应无法抵消贸易限制效应，中国对外反倾销总体上起到了限制进口的作用；第三，尽管反倾销对国内进口竞争性企业起到了较好的贸易救济效果，促进了相关企业生产率和产品出口的增长，但其影响效应因企业初始生产率、销售市场和所有制性质不同而不同，并且反倾销主要通过成本效应而不是调查效应实现了对进口竞争性企业的救济；第四，反倾销损害了下游企业的利益，它不仅通过征收反倾销税加重了它们的生产成本负担，还通过限制进口的方式减少了它们的进口产品种类，对下游企业是否出口及出口多少均产生了消极影响，同时相对于低效率的企业而言，反倾销对高效率下游企业的负面冲击更小，并且该效应将在较长时期内持续存在。

三、创新之处

反倾销研究本身并不是一个新的课题，国内外理论研究（尤其是国外研究）已经比较充分，本书的创新之处主要体现在研究视角、研究方法和研究内容这几个方面。

第一，研究视角。由于中国是全球最大的反倾销目标对象国，国内大部分的文献都是基于出口国的视角进行研究的。与它们不同的是，本书从进口国视角，研究中国对外发起反倾销的政策效应。此外，已有文献大部分从国家或行业宏观层面对反倾销进行研究，本书试从微观企业层面来切入对该问题的研究。

第二，研究方法。由于数据的不可得性或计量方法的约束，大量反倾销研究往往选择相关产品所在行业中所有产品的相关数据进行分析。然而，这样抽取的样本可能因为不可比性而带来样本选择偏误。针对该问题，本书使用双重差分法对反倾销的政策效应进行研究，首先，依据可比性标准确定实验组企业（Treatment Group）和对照组企业（Control Group），即就两组企业的出口而言，两组企业在反倾销之前具有相似特征，反倾销之后实验组企业的出口相对于与其具有相同特征或变化规律的、没有受到反倾销影响的对照组企业所发生的变化，就可以归因为反倾销的影响。其次，双重差分法通过选择对照组企业，最大限度地近似刻画实验组企业的反事实（Counterfact）处理情形，准确度量反倾销带来的净影响效应，在国内外实证研究中尚属先进。

第三，研究内容。本书除了关心反倾销对进口贸易流量的调控作用之外，还研究其对国内企业的政策作用效应；不仅关注反倾销对进口竞争性企业的贸易救济效应，也分析它对涉案产品下游企业的产业关联效应；既探讨反倾销对企业经营绩效的影响，又进一步剖析其内在作用机制。因此，本书的研究内容具有一定的完整性和前瞻性。

四、不足之处

本书的研究虽然取得了诸多突破和创新，但还存在一些不足之处和需要进一步深入研究的地方，主要表现在以下五个方面。

第一，反倾销既可能通过调控进口实现对国内企业的影响，也可能引导外商增加对华直接投资而反作用于国内企业①，由于数据和篇幅的限制，本书没有在实证上深入剖析外商直接投资如何影响及在多大程度上作用于反倾销对国内企业的政策作用效果。不过，无论反倾销是否增加外商对华直接投资，都不影响本书通过观察国内企业的经营绩效而得出的有关中国对外反倾销政策效应的主要结论。

第二，反倾销还可能导致被指控的外国企业与其在国内的母（子）公司通过转移定价，或与其他企业进行合谋，通过调整价格来规避中国反倾销调查，进而影响到中国反倾销措施的正常实施。跨国公司之间的转移定价问题是国际贸易研究领域一个非常重要的分支，将转移定价与反倾销结合起来研究可能会成为各自研究领域的一个新亮点。但是，由于企业之间的转移定价或合谋信息只影响到反倾销裁决结果、而不会对最终实施反倾销措施案件的实施效果造成影响，因此，对本书的基本结论几乎不会带来影响，所以，本书没有对其进行讨论。

第三，从理论上来说，国内外产品间的替代弹性越大，国内同类产品越容易替代国外产品，反倾销的政策效果就越好，甚至可能在不影响下游企业利益的情况下达到救济进口竞争性企业的效果，由于难以计算 HS8 分位产品之间的替代弹性，因此，本书没有考察反倾销的政策效应如何受国内外产品的替代弹性的影响。令人庆幸的是，本书不仅观察了反倾销之后涉案产品进口的变动，还测算了进口竞争性企业和下游企业的生产率或出口的变化趋势，实际上已经将产品之间替代弹性的影响考虑在内，因此，本书的主要结论不会受到影响。

第四，反倾销措施实施之后进口竞争性企业将获得好处，下游企业将遭受损失，因此，反倾销除了将引导资源在企业之间重新配置之外，还可能会引发企业重组其生产产品组合，从而在长期上对资源配置效率和国内产业结构带来深远影响。然而，探讨该问题对数据提出的高要求迫使本书未将其纳入分析框架。实际上，如何准确评价反倾销措施的长期资源配置效应，是一个极富挑战性的课题。

第五，临时性贸易壁垒形式不仅包括反倾销，还包括反补贴和保障措

---

① 在反倾销领域，这种外商直接投资被称为"反倾销跨越动机的外商直接投资"（Tariff-jumping FDI）（Barrell and Pain，1999；沈国兵，2011；李猛和于津平，2013a）。

施，它们的调查程序、实施目的和作用机制具有相似之处，但本书的研究中并没有将三者的实施效应进行比较。一方面，因为中国反补贴措施的实施时间和目标产品绝大多数与反倾销重叠①，导致难以将两者的作用进行分离；另一方面，因为中国对外实施保障措施的次数较少，且仅针对钢铁产品和食糖，将其与反倾销的影响效应进行对比可能不一定具有代表性。由于本书的研究目的并不是评价三种临时性贸易救济措施的优劣，而是着眼于分析反倾销政策的实施效应，所以是否对此展开深入的讨论也不是特别重要。但是，需要指出的是，在贸易政策研究领域，将反倾销、反补贴和保障措施的政策效应进行对比，可能具有一定的理论和现实意义。

这些未竟的问题，都是有待进一步研究的重要课题，为未来研究提供了方向。

---

① 见附录 1 和附录 2。

第二章 反倾销政策效应的文献述评[①]

从总体上来看，理论界对反倾销政策效应的研究主要基于以下三个层面进行：第一，从贸易流量角度，研究反倾销对发起国涉案产品进口贸易的影响；第二，从进口国进口竞争性行业（或企业）的角度，考察反倾销对它们的市场势力、生产率、销售收入、技术和利润水平等方面的影响；第三，从进口国下游行业（或企业）的角度，分析反倾销对它们的经营绩效的影响。因此，本章从贸易流量效应、贸易救济效应和产业关联效应三个方面梳理相关文献。

第一节 反倾销的贸易流量效应文献综述

一、国外研究现状

反倾销贸易流量效应的研究主要基于进口国、出口国和全球这三大视角进行，故本部分主要按此思路进行综述。

（一）进口国视角

1. 针对发达经济体的研究

早期的文献主要是针对发达经济体的研究。人们发现，反倾销措施因为征收了反倾销税、提高了进口价格，从而会对进口产生负面影响（Finger，1981；Hernander and Schwartz，1986；Salvatore，1987；Hartigan et al.，1989；Messerlin，1989，1990；Lichtenberg and Tan，1990；Harrison，1990；Prusa，

---

① 陈清萍. 反倾销贸易救济效果评估研究述评 [J]. 科学经济社会，2015（4）：51-55.

1991）。Staiger 和 Wolak（1994）则指出，即使不征收反倾销税，反倾销调查本身也会抑制发起国的目标产品进口，这就是调查效应（Filing/Investiga-tion/Harassment Effect）。他们使用美国 338 个四分位标准工业分类（Standard Industrial Classification，SIC）4 分位行业数据，研究了 1980～1985 年的反倾销措施对美国进口的影响。基于美国的反倾销实践，反倾销调查可能以征税结案，可能以否定性裁决结案，可能因为申诉企业与外国企业达成调解协议而撤回（Withdraw）诉讼结案，也可能因为申诉企业与美国政府达成协议而暂停（Suspension）调查，他们据此统计了上述四种反倾销诉讼的数量，并使用计量模型分析其对下一年行业进口的影响，发现反倾销税的征收导致了进口增速下降，暂停调查的反倾销诉讼使下一年的美国进口比诉讼前减少了 2957 万美元，而撤回案件对进口不存在显著影响。

　　Staiger 和 Wolak（1994）及其之前的研究发现反倾销会抑制发起国目标产品的总进口，要么通过成本效应，要么通过调查效应。进一步地，Krupp 和 Pollard（1996）以及 Prusa（1997，2001）按照进口来源将目标产品进口拆分为来自被指控国家的目标产品进口（也称作倾销进口）和来自非被指控国家的目标产品进口（也称作非倾销进口）。反倾销对前者的影响就是后来经济学家所广泛讨论的贸易限制效应或贸易破坏效应（Trade Destruction Effect），即反倾销会导致来自被指控国家目标产品进口的减少；反倾销对后者的影响就是所谓的贸易转移效应（Trade Diversion Effect），即反倾销会导致来自非被指控国家目标产品进口的增加。

　　Krupp 和 Pollard（1996）使用 1976～1988 年美国化工行业的产品月度微观数据，将 17 种涉案产品的 19 起反倾销调查按照裁决结果分为肯定性损害终裁、否定性损害终裁、否定性损害初裁和撤回（Withdrawal）案件四类，逐一观察来自被指控国家的涉案产品的倾销进口和来自非被指控国家的相似产品的非倾销进口在立案、初裁和终裁（如果存在的话）三个阶段的变化趋势，结果发现，在 19 起案件中，9 起案件的倾销进口会在调查期间下降，其中，肯定性损害终裁案件以及征税案件的倾销进口下降尤为明显；同时，9 起案件的非倾销进口在调查期间及案件调查结束后均出现增长。他们认为，倾销进口和非倾销进口的表现不仅受反倾销裁决结果的影响，还与反倾销税（倾销幅度）的高低有关。

　　与上述文献考察反倾销的短期效应不同，Prusa（1997）关注反倾销的长期效应，选取美国 1980～1988 年信息完整的 109 起被驳回的反倾销案件和 126 起征税反倾销案件，使用描述性分析方法，分别观察两类案件在立案之后的五年内反倾销对倾销进口、非倾销进口和总进口及其单位价值（Unit value）和数量（Volume）的影响，发现贸易限制效应和贸易转移效应的存在，并且两个效应的大小与裁决结果、反倾销税率与被指控国家的数量密切相关。第一，就倾销进口而言，对于征税案件，在第一年导致来自被指控国家的进口比立案当年下降 9%，但在第二年和第三年该进口就出现了反弹，表明反倾销调查对倾销进口的抑制作用持续时间较短；对于被驳回案件，倾销进口也出现下降，但其下降幅度低于征税案件。第二，就非倾销进口而言，在征税案件与被驳回案件中，均存在比较明显的贸易转移效应；同时，贸易转移效应与反倾销税率高低和被指控国家数量相关，高税率案件的贸易转移效应比低税率案件的更大，被指控国家数量较少案件的贸易转移效应更大。第三，就总进口而言，在征税案件与被驳回案件中，反倾销均对总进口产生了明显的抑制效应，暗示着贸易转移效应可能不足以完全抵消贸易限制效应。第四，就单位价值和数量而言，在征税案件与被驳回案件中，反倾销均导致了总进口的单位价值上升和数量下降，但其对征税案件的影响明显高于被驳回案件，高税率案件超过低税率案件。Prusa（2001）进一步将研究对象扩展到美国 1980～1994 年 700 起反倾销诉讼，使用固定效应模型和一阶差分模型的工具变量估计方法分析了立案之后的三年内反倾销对倾销进口和非倾销进口的价格、数量和贸易总额带来的影响，使用反倾销终裁税率作为反倾销的代理变量，结果发现：一方面，肯定性反倾销裁决平均每年约使进口价格上升一半、进口数量下降 70%、进口总额下降 50%，而价格承诺案件的进口价格和进口总额效应更小、进口数量效应更大；另一方面，贸易转移效应只存在于征税案件，否定性裁决案件的贸易转移效应不明显。进一步的分析还显示，反倾销的贸易转移效应可能只在短期内存在，反倾销之后第一年中，10% 的反倾销税会导致非倾销进口上升 6%，保留第二年之后反倾销的贸易转移效应消失。Bown 和 Crowley（2006，2007）以日本 4600 种 HS6 分位产品出口为研究对象，也证实了美国反倾销措施贸易限制效应和贸易转移效应的存在。

Breton（2001）采用 Prusa（1997）的方法，使用 1989～1994 年欧盟 12 国的 98 起反倾销的数据，分析了在立案及其之后的四年中反倾销对倾销进口、来自欧盟成员国的非倾销进口与来自世界其他地区的非倾销进口的数量、CIF（Cost, Insurance and Freight, CIF）价格和贸易份额的影响，结果发现：倾销进口数量和贸易份额均出现下降，欧盟成员国的非倾销进口数量和贸易份额不变，其他地区的非倾销进口数量和贸易份额出现增长；同时，反倾销对倾销进口和欧盟成员国非倾销进口价格不存在显著影响，却提高了世界其他地区的非倾销进口的价格，作者认为，这是因为世界其他非被指控国家为了避免未来遭到欧盟的反倾销指控而提高了目标产品的出口价格所致。但是，由于 Breton（2001）的部分实证模型未能通过回归设定误差检验（Regression Specification Error Test，RESET），Konings 等（2001）认为，其结论可能并不可靠，为此，他们对模型进行了重设。Konings 等（2001）使用 1983~1996 年 HS8 分位产品层级的数据，将 1985~1990 年欧盟发起的 246 起反倾销案件依据结案方式分成征税案件、价格承诺案件和中止调查案件三类，观察了不同类型案件的涉案产品在立案前两年、立案当年和立案后六年共九年中进口贸易流量的变化趋势，并使用最小二乘法进行了回归分析，结果发现，三类案件均对被指控国家的进口产生不同程度的负面影响，但没有对非被指控国家的进口带来显著而稳健的积极效应。在控制了异常值、考虑了样本选择偏误之后，该结论仍然成立。作者认为，欧盟的反倾销税率较低、反倾销保护缺乏透明度及区内市场分割程度较高是其贸易转移效应低于美国的原因。

2. 针对发展中经济体的研究

随着反倾销措施在发达国家的流行，新兴发展中国家也开始越来越多地使用这种新型贸易救济措施。反倾销实践的这一新趋势掀起了理论界研究发展中国家反倾销的贸易流量效应的新热潮。从反倾销的新兴使用国墨西哥的角度，Niels（2003）按照案件（而非涉案产品）统计了该国 1990~2000 年的进口数据，使用固定效应模型研究了 1992~1997 年墨西哥发起的 70 起反倾销措施的调查效应、贸易限制效应和贸易转移效应，结果发现：尽管不存在调查效应，但反倾销肯定性裁决具有较强的贸易限制效应，它使来自被指控国家的进口额和进口数量下降、进口价格提高；同时，反倾销不存在明显的贸易转移效应。此外，Niels（2003）还按照被指控对象国是否为美国、是否为发达国家以及行业属性将样本拆分，并分别对子样本进行了回归分析，仍然没有发现贸易转移效应；相反，对于非美国的案件、发展中国家的案件及食品纺织品塑料制品行业的案件，他还发现了所谓的声誉效应（Reputation Effect），即反倾销肯定性裁决之后，这些案件所涉及的非被指控国家的进口均出现了不同程度的下降，作者认为，这是因为这些非被指控国家害怕成为墨西哥反倾销的下一个目标所致。

Ganguli (2008) 使用 1992~2002 年印度 285 起反倾销涉案 HS6 分位产品层级的进口数据，采用一阶差分广义矩估计方法 (First-differenced Generalized Method of Moments) 研究反倾销对来自被指控国家与非被指控国家进口的影响，结果发现，来自被指控国家的进口在立案及其之后的两年中下降 29%，来自非被指控国家的进口在立案及其之后的一年中增长 11.25%，但涉案产品的总进口在立案及其之后的两年中下降 16%。笔者认为，印度反倾销的贸易限制效应和贸易转移效应同时存在，但后者不足以抵消前者，反映印度反倾销措施的有效性。同时，Ganguli (2008) 还发现了被指控国家和非被指控国家在立案之后都倾向于提高它们在印度市场上的销售价格 (以单位价值度量)，他认为被指控国家提高价格是为了避免支付反倾销税，对于非被指控国家提高价格的原因作者并没有直接做出解释，只是提到这一结论与 Prusa (1997) 保持一致，暗示出非被指控国家可能跟随市场上的领导企业——被指控国家的出口企业——提高价格。

Park (2009) 使用中国 HS8 分位产品 1995~2004 年的进口数据，采用固定效应模型、一阶差分广义矩估计方法和系统广义矩估计方法 (System Generalized Method of Moments) 研究了中国反倾销对被指控国家进口的影响，他发现在立案之后的两年中反倾销调查或反倾销税同时导致被指控国家进口额和进口份额下降，证实了贸易限制效应和贸易转移效应的存在。

Khatibi (2007) 建立了一个三国公司的古诺模型，采用理论分析的方法说明反倾销税的高低以及政策透明度是影响贸易转移效应的两个重要因素。具体地，就反倾销税而言，反倾销税率越低，非被指控国出口的优势不大，贸易转移效应越小；就政策透明度而言，当政策透明度较高时，政府发布的反倾销信息能够表明政府保护国内产业的力度，并且如果政策保护倾向强烈，非被指控国出口增长幅度不会太大，贸易转移效应就较小。

综上所述，无论是针对发达国家还是发展中国家对外反倾销，大部分的研究均在产品或行业层面证实了反倾销具有负向的调查效应和贸易限制效应和正向的贸易转移效应，不过也有少数学者对反倾销的调查效应和贸易转移效应提出了异议。

(二) 出口国视角

1. 宏观层面的研究

在国外有关反倾销贸易流量效应的研究中，有一类文献开始思考如下问题：既然在反倾销之后，被指控国家的目标产品对起诉国出口大幅度减少，它们究竟到哪里去了？一种可能是，它们出口到了第三方国家，那么此时反倾销导致被指控国家对第三方国家出口增长，这就是所谓的贸易偏转效应（Trade Deflection Effect）；另一种可能是，它们将回到被指控国家的国内市场销售，如果确实如此，第三方国家对被指控国家的出口将会被挤出（Crowd Out），那么此时反倾销导致第三方国家对被指控国家的出口减少，这就是所谓的贸易抑制效应（Trade Depression Effect）。有关贸易偏转效应和贸易抑制效应的文献并不多见，比较有名的是 Bown 和 Crowley（2006，2007，2010）的系列文献及 Durling 和 Prusa（2006）的研究。

Bown 和 Crowley（2006）使用 1990~2001 年日本 4600 种 HS6 分位产品的出口数据，采用一阶差分工具变量估计方法，重点研究了 1992~2001 年美国对日本和欧盟的反倾销措施对日本对欧盟出口的影响，实证结果发现，美国的反倾销措施具有较强的贸易偏转效应，但其贸易抑制效应不强。就贸易偏转效应而言，美国对日本征收 1% 的反倾销税导致当年和两年后日本对欧盟出口分别增长 0.322% 和 0.507%，进一步的实证分析还表明 1/4 到 1/3 的日本"受到损害的"目标产品出口偏转到了欧盟，并且其目标产品的出口价格出现了显著下降；就贸易抑制效应而言，美国对欧盟征收 1% 的反倾销税（但不对日本反倾销）导致当年日本对欧盟出口下降 0.885%，但该效应在统计上并不显著，进一步的分析还表明日本对欧盟的出口价格波动不太明显，作者认为，这是因为欧盟的出口受到了美国反倾销之后不能继续出口美国而只能留在其国内市场的缘故。同时，Bown 和 Crowley（2006）还分别检验了钢铁产品和非钢铁产品反倾销贸易偏转效应的不同，结果发现，美国反倾销的贸易偏转效应主要是由钢铁产品引起的，非钢铁产品的反倾销调查并不存在贸易偏转效应，作者认为，这是因为钢铁产品大多为同质化产品，它们能够对市场条件的变化快速做出反应，而非钢铁产品的差异化程度较大，其贸易偏转效应往往存在一个较长的滞后。

在 Bown 和 Crowley（2006）的基础上，Bown 和 Crowley（2007）开发了融入反倾销的世界贸易理论模型，并使用一阶差分广义矩估计方法从实证上分析了 1992~2001 年包括反倾销在内的美国贸易救济措施对日本的 4800 种产品对 37 个国家出口的影响，在多国模型的框架下证实了美国贸易救济措施的贸易偏转效应和贸易抑制效应的存在。总体来看，美国对日本反倾销导致日本对第三方市场出口增长 5%~7%，美国对第三方国家反倾销导致日本对第三方市场出口下降 5%~19%。同时，美国反倾销措施的贸易偏转效应和贸易抑制效应在不同进口国家和不同出口产品之间存在差异。就不同进口国家而言，对于贸易偏转效应，美国对日本的反倾销税导致日本对欧盟出口增加 16%，对韩国出口增加 20%，对其他国家出口增加 7%，几乎不影响日本对中国和印度的出口，作者认为，这是因为欧盟和韩国是日本的第二大和第三大出口市场的缘故；对于贸易抑制效应，美国对印度的反倾销税导致日本对印度出口减少 81%，美国对中国的反倾销税导致日本对中国出口减少 30%，美国对其他国家的反倾销税几乎不影响日本对该国的出口，作者认为，之所以美国对印度和日本的贸易抑制效应更大也更显著，主要是因为印度和中国不仅频繁受到美国的反倾销调查、反倾销税颇高，并且很少与日本一齐受到美国对同种产品的反倾销调查。就不同产品而言，非钢铁产品反倾销的贸易偏转效应和贸易抑制效应同时存在，但钢铁产品反倾销的贸易偏转效应和贸易抑制效应均不存在，作者并没有对这一结论进行解释。

Durling 和 Prusa（2006）以热轧钢为例的实证研究，在全球范围内发现了明显的贸易偏转效应，即反倾销在立案之后的各年中使被指控国家对其他国家的出口增长了 25%~30%，高于 Bown 和 Crowley（2006）所估计出来的贸易偏转效应，作者认为，这是因为热轧钢是同质化产品。然而，在将样本限定于美国市场时，却没有发现明显的贸易偏转效应。他们认为，这可能与美国和样本中其他反倾销发起国规模悬殊较大、涉案金额高低以及两者发起反倾销调查存在时间上的先后有关：在其他国家发起反倾销时，这种倾销进口大部分涉案数额较小、尚未遭到美国的反倾销调查，它向美国这个较大市场偏转的可能性较大；但是，一旦美国对其发起了反倾销调查，其涉案金额往往较大，偏转到其他国家的可能性并不大，因为偏转了极可能招致第三方国家的反倾销调查。

Bown 和 Crowley（2010）使用 1992~2001 年（中国加入世界贸易组织之前）中国 4700 种 HS6 分位产品对 38 个国家的出口数量与出口额数据，采用双重差分法，从发展中出口国的角度对美国和欧盟反倾销措施的贸易偏转效应和贸易抑制效应进行了实证分析。从贸易偏转效应来看，美国对华反倾销措施不但不存在贸易偏转效应，而且导致了中国对第三方国家出口的减少，他们将其称为"出口贸易寒蝉效应"（Trade Chilling Effect）①。具体来说，美国对中国的反倾销税每增长1%，中国对第三方国家的出口增长就降低0.302个百分点；尽管欧盟对华反倾销不影响中国对第三方国家的出口，但是欧盟钢铁行业反倾销措施的"贸易寒蝉效应"更大：欧盟的反倾销税每增长1%，中国钢铁产品对第三方国家的出口增长降低0.908个百分点。从贸易抑制效应来看，美国对第三方国家的反倾销存在明显的抑制效应，但欧盟对第三方国家的反倾销不存在贸易抑制效应。具体来说，美国对日本或韩国的反倾销税每增加1%，中国对日本或韩国的出口约下降1.5%，进一步的分析还显示，美国反倾销的贸易抑制效应主要是由其对日本反倾销引起的。最后，作者根据回归模型的估计参数，计算出1992~2001年美国对日本进口产品征收的反倾销税导致中国对日本出口约下降100万美元，作者认为，这相对于同期中国对日本将近300亿美元的总出口额而言是相对较小的。最后，Bown和Crowley对美国或欧盟反倾销对中国出口不存在贸易偏转效应进行了解释：一方面，可能是出口行为的易变性或中国重新布置了生产格局所致；另一方面，可能因为在加入WTO之前中国尚未与许多第三方国家建立贸易往来的缘故。

　　然而，Chandra（2016）仿照Bown和Crowley（2010）的做法，采用2002~2008年（中国加入世界贸易组织之后）中国HS6产品的出口数据，使用差分广义矩估计法对美国贸易救济措施（Temporary Trade Barrier，TTB，具体包括反倾销、反补贴、保障措施和中国特别保障措施）的贸易偏转效应和贸易抑制效应重新进行了实证分析，却得出与Bown和Crowley（2010）完全相反的结论，即美国对华反倾销存在明显的贸易偏转效应，但美国对其他国家反倾销不存在贸易抑制效应。为何针对中国加入世界贸易组织之前与之后的贸易偏转效应和贸易抑制效应存在差异？Chandra认为，对于贸易偏转效应，原因有如下两个方面：第一，作为发展中国家的

①　虽然Bown和Crowley（2010）与Vandenbussche和Zanardi（2010）都将各自文章中反倾销对贸易的限制效应称为"贸易寒蝉效应"（Trade Chilling Effect），但两者的含义并不相同：Bown和Crowley（2010）所说的"贸易寒蝉效应"是指反倾销不仅限制了被指控国家目标产品对发起国的出口，还限制了被指控国家目标产品对其他国家的出口；Vandenbussche和Zanardi（2010）所说的"贸易寒蝉效应"是指反倾销不仅限制了发起国自被指控国家和其他国家的目标产品进口，还限制了发起国自被指控国家和其他国家的非目标产品进口。因此，本书将前者翻译为"出口贸易寒蝉效应"，将后者翻译为"进口贸易寒蝉效应"，以示区别。

中国没有能力将产品出口到其他国家；第二，在中国加入世界贸易组织之前，其他成员国对华采取贸易限制措施可以不受世界贸易组织限制，但由于 Bown 和 Crowley（2010）未能控制这些政策因素，导致了贸易偏转效应的低估。对于不存在贸易抑制效应这一点，原因在于，美国对其他国家采取 TTB 的同时通常也会对华采取 TTB，贸易偏转效应的存在影响了贸易抑制效应的度量，但是，这一观点没有得到实证检验的支持。而且，美国对华 TTB 的贸易偏转效应会随着中国出口目的地国家的性质或其出口的产品不同而不同。就目标市场而言，贸易偏转效应对 TTB 的频繁使用国更大，这暗示着中国对这些国家出口增加是由价格增长主导的。就不同产品而言，非钢铁产品具有贸易偏转效应，而钢铁产品却存在"贸易寒蝉效应"，这可能是因为贸易报复威胁存在所致。

此外，Feinberg 和 Reynolds（2008）、Moore 和 Zanardi（2011）、Zeng（2012）以及 Bao 和 Qiu（2013）在反倾销的动因研究中，也发现"贸易偏转效应"是存在的。

2. 微观层面的研究

少数学者也开始从企业的视角来研究反倾销的贸易流量效应，典型的代表是 Lu 等（2013）和 Avsar（2010）。

Lu 等（2013）将反倾销对目标产品的贸易限制效应分解为出口企业数量（扩展边际，Extensive Margin）和企业平均出口（集约边际，Intensive Margin），同时还分析反倾销对产品出口概率的影响。Lu 等（2013）使用 2000~2006 年中国海关提供的企业 HS6 分位产品的月度交易数据和美国对中国发起的 28 起肯定性裁决案件的数据，采用双重差分法，将反倾销按照裁决程序划分为立案、初裁和终裁三个阶段，详细分析在不同阶段美国反倾销的贸易限制效应，结果发现，在立案调查时，反倾销不会对中国对美出口造成影响，美国反倾销的贸易限制效应主要出现在初裁和终裁时。就目标产品总出口而言，反倾销税每增加一个标准差，初裁会使目标产品出口下降 23%，终裁使目标产品出口下降 25%；就目标产品出口企业数量而言，反倾销税每增加一个标准差，初裁会使目标产品出口企业数量下降 10%，终裁使目标产品出口企业数量下降 7%；就生存企业平均出口数量而言，反倾销税每增加一个标准差，初裁会使目标产品出口企业数量下降 7%，终裁使目标产品出口企业数量下降 7%。同时，作者还发现，反倾销对企业产品出口概率的负面影响在不同类型企业之间存在差异，具体来说，出口数量更大的企业退出美国市场的概率更小，直接出口企业比贸易中介退出美国市场的可能性更大，单产品直接出口企业比多产品直接出口企业退出美国市场的可能性更大。根据数据提供的信息，作者为上述企业差异提供了解释：首先，企业异质性理论表明，高效率企业更容易在反倾销调查中生存下来，遭遇调查之后承担出口固定成本的能力也更强；其次，贸易中介企业比直接出口企业、多产品直接出口企业比单产品直接出口企业出口更多种类的产品、出口到更多的国家，因而具有更强的规避反倾销风险的能力；最后，作者还检验了反倾销之后继续出口到美国的生存企业的出口价格（Free On Board，FOB）受到的影响，发现反倾销立案和终裁均不会对其价格产生影响，只有征收初裁反倾销税导致中国生存企业对美出口价格上升了2%。此外，Lu 等（2013）还考察了美国对华反倾销是否导致了中国被指控产品对加拿大或经济合作与发展组织（Organization for Economic Cooperation and Development，OECD）国家出口的增加，结果发现，美国对华反倾销不存在明显的贸易偏转效应。作者认为，这可能是由于不同目的地国家的决策相互独立，中国对它们的出口固定成本存在差异，导致中国对美出口企业过度依赖美国市场，所以没有出现中国被指控产品对其他国家的贸易偏转效应。

Avsar（2010）使用1994～2000年巴西企业—HS6分位产品—目的地市场的三维数据，采用一阶差分工具变量估计方法，分析了外国对巴西反倾销带来巴西目标产品对第三方国家出口与出口概率的变化。首先，作者按照反倾销之前目标企业与第三方国家的贸易关系，将第三国市场划分为"之前从未出口过任何产品的新市场""之前曾经出口过其他产品的老市场"和"之前出口过目标产品的老市场"三类。其次，他从出口和出口概率两个方面考察了外国对巴西反倾销的贸易偏转效应，就出口而言，反倾销措施使企业对"之前出口过目标产品的老市场"的出口增长25%～33%，对"之前出口过其他产品的老市场"的出口增长9%，对"之前从未出口过任何产品的新市场"的出口没有影响；就出口概率（扩展边际）而言，反倾销使企业对"之前曾经出口过其他产品的老市场"的出口概率增加8%～10%，对"之前从未出口过任何产品的新市场"的出口概率没有影响（对于"之前出口过目标产品的老市场"，出口概率总是为1，故出口概率没有变化）。最后，Avsar还考察了钢铁产品案件与非钢铁产品案件的差异，结果发现，无论是出口还是出口概率，非钢铁产品的贸易偏转效应比钢铁产品的更大，作者认为，这是因为钢铁行业是政治敏感行业，钢铁出口企业在意识到遭遇进口国反倾销调查的可能性较大时，自动调整出口所致。

Konings 和 Vandenbussche（2013）还发现，反倾销具有贸易阻止效应（Trade Dampening Effect）[1]，即反倾销导致发起国目标产品或国内被救济企业的出口减少。他们使用 1995～2005 年法国企业和 1997～1998 年 22 种 CN8 分位产品的欧盟反倾销的数据，采用双重差分法，研究了反倾销对法国国内被救济企业的出口（集约边际）和出口概率（扩展边际）的影响。从企业出口来看，反倾销使"已经出口企业"的出口数量下降 8%，并且在不同类型出口企业之间存在差异，具体来说，使"在国外拥有一个或更多的附属公司"的全球化企业出口下降 17%，使非全球化企业出口下降 10%，作者认为，非全球化企业出口下降是因为国内销售的增加替代了出口，而全球化企业在反倾销之后国内销售下降幅度达到 22%，超过了出口下降幅度，主要是因为全球化企业生产出口产品时使用了反倾销调查的涉案产品作为中间投入品。从企业出口概率来看，反倾销对企业出口概率的影响较小，具体来说，它使"不出口企业"的出口概率仅上升 3%，几乎不影响"出口企业"停止出口的概率，作者认为，反倾销对企业出口概率影响有限，主要是因为出口存在固定成本，一旦退出出口市场，之后再出口必须重新支付固定成本，所以企业"坚持"继续出口[2]。最后，作者还排除了法国企业出口下降的报复和价格上涨因素，一方面，报复导致的出口减少作用非常小；另一方面，反倾销保护期间进口价格和出口价格均保持相对稳定，进而将法国企业出口下降合理地归因为作为中间投入品的反倾销涉案产品的价格上升。

（三）全球视角

反倾销不仅对发起国、被指控国及第三方国家的贸易造成影响，还可能对全球贸易带来冲击。Vandenbussche 和 Zanardi（2010）认为，反倾销不仅会抑制来自被指控国家和非被指控国家的涉案产品进口，还可能对没有受到调查的其他产品进口造成负面冲击，进而对反倾销发起国的总进口

---

① Bown 和 Crowley（2007）也曾提到这种贸易流量效应，但没有进行分析；Konings 和 Vandenbussche（2013）专门研究了它。然而，他们都没有为反倾销的这种贸易流量效应命名，本书按照其内在含义，将它命名为贸易阻止效应。

② 这被称为出口行为的"滞后性"（Hysteresis）（Roberts and Tybout, 1997）。

形成消极影响，他们将反倾销的这一效应称为"进口贸易寒蝉效应"（Trade Chilling Effect）。具体来说，Vandenbussche 和 Zanardi（2010）使用1980年之后采取反倾销措施的41个反倾销新兴使用国与它们的121个出口国1980~2000年的双边贸易数据，并将这41个反倾销新兴使用国按照裁决数量分为高频使用国和低频使用国，采用引力模型，检测了反倾销对双边贸易的影响。文章发现进口国上一年实施的反倾销裁决（而不是反倾销诉讼）会对当年进出口国的双边贸易额造成负面影响，高频反倾销使用国的这一效应更大——反倾销裁决导致这些国家年均进口下降了5.9%或140亿美元，该结论对不同研究方法、是否考虑零贸易以及不同被指控国家保持稳健，但反倾销的"进口贸易寒蝉效应"具有行业异质性，它只存在于钢铁、化工、纺织品和农业这些规模较大的行业。在上述结论的基础上，笔者进一步比较了贸易开放带来的贸易促进效应与反倾销带来的"贸易寒蝉效应"，并指出，总体来看，尽管后者不足以抵消前者，但由于世界各国对反倾销措施的滥用，反倾销对贸易的阻碍作用应该得到应有的重视。

Egger 和 Nelson（2011）使用了1948~2001年全球贸易与反倾销的数据，在引力模型的框架下引入多边阻力项，并采用固定效应模型分析了反倾销对双边贸易的影响，结果发现，反倾销诉讼在短期内会导致被指控国家对发起国的总出口额下降，但是从长期来看，并不会对双边贸易额带来显著的负面影响。在引入更多的贸易摩擦变量、考虑零贸易观测以及使用不同的研究方法与反倾销度量方法时，该结论均保持稳健。他们认为，贸易限制效应、反倾销引起的继发性保护以及非最惠国原则导致了反倾销的贸易流量效应。在上述结论的基础上，作者还进一步分析了反倾销对每组国家双边贸易额的影响，发现只有略高于0.1%的双边贸易额下降是由反倾销引起的，表明反倾销对双边贸易的影响实际上是很小的。即使对反倾销比较集中的化工、钢铁和其他金属制品行业及在分别针对高收入国家和低收入国家的子样本分析中，该结论仍然成立。最后，作者进一步指出，尽管反倾销对双边贸易的总效应是比较适中的，但是由于反倾销税率较高，并有可能引发继发性保护，因而应该在全球自由贸易体系中关注反倾销问题。

二、国内研究现状

最近十几年来，尽管中国有关反倾销的贸易流量效应的研究不断涌现，研究对象不断丰富，同时其研究深度也有所增强，但从研究视角来看，国内几乎没有从多国或全球视角来研究反倾销的贸易流量效应，因此，本部分仅从进口国和出口国两大视角对其进行综述。

(一) 进口国视角

1. 描述性分析

宾建成 (2003) 就 1997 年中国对新闻纸的首次反倾销案件进行的案例分析，开启了中国反倾销研究的先河。他发现，反倾销使中国来自加拿大、韩国和美国这三个被指控国家的新闻纸进口额从 1997 年的 28 万吨剧减至 2000 年的 0.37 万吨和 2002 年的不足千吨，进口比例从 50% 以上锐减至 2000 年的 1.8% 和 2002 年的 0.6%；同时加拿大、韩国、美国三国的新闻纸平均进口价格也从 1997 年的 480.5 美元/吨回升至 1998 年的 607.2 美元/吨，新闻纸总平均进口价格从 1997 年的 478.5 美元/吨回升至 1998 年的 594.8 美元/吨；此外，反倾销还使来自俄罗斯、瑞典、芬兰和菲律宾等第三国的新闻纸进口上升，2002 年这些国家的新闻纸进口份额迅速攀升至 75.2%。作者还发现，尽管中国对加拿大、韩国和美国征收的反倾销税高低有别，但它们的贸易限制效应差别并不明显。

沈瑶和王继柯 (2004) 就 1999 年 12 月中国进口自日本、美国和德国以及 2001 年 10 月进口自印度、马来西亚、新加坡和韩国的丙烯酸酯反倾销案，对中国反倾销的贸易限制效应和贸易转移效应进行了案例分析。他们发现，第一次反倾销初裁使中国来自日、美、德三国的丙烯酸酯从 1998 年第一季度的 9865 吨下降到 2001 年 11 月的 1700 吨，同时中国来自印度、马来西亚、新加坡和韩国这四个国家的丙烯酸酯进口持续增长，其进口份额从 1998 年第一季度的不到 6% 上升到 2002 年第一季度的 75%，2002 年第二次反倾销初裁导致来自这四个国家的进口份额从 2002 年第三季度开始出现下降。

赵磊 (2012) 使用中国 1997~2010 年对外反倾销案件样本，采用描述性分析方法，以三个月为一个时间段，考察中国 83 种 HS8 分位数税则号的涉案产品在立案前后 18 个月的进口走势，以检测中国反倾销措施的调查效应、贸易限制效应和贸易转移效应。他发现，在立案或征税之后，中国从涉案国家或地区的进口额和进口份额均出现下降，表明存在调查效应和贸易限制效应，并且贸易限制效应在征税案件、无损害结案案件和价格承诺结案案件中均无明显差异，但是撤销调查案件却刺激了涉案产品进口额大幅攀升；同时，所有涉案产品的进口总额在立案之后仍然呈现增长的态势，作者据此推测这些产品进口转移到了非涉案国家和地区。

2. 定量分析

鲍晓华（2007）则使用1997~2004年31个中国反倾销案例HS8分位数税则号的涉案产品数据，首次定量分析了中国对外反倾销对进口贸易流量的影响。她发现，虽然中国反倾销措施对被指控对象国的进口有明显的贸易限制效应，即使是无损害结案的反倾销指控也限制了进口贸易，同时反倾销还导致进口向非被指控国家转移效应，但其贸易转移效应小于贸易限制效应，并且被指控国家数量越多时，贸易转移效应越弱。

苏振东和刘芳（2010a，2010b）使用1997年3月到2009年6月中国22起可获得数据的反倾销案件涉案产品进口数据，采用面板数据模型，对中国反倾销的贸易限制效应和贸易转移效应进行了实证分析。他们发现，在反倾销前三年中涉案产品总进口量分别减少152.68%、155.61%和175.94%，进口总额分别减少138.28%、122.78%和131.68%，反映中国对外反倾销具有明显的贸易限制效应；另外，实证检验还发现，中国涉案产品进口与被指控国家数量成反比，同时基于中国曾经先后两次对从不同国家进口的丙烯酸酯、邻苯二酚和初级形态二甲基环体硅氧烷发起反倾销的事实，他们认为，尽管中国对外反倾销措施存在贸易转移效应，但贸易转移效应不足以抵消贸易限制效应。

杨仕辉和刘秋平（2011）基于2001~2008年中国对外反倾销及其涉及的24个国家和地区的数据，采用引力模型，使用一阶差分广义矩估计方法考察了中国实施的反倾销措施对中国从被诉国的总进口贸易的影响，结果发现，中国的反倾销裁决没有对其进口产生负面影响，反而却促进了进口的增加，表明反倾销措施在宏观层面的"进口贸易寒蝉效应"几乎不存在。

李淑贞（2013）选取了1997~2007年中国发起的47起反倾销案例所涉及的89种HS6分位产品的进口数据，采用随机效应模型研究了反倾销的贸易限制效应和贸易转移效应。她借鉴显示性比较优势指数的计算方法构建了产品的进口倾向性指数，并依据该指数的大小将不同产品分为高进口倾向产品和低进口倾向产品，发现反倾销对两类产品均存在贸易限制效应和贸易转移效应，但是低进口倾向产品的贸易限制效应大于高进口倾向产品，而两类产品的贸易转移效应几乎没有明显差异。

因此，大部分针对中国对外反倾销的国内研究印证了国外研究的基本结论，它们均表明，反倾销具有扭曲进口贸易流向的作用，即反倾销带来了明显的负向贸易限制效应和正向贸易转移效应。

(二) 出口国视角

因为中国自 1995 年以来连续 25 年成为全球遭遇反倾销最多的国家，所以更多的国内学者主要是从出口国视角对中国出口遭遇反倾销进行研究的。

胡麦秀和严明义 (2005) 使用 1992~2003 年中国彩电出口数据，采用描述性分析和一个简单的实证模型，证明欧盟对中国彩电的反倾销导致中国对欧盟彩电出口大幅度减少，同时带来中国彩电出口对美国、日本、澳大利亚和阿联酋偏转。

沈国兵 (2008) 使用 2000~2004 年各国木制卧室家具的进出口数据，使用描述性方法，研究了美国对中国木制卧室家具反倾销的贸易限制效应和贸易转移效应，结果发现，美国对华反倾销限制了中国木制品卧室家具对美出口，同时越南、马来西亚和印度尼西亚同类产品对美出口持续增加。进一步地分析还发现，在中国木制品卧室家具遭到美国反倾销调查之后，中国对美木制办公家具、木制厨房家具、金属家具和塑料家具的出口一直在持续增长，证实了反倾销导致了产品间贸易转移。

向洪金 (2008) 构建一个"两国三地"价格竞争模型，并利用 2002~2007 年美国对华纺织品反倾销案例 HS10 分位数税则号涉案产品的月度数据，按照反倾销裁决程序将考察期限分别划分为申诉、初裁和终裁前后六个不同时间段，从实证上逐个考察了美国对中国实施反倾销的四种纺织品与特别保障措施的两种纺织品的出口走势，以检测反倾销措施的贸易限制效应和贸易转移效应。他们发现，美国对华反倾销措施导致中国涉案产品对美出口减少，具有显著为负的贸易限制效应，同时使韩国、印度、印度尼西亚等国同类产品对美出口增加，存在显著为正的贸易转移效应；并且贸易限制效应多发生在初裁之后，贸易转移效应多发生在终裁之后。

冯宗宪和向洪金 (2010) 在反倾销贸易流量效应的理论分析的基础上，使用 2002~2007 年 HS8 分位和 HS10 分位数税则号涉案产品的月度数据，选择欧盟对华化纤布反倾销案和美国对华聚酯短纤维反倾销案对反倾销的贸易限制效应、贸易转移效应和贸易偏转效应进行描述性分析，并按照反倾销裁决程序将考察期限分别划分为申诉、初裁和终裁前后六个不同时间段，从实证上逐个考察了欧盟和美国对中国反倾销的五种纺织品的出口走势，结果发现，欧美对华反倾销不仅导致了中国涉案产品对发起国出口减少，还导致韩国、印度等竞争国对发起国出口增加，同时中国涉案产品对第三方国家出口量增加。

杨仕辉（2010）利用1998~2006年外国对华反倾销的数据，采用引力模型和广义矩估计方法，使用外国反倾销案件或裁决的总数做外国对华反倾销的代理变量，从实证上分析了外国对华反倾销对中国的出口"贸易寒蝉效应"（Trade Chilling Effect），结果发现，一国上年度对所有国家反倾销的立案和裁决均导致当年中国涉案产品出口下降，其中，印度、美国、阿根廷和澳大利亚对华反倾销的出口"贸易寒蝉效应"最大。

杨仕辉和谢雨池（2011）利用1995~2007年外国对中国发起反倾销的564个案件为样本，分析了反倾销对九个行业的贸易限制效应和贸易转移效应，发现化学工业、纺织品、贱金属及其制品和机电设备行业存在负向的贸易限制效应，化学工业、塑料橡胶、纺织品、贱金属及其制品和未分类产品存在正向的贸易转移效应，杂项制品却存在负向的贸易转移效应（或进口贸易寒蝉效应）。

杨仕辉等（2012a）使用1998~2007年美国对外反倾销数据，使用一阶差分广义矩估计方法比较了美国反倾销对被诉国出口和出口份额的影响，发现美国反倾销对被诉国对美出口造成了负面影响，表明它们均存在明显的贸易限制效应和贸易转移效应，其中，对中国的这两大贸易效应最大，并且美国对外反倾销的贸易限制效应和贸易转移效应在不同行业之间存在明显的差异。杨仕辉等（2012b，2012c）使用1998~2008年12个主要国家和地区被诉反倾销样本、杨仕辉等（2012d，2012e）使用1999~2006年印度对外反倾销样本，均得出类似的结论。

陈汉林和孔令香（2010）采用中国1998~2008年HS8分位产品的出口数据，选取美国在1998~2003年对华反倾销已经裁决的38起案件，研究美国对华反倾销的贸易偏转效应[①]，描述性分析表明38种涉案产品中有27种中国对美出口份额在立案后出现不同程度的下降，实证检验也表明美国对华反倾销在立案后前两年造成中国向美国出口比重的下降、对其他国家出口比重的上升，并且在立案之后第二年表现得最为明显，证明了美国对华反倾销贸易偏转效应的存在。

[①]　虽然他们将文章所提的贸易流量效应称为"出口转移效应"，实际上是指"反倾销之后被指控国的目标产品向其他国家偏转的效应"，即Bown和Crowley（2007）所称的"贸易偏转效应"。

　　王孝松等（2014）进一步剖析了外国对华反倾销的贸易限制效应，他们利用中国 1996~2010 年 96 个（HS2 分位）行业的出口数据，将行业出口分解为扩展边际（"HS6 分位产品—国家"对的数量）和集约边际（每组"HS6 分位产品—国家"对的平均出口），从实证上检验了外国对华反倾销对中国涉案产品出口的影响，结果发现，反倾销显著限制了中国出口扩展边际和集约边际的增长，并且对扩展边际的限制作用超过对集约边际的限制作用。

　　综上所述，国内外有关反倾销贸易流量效应的研究比较系统，已经自成一体，结合 Bown 和 Crowley（2007），下面将其总结到图 2-1 中。

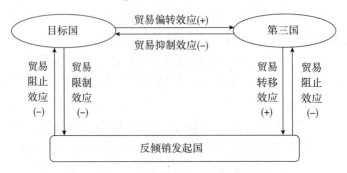

图 2-1　反倾销的贸易流量效应

　　注：贸易限制效应（Trade Destruction Effect）、贸易转移效应（Trade Diversion Effect）/声誉效应（Reputation Effect）、贸易偏转效应（Trade Deflection Effect）、贸易抑制效应（Trade Depression Effect）、贸易阻止效应（Trade Dampening Effect）；箭头方向表示涉案商品的出口方向；每个国家既可能是出口国，也可能是进口国。

　　如图 2-1 所示，反倾销措施可能导致被指控国家对发起国出口减少的贸易限制效应，同时会带来非被指控国家对发起国出口增加的贸易转移效应和被指控国家对第三方国家出口增加的贸易偏转效应，也可能导致第三方国家对被指控国家出口减少的贸易抑制效应，甚至还会引起发起国目标产品或国内企业出口减少的贸易阻止效应[①]。在上述五大贸易流量效应中，因为贸易抑制效应的作用比较间接，且在实证分析中涉及的第三方国家较多，而贸易阻止效应由于涉及作为进口国的发起国出口，影响更难识别，所以对贸易抑制效应和贸易阻止效应的实证研究并不多见。此外，研究者

───────────

　　① 这可能是外国对反倾销发起国的贸易报复所致，也可能是国内市场对国际市场的替代所带来的。

基本上对反倾销的负向贸易限制效应达成了共识，但对贸易转移效应和贸易偏转效应仍存在一些争议：就贸易转移效应而言，也有学者认为，在发起国发起反倾销之后，第三方国家因为害怕招致发起国的反倾销调查而自动减少对发起国的出口，即反倾销存在负向的"声誉效应"；就贸易偏转效应而言，也有学者认为，在发起国发起反倾销之后，目标国家因为害怕招致其他国家的反倾销调查而自动减少对第三方国家的出口，即反倾销存在负向的"贸易寒蝉效应"。

第二节　反倾销的贸易救济效应文献综述

一、国外研究现状

尽管人们一致认为"反倾销措施有助于抑制涉案产品进口增长、消除进口国国内市场上外国企业低价倾销的不公平竞争行为"（Staiger and Wolak，1994；Krupp and Pollard，1996；Prusa，2001；Breton，2001；Konings et al.，2001；Niels，2003；Bown and Crowley，2006，2007；Ganguli，2008；Park，2009），但这并不意味着反倾销必然能够起到救济国内企业的作用，因为外国出口企业可以通过直接投资在进口国境内设立工厂、直接在其国内市场上生产并销售相似产品（Blonigen et al.，2004，李猛和于津平，2013a），也可以通过与进口国国内企业合谋、人为操纵进口价格（Davies and Liebman，2006），从而规避反倾销调查，并使其无法发挥出应有的作用。因此，有些贸易学家开始研究反倾销对国内进口竞争性行业或企业经营绩效的直接影响效应，即反倾销对其市场势力、生产率、产量、销售收入、技术和利润水平等方面的影响，为反倾销政策的有效性寻找论据。然而，由于这类文献并不十分丰富，所以本节还包括了其他贸易政策对国内进口竞争性行业或企业的影响研究。具体来说，主要从两个方面进行综述：一是反倾销对进口竞争性行业或企业的影响；二是其他贸易政策对进口竞争性行业或企业的影响。

（一）反倾销对进口竞争性行业或企业的影响

人们主要从行业和企业两个层面来探讨反倾销的贸易救济效应。

1. 行业层面的研究

基于行业的反倾销贸易救济效应的研究，具有代表性的是 Gallaway 等（1999）。他们使用美国 1993 年国民收入和产品账户的数据，将美国投入—产出表中 491 个国内经济部门归并为 29 个行业，在替代弹性不变（Constant Elasticity of Substitution，CES）的假设条件下，采用可计算一般均衡模型（Computable General Equilibrium，CGE）估计了反倾销或反补贴措施对美国的综合经济效应。他们发现，尽管反倾销或反补贴措施为国内进口竞争性行业及其上游行业带来好处，但同时也会给消费者和下游行业带来损失，从总体上来看，它们对美国经济造成 39.5 亿美元的损失。

2. 企业层面的研究

基于企业的反倾销贸易救济效应的研究，最近十几年来发展较为迅速，关注的主题也比较广，囊括市场势力、生产率、技术、研发、生产决策等多个研究对象。

有的学者关注反倾销对国内企业市场势力的影响。Nieberding（1999）采用利润—销售额之比度量企业的市场势力，选取 20 世纪 80 年代美国的四起反倾销案件，使用案例分析法，分别将半导体和圆锥滚子轴承案作为征税案件、水泥案作为驳回案件和钢铁产品案作为撤回案件的代表，逐个分析了反倾销对被救济行业中代表性国内企业的价格成本溢价的影响，发现征税案件有助于提高国内企业的市场势力，驳回案件减弱其市场势力，而撤回案件的市场势力效应并不确定。Konings 和 Vandenbussche（2005）采用价格—边际成本之比即加价能力来度量企业的市场势力，使用 4000 家欧盟企业 1992~2002 年的面板数据，同时观察受到救济企业与未受到救济企业的市场势力变化趋势，运用实证检验和案例法分析了 1996 年欧盟对外反倾销的 22 起案件对进口竞争性欧盟企业加价能力的影响。他们发现，反倾销使欧盟进口竞争性企业的市场势力提升 8 个百分点，但是，该效应受到贸易转移效应和反倾销裁决结果的影响，贸易转移效应较强案件和中止调查案件几乎不存在市场势力提升效应。Baylis 和 Malhotra（2008）使用美国 1989~2002 年的数据，以 1996 年美国新鲜西红柿案为例，采用价格成本之比即勒纳指数（Lerner Index）度量市场势力，分析了反倾销对美国佛罗里达州和加利福尼亚州从事西红柿生产农场的市场势力的影响，发现在反倾销实施期间，它们的勒纳指数出现了增长，作者认为，这是因为反倾销导致了美国高度集中的西红柿生产行业中竞争减弱引起的。

尽管大部分贸易学家认为，反倾销有益于国内进口竞争性企业，但其对不同类型企业的影响还是存在差异的。Konings 和 Vandenbussche（2008）使用 1993~2003 年 4799 家欧盟企业的数据，分析反倾销对欧盟内部受救济企业的全要素生产率的影响，结果发现，反倾销提高了受救济企业的平均生产率，并且这种救济作用对于低生产率的落后企业更大，但是它并不能完全缩小受救济企业与其他企业的生产率差距。作者认为，这是因为，反倾销政策扩大了原本会退出市场的低效率企业的市场规模，并促使它们进行提升生产效率的投资；但是，对于那些没有生存压力的高效率企业，其市场规模没有出现明显变化，因为它们缺乏改进生产率的动力。Cohen-Meidan（2013）则指出，尽管反倾销对国内生产起到促进作用，但它还可能受到地理位置的影响。他以美国 1989 年对墨西哥、1990 年对日本的波特兰水泥征收反倾销税为例，基于地理位置将美国国内企业分成太平洋地区、墨西哥边境地区、墨西哥湾地区和加利福尼亚地区，研究了反倾销之后各地区国内价格、销售和进口的变化趋势。他发现，太平洋地区和墨西哥湾地区的价格和国内产量均出现了不同程度的提高，但墨西哥边境地区和加利福尼亚地区的水泥价格没有明显变化，这是因为前两个地区完全停止了倾销进口，而墨西哥被指控的生产商实现了与后两个地区内进口企业的合并，完全吸收了关税。进一步地，上述两种进口模式的差异是由它们的运输方式所决定的，前者通过海运运输、后者通过陆路运输，海运运输较低的成本使前者可以轻易地将被指控进口产品运到其他沿海市场上，而陆路运输较高的成本阻碍了后者对其他地区的偏转，并且出口固定成本的存在还使反倾销税没有立即对进口产生抑制作用，作者将其称为磁滞效应（Hysteresis）。

还有学者开始关注反倾销对企业的其他反映经营绩效变量的影响。Marsh（1998）使用美国 1980~1992 年 626 起反倾销诉讼的数据，以三天为事件期（Event Period），研究了反倾销对申诉企业的市值（Market Value）的影响，发现反倾销立案平均使这些企业的市值增加 1%，而反倾销初裁或终裁并不改变企业市值，但否定性终裁却使企业市值损失 2.1%，远远超出了立案带来的好处。作者认为，市场之所以对立案而不对裁决做出反应，一方面是因为样本期内美国反倾销的胜诉率较高，另一方面是因为立案之后某些国内申诉企业与外国企业进行谈判达成了调解协议。Crowley（2006）使用一个进口国和两个出口国的博弈模型，在出口国的代表性企业拥有先进技术以及企业决策取决于其面临的世界市场规模的假设前提下，从理论上研究了反倾销税和保障措施税对技术落后的发起国和第二个出口国企业采用新技术进度的影响，她发现反倾销税会同时促进这两类企业提前采取新技术，而保障措施税使前者加快、后者延缓采用新技术。

上述文献均在不同程度上肯定了反倾销对进口竞争性企业生产绩效具有积极影响，但也有少数学者对其提出了质疑，他们将其归因为反倾销的资源错置效应。Pierce（2011）使用美国钢铁企业1987~1997年的普查数据，将未受到救济的相似行业中的工厂作为受到保护的工厂的对照组，采用双重差分法研究反倾销对钢铁企业生产率的影响，结果发现，尽管反倾销措施带来了企业收入生产率（Revenue Productivity）的增加，但这主要是由它们的价格和加价（Markup）上升所致，如果用产量度量企业产出，反倾销无益于企业实物生产率（Physical Productivity）的增加。作者认为，由于反倾销使被救济行业中低效率企业继续生产，放慢了产业资源优化配置的进程，导致了行业总体生产率的下降。但是，Blonigen等（2013b）认为，反倾销并不存在明显的资源配置效应。他们使用1978~2007年美国钢铁工厂的高度细分数据，采用Logit模型，分析反倾销和反补贴措施对生产线退出概率的影响，发现反倾销几乎不会影响生产线的退出概率，并且该结论稳健地适用于反倾销使用频繁的时期、行业及不同裁决结果的案件。作者认为，这可能是由于文中采用的模型无法控制某些内生性问题或测量误差，也可能是因为申诉企业的管理层和劳工代表的决策失误所致。

（二）其他贸易政策对进口竞争性行业或企业的影响

对国内进口竞争性行业或企业带来影响的贸易政策远远不限于反倾销措施，研究对象还包括关税、配额、补贴等其他手段。本书将相关文献按主题分为非关税措施（不包括反倾销政策）和关税贸易自由化两类。

1. 非关税措施

Schorsch（1984）开发了一个钢铁行业的计量模型，采用模拟的方法预测了1984年美国实施的钢铁进口配额对钢铁行业的影响。他们估计，1985~1989年，配额将导致钢铁进口价格上升，同时提高对国内生产钢铁的需求，进而带来钢铁价格、钢铁行业的产出和就业增加，具体来说，为期五年的、占国内总消费的15%的进口配额将使内产出从8460万吨增加到9020万吨，钢铁价格从701美元上升到752美元，钢铁行业就业岗位增加34000个。

Crandall（1987）梳理了到 20 世纪 80 年代为止美国汽车业和钢铁业采取的贸易保护措施，发现当时美国汽车业正实施着 1981 年与日本签订的自动出口限制协议、钢铁业正实施着 1985 年与 25 个贸易伙伴国签订的自动出口限制协议；他还描述了 20 世纪 70~80 年代这两个行业投资、利润、工资、生产率、产品质量及产能的变化，发现它们的投资变化不大、利润稳步上升、工资快速增长、生产率提升，但是其产品质量仍然落后于日本同行，同时两行业的实际产出均出现不同程度的缩减。不过，Crandall（1987）声称"很难发现美国汽车业和钢铁业的上述变化是由贸易保护引起的"，没有对其进行因果关系检验。

Herrendorf 和 Teixeira（2005）使用一个单一期限、两种产品、三阶段博弈的小国开放模型，以配额为例，从理论上研究了贸易壁垒对国内进口竞争性行业的全要素生产率的影响，发现配额扭曲了资源配置，使进口竞争性行业使用低效率技术，同时导致了其产出超过了效率产量，并且配额的影响超过了关税。

Conway（2009）结合美国纺织业的行业和工厂层级 1989~2005 年的数据，运用一个企业决策理论模型，在 Hopenhayn（1992）的"当生产率下降到某一临界值之下，工厂退出"和 Devarajan 和 Rodrik（1989）的"贸易自由化促进竞争"基本结论的基础上，采用模拟（Simulation）的方法研究了 2005 年取消配额对 2005~2010 年美国纺织业生产和就业的影响。他发现，一方面，在国外价格下降 10% 的前提下，配额的取消带来了进口竞争，同时导致了国内纺织业生产规模减小和工厂倒闭，并且前者占主导，具体地，在样本期内，纺织业产出下降了 18%，工厂数量减少了 10%，作者认为，规模缩小是贸易自由化所致，而工厂倒闭是技术进步带来的；另一方面，纺织业就业出现先下降后增加的趋势，具体地，在前三年中，纺织业裁员达到 12%，由于工厂倒闭使对生存工厂的引致需求增长，失业的工人重新被生存工厂雇用，最终在样本期末裁员仅为 4%。

Wang（2010）建立了一个包括反补贴税的古诺竞争模型，从理论上分析了征收反补贴税对国内进口竞争性企业利润的影响，结果发现：分别对中间产品和最终产品征收等于补贴额的反补贴税将抵消外国补贴对国内中间产品企业和最终产品企业带来的利润增长，对中间产品征收超过或等于补贴额的反补贴税将提高国内中间产品企业的利润水平、降低国内最终产品企业的利润水平，对最终产品征收超过或等于补贴额的反补贴税将同时提高国内中间产品和最终产品企业的利润水平，但是同时对中间产品和最终产品征收超过补贴额的反补贴税只会提高国内中间产品的利润水平，对国内最终产品的利润水平的影响则不确定。

2. 关税贸易自由化

贸易学家还从关税下降的角度分析了贸易自由化对企业生产率的促进效应。尽管大多数文献没有明确地将国内企业细分为进口竞争企业和下游企业（Pavcnik（2002）除外），但它们采取其他的方式论证了关税贸易自由化对进口竞争性企业带来的积极作用：有的将进口产品区分为中间产品和最终产品（Topalova and Khandelwal，2011；Nataraj，2011），有的发现关税下降不是通过中间投入品进口增加来提高生产率（Biegsten et al.，2009），而是主要通过增强进口竞争来实现生产率促进作用（Bloom et al.，2011；Iacovone et al.，2013；Mion and Zhu，2013），有的通过针对特定行业的分析来识别进口竞争效应和产业关联效应（Fleming and Alber，2013；Olper et al.，2014）。

Pavcnik（2002）按照贸易方向将国际标准产业分类（International Standard Industrial Classification，ISIC）4 分位行业明确地划分为出口导向型行业、进口竞争型行业和非贸易品行业。她使用智利 1979~1986 年制造业工厂的数据，采用 Olley 和 Pakes（1996）的半参数方法纠正投入品系数估计中的选择性偏误（Selection Bias）和联立性偏误（Simultaneity Bias），分析了贸易自由化对这三类行业中的工厂生产率的影响。她发现，退出工厂比继续生产工厂的生产率低 8%，表明贸易自由化迫使低效率企业退出市场，将资源从低生产率企业向高生产率企业配置，即通过"工厂间资源配置效应"来促进行业生产率增长；同时，进口竞争型行业的工厂生产率比非贸易品行业的高出 3%~10%，而出口导向型行业的工厂生产率增进并不明显，表明来自国外的竞争会迫使进口竞争型行业调整生产，并通过"工厂内部（within plant）资源配置效应"来促进工厂生产率增长。

关税贸易自由化对进口竞争性企业的影响效应可以通过区分中间产品和最终产品来厘清。Topalova 和 Khandelwal（2011）将进口产品细分为中间产品和最终产品，使用广义矩估计方法，采用 1989~2001 年 4100 家印度上市企业的数据，研究了贸易自由化对企业生产率的影响，发现最终产品关税下降 10 个百分点，生产率仅增长 0.32%，他们据此认为，贸易自由化通过竞争增加来促进进口竞争性企业的生产率增长的作用较小。Nataraj（2011）认为，贸易自由化对大企业和小企业生产率的影响机制存在差异，他根据印度的实际情况将印度企业按照就业人数或注册信息分为小型企业和大型企业两类，构建了它们 1989~1990 年、1994~1995 年以及 2000~2001 年的数据库，采用固定效应模型分析了最终产品关税和投入品关税对这两类企业全要素生产率的影响作用。他发现，就小型企业而言，贸易自由化主要通过增加竞争来提高企业生产率；就大型企业而言，贸易自由化主要通过增加中间投入品供给来提高企业生产率，不过对于生产率最大的大型企业，最终产品关税下降也促进了它们的生产率增长。进一步地，作者还发现，贸易自由化对生产率最低的小型企业生产率的促进作用最大，因为最低生产率企业为了不被淘汰被迫提高了生产率。

关税贸易自由化对进口竞争性企业的影响效应还可以通过直接度量进口竞争的影响来证明。Biegsten 等（2009）使用埃塞俄比亚 1997~2005 年制造业企业和产品关税数据，采用固定效应模型研究了关税下降对国内企业生产率的影响，结果发现，关税下降与企业生产率之间存在倒 U 形相关关系。具体而言，在关税低于 30% 时，关税下降对企业生产率的影响几乎为 0；在关税高于 30% 时，关税下降对企业生产率产生较强的促进效应。他们还进一步检验了上述结论的作用机制，发现尽管关税下降并没有对企业的进口投入品份额产生显著影响，但使企业变得更小、资本密集度更高，作者据此认为，关税下降主要通过加剧竞争（而不是 Amiti 和 Konings（2007）所提出的增加更便宜、更好的进口投入品）来影响企业生产效率。那么，进口竞争的增加究竟能在多大程度上影响进口竞争性企业的生产绩效？一些学者对该问题做出了回答。Bloom 等（2011）使用 1996~2007 年 12 个欧洲国家的面板数据，研究来自中国的进口竞争对各国不同技术变化的影响，发现中国进口竞争导致了企业内部技术变化增加，将就业在企业之间配置，并向技术最先进的企业转移，他们认为，来自中国的进口竞争解释了 2000~2007 年 15% 的欧洲技术升级。Yu 等（2013）使用中国企业 1998~2002 年的数据，采用固定效应模型，分析了进口竞争对企业生产率的影响，结果发现，贸易自由化对中国进口竞争性企业生产率的影响取决于其生产产品的复杂程度（Complexity），虽然贸易自由化显著地提升了生产复杂产品企业的生产率，但对简单产品生产企业的生产率产生了负面效应。作者认为，一方面，这是因为进口竞争加剧使国内企业投资于技术进步的资源变少，抑制了生产率增长；另一方面，是因为进口贸易带来的更新颖、差异化程度更大、技术含量更高的产品使国内企业能够通过学习效应来提高生产率。Liu 和 Rosell（2013）使用美国企业（大部分为国有企业）1978~1998 年的数据和固定效应模型，分别将企业所面临的进口渗透率、贸易成本和贸易开放度作为进口竞争的代理变量，从实证上分析进口竞争对国内企业基本创新①（Basic Innovation）的影响，结果发现，进口竞争和贸易开放度的增加不利于企业创新，贸易成本的下降导致企业减少创新，作者认为，进口竞争导致企业产品范围缩小就是该影响机制的佐证。Iacovone 等（2013）采用墨西哥工厂 1994~2004 年的数据，使用工具变量模型估计来自中国的进口竞争对墨西哥国内市场和美国出口市场上工厂及产品的销售和退出的影响，发现更小的工厂和更边际的产品更容易受到中国竞争的负面冲击，更大的工厂和更核心的产品几乎不受中国竞争的影响，从而表明进口贸易自由化会带来资源在企业之间以及企业内部产品之间重新配置。Mion 和 Zhu（2013）采用比利时企业 1995~2007 年的数据，将其贸易来源国分成 OECD 国家、中国、其他低收入国家和世界其他国家四类，使用工具变量模型分别分析了来自四组国家的进口竞争以及最终产品和中间产品外包对比利时企业就业增长、生存和技术升级的影响。他们发现，除来自中国之外的三组国家的进口竞争和外包均不对它们造成影响以外，来自中国的进口竞争降低了比利时企业就业增长，但对中国外包对其就业增长没有影响；此外，尽管来自中国的进口竞争对企业退出市场的概率没有造成影响，但对中国最终产品外包却有效地降低了企业退出的概率；同时，来自中国的进口竞争和对中国外包均能提高企业非生产工人和高等教育工人的份额，尤其是对低技术行业的促进作用更为明显。作者认为，上述结论表明来自中国的进口竞争及对中国外包可能会加剧比利时市场上的竞争程度，促进企业升级其技术结构和就业结构，带动资源在企业内部重新配置，并最终提升它们的竞争能力。

个别针对单独行业的分析也得出了类似的结论。Fleming 和 Alber（2013）使用 1997 年智利中部地区的 7 万多家农场的截面数据，将其分为只生产传统作物的农场（占比 92%）和同时生产传统作物、非传统作物的农场（占比 8%），采用 OLS 和 Heckman 选择模型研究了贸易开放度对农场总产出的影响，结果发现，虽然贸易开放度有利于促进两类农场总产出

---

① 按照美国国家科学基金会（National Science Foundation）的定义，基本创新是指旨在获得研究项目主体的更为全面的知识或理解的系统化研究。

的增长，但对后者促进作用更大。作者认为，由于传统作物主要依赖进口，而非传统作物主要用于出口，所以进口压力增长促进了两类农场生产率的增长，同时出口还通过技术溢出、产品专业化生产以及"干中学"促进了种植非传统作物的后一种农场生产绩效的改善。Olper 等（2014）使用1995~2008 年25 个欧盟国家的九个食品行业的数据，采用广义矩估计方法（Generalized Method of Moments，GMM），以劳动生产率和全要素生产率分别度量行业生产率，研究了进口竞争对行业生产率的影响，发现进口竞争的加剧有助于提高食品行业的生产率。一方面，进口贸易开放通过最终产品贸易自由化加剧竞争；另一方面，通过中间产品贸易自由化降低中间投入成本，从而促进行业生产率增长。为了揭示欧盟各国食品行业进口贸易自由化对行业生产率的具体作用机制，他们将进口来源国分为四组：欧盟老成员国的15 国、经济合作与发展组织（OECD）中的非欧盟国家、欧盟新成员国的10 国和"金砖四国"，检验发现，只有来自欧盟老成员国的进口竞争增进了食品行业生产率增长，其他国家的进口均不对其生产率产生影响。欧盟老成员国食品进口是各国国内生产产品的近似替代品，所以作者据此认为，是最终产品而不是中间产品的进口竞争带来了食品行业生产率的增长。

3. 各种贸易政策对进口竞争性行业或企业影响的比较分析

少数学者还比较了包括反倾销在内的各种贸易政策对进口竞争性企业的经营绩效的不同影响，特别地，这类研究大多针对同一行业做出。

Blonigen 等（2013a）使用1967~2002 年美国钢铁工厂的高度细分数据，比较了美国对外发起的配额、关税、反倾销税、反补贴税和保障措施税对美国钢铁工厂市场势力（用工厂增加值与销售额的比例度量）的影响，结果发现，尽管配额的实施明显增强了它们的市场势力，但是包括反倾销税在内的、基于税收的贸易政策几乎不对其产生任何影响。作者还进一步比较了上述不同贸易政策对大型钢铁厂、小型钢铁厂和钢铁加工厂的影响，发现贸易政策对大型和小型钢铁厂的市场势力效应保持不变，而对那些需要购买中间投入品的钢铁加工厂的市场势力几乎没有影响。

Bopage 和 Sharma（2014）在梳理澳大利亚乘用车辆行业历年实施的贸易政策的基础上，使用该行业1962~2008 年的时间序列数据，检验了关税以及诸如出口补贴、出口退税等行业辅助政策对行业生产率的影响，结果发现，尽管关税保护促进了行业生产率的增长，但行业辅助政策却阻碍了行业生产率的增长，作者认为，关税保护主要通过扩大国内企业的市场份额来发挥作用，而行业辅助政策可能因为滋生寻租行为导致了低效率。

二、国内研究现状

（一）反倾销的贸易救济效应

随着中国反倾销措施的实施，国内学者也开启了反倾销贸易救济效应的研究。总体来看，国内研究主要基于行业（或产品）和企业两个角度来研究反倾销的贸易救济效应。

1. 行业或产品层面

宾建成（2003）采用案例分析法，以1997年中国首个新闻纸反倾销案为例，阐述了反倾销前后中国新闻纸进口和该行业的生产经营情况，发现反倾销能够不同程度地改善国内新闻纸生产行业的生产经营状况与竞争力，反倾销之后，国内新闻纸生产企业不仅提高了开工率、销售量出现增长，而且通过技术改造扩大了产能、提升了产品质量和工人工资水平。张玉卿和杨荣珍（2008b）对中国1997~2008年6月的对外反倾销案件进行了回顾，并采用描述性方法对其贸易救济效果进行了简要评估，发现反倾销调查立案之后，国内同类产品产量年均增长率超过或基本与国内表观消费量年均增长率持平，国内产品市场份额有所上升，国内进口竞争性产业得到了初步恢复和发展，有些企业扭亏为盈，劳动生产率、税前利润、国内产业投资收益率和国内产业就业人数总体上呈现增长趋势。张玉卿和邱薇（2008a）针对中国1999~2007年石化产业反倾销案件的研究也有类似的发现。王分棉和周煊（2012）基于中国2004年和2008年对数字微型电路（Digital Micro Circuit，DMC）的反倾销案例，采用描述性分析方法，分析了反倾销对中国有机硅产业的影响，发现反倾销之后，有机硅行业最大宗基础产品DMC和甲基氯硅烷的国内价格回升、产量和产能快速增长、营业收入持续提高，但同时造成了该行业严重的低水平重复建设、知识产权频遭侵犯等问题。作者认为，虽然反倾销在短期内保护了有机硅产业，但由于国内自主创新不足和集成创新缺失，它实际上损害了行业的长远发展利益。

随着计量经济学的发展，实证研究方法在反倾销研究领域不断推广。苏振东和刘芳（2009）选用中国1997~2005年立案且初裁征税的13个反倾销案件，采用广义矩估计方法（Generalized Method of Moments，GMM），估计了反倾销措施对中国进口竞争性产业产量的影响，发现征收反倾销税使国内进口竞争性产业的产量平均提高约 60.79 个百分点。苏振东和刘芳（2010a）选用中国 1997~2005 年立案且初裁征税的 16 个反倾销案件，采用随机效应模型，分析了立案当年及立案后三个连续年度反倾销措施对国内进口竞争性产业的产出量的影响，发现对进口涉案产品的反倾销税每提高 1 个百分点，国内进口竞争性产业的产量平均提高 0.1133 万吨。作者认为，这是因为反倾销措施消除了倾销产品凭借低价获得的不正当竞争优势所致。

李春顶（2011）使用 1997~2007 年中国反倾销和 39 个国民经济行业分类 2 分位行业数据，并采用系统广义矩估计（System-GMM）方法，发现反倾销能够有效提高行业利润、产值、企业数、生产率以及就业人数，表明中国反倾销措施能够对国内进口竞争性行业产生显著的贸易救济效果。李春顶等（2013）使用 1998~2009 年中国反倾销和 37 个工业行业数据，并采用系统广义矩估计方法，分析了中国反倾销对行业生产率的影响，结果发现，反倾销能够促进行业整体全要素生产率增长；此外，他们还基于 DEA-Malmquist 指数法将行业全要素生产率分解为技术效率和技术进步，又将技术效率分解为纯技术效率和规模效率，进一步地实证检验发现，反倾销主要通过提升技术效率，特别是纯技术效率来实现贸易救济。他们认为，中国对外反倾销对国内行业的生产率产生正向激励效应，主要是因为目标行业基本上是具有一定市场份额的优势产业，即使保护也不会使其产生惰性。

有的学者使用商业贸易政策分析系统（Commercial Policy Analysis System，COMPAS）的局部均衡模型对反倾销的贸易救济效应进行了研究。向洪金和赖明勇（2010）使用 COMPAS 模型，对 2001 年中国立案的铜版纸反倾销案的经济效应进行了估算，发现反倾销使国产铜版纸产量增加 24.7%、产品价格上涨 7.6%、行业收益增加 34.3%、就业人数增加 25%。向洪金和赖明勇（2012a）使用 COMPAS 局部均衡模型，基于 2005~2009 年中国鸡肉产品生产与进口的相关数据，预测了中国对美国白羽肉鸡产品征收反倾销税和反补贴税的"双反"措施的实施效果，模拟结果发现，在未来五年里，对美国白羽肉鸡产品征收 59.2% 的双反税收将使中国白羽肉鸡行业的产量和就业增加近 26%、市场占有率提高 8 个百分点、销售收入增加 38.4%。

少数学者也从行业层面对反倾销的贸易救济效应进行了理论分析。向洪金等（2011）构建了开放经济体系的寡占竞争模型，理论推导发现，当实施反倾销之后，国内受救济行业国内销量与本国进口竞争行业集中度、本国厂商间的产量推测弹性及本国厂商对外国厂商的推测弹性负相关，与进口集中度正相关。

2. 企业层面

最近几年，随着新贸易理论的兴起和国内企业数据获得性的增强，个别学者开始从企业角度来研究反倾销的贸易救济效应。

杨艳红和李小平（2012）使用描述性的方法，对中国2002~2008年的四起反倾销撤回案件进行分析，通过对比案件撤诉前后的进口数量和价格变化，发现投诉及撤诉后进口数量并没有下降，但涉案产品的进口价格有明显上升趋势。作者认为，这是国内外企业没能达成合谋行动的象征，说明反倾销诉讼对中国国内进口竞争性企业的国际市场势力没有任何影响。此外，他们还进一步收集了2003~2006年中国化工行业10起反倾销诉讼中的11家申诉上市公司（总共有34家申诉企业）的销售毛利润率的数据，发现有9家出现了上升，证实了中国对外反倾销有利于增强企业在国内市场势力的结论。

苏振东等（2012）选取1999~2007年中国对外反倾销措施17种涉案产品以及对应的中国工业企业数据，采用固定效应模型，分析了对外反倾销措施对中国进口竞争性企业的影响效应。他们发现，第一，尽管反倾销调查当年对国内进口竞争性企业利润存在积极作用，但对企业劳动生产率、工业产值、雇用人数和出口交货值均不存在显著影响，作者认为，这是外国企业的反应时滞引起的；第二，反倾销肯定性裁决后一年对企业劳动生产率、工业产值、出口交货值和企业利润存在负面影响，作者认为，这是因为国内需求的增长吸引了原本无法进入市场的低效率企业及由于保护带来的惰性导致的；第三，反倾销否定性裁决后一年对劳动生产率、工业产值、雇用人数、出口交货值和企业利润具有显著的正面影响，作者认为，这是因为否定性裁决使国外企业重返国内市场，加剧的竞争使资源向高生产率企业配置，国内企业也在巨大的竞争压力下进行技术创新，并提高生产率水平。苏振东和邵莹（2013，2014）在研究2006年中国对韩国、日本、中国台湾地区和新加坡发起的化工产品"双酚A"反倾销案件时，采用匹配倾向得分非参数方法，分别对比受到反倾销救济的国内进口竞争性企业与参照企业的经营绩效和生存概率，发现反倾销对双酚 A 企业的贸易救济显著提升了企业劳动生产率、工业企业成本、利润率和资产负债率，却显著地降低了它们的生存率。作者认为，虽然反倾销减弱了来自外国的竞争压力，但同时也带来了国内更为激烈的竞争，还因为国内企业生产规模较小、工艺落后、核心能力薄弱的内在因素。

少数学者也从企业层面对反倾销的贸易救济效应进行了理论分析。谢申祥和王孝松（2013）构建了一个异质产品的 Bertrand 双寡头模型，在产品的差异程度内生的假设前提下，分析了反倾销措施对国内进口竞争性企业的研发和产品价格的影响，结果发现，反倾销会使国内进口竞争性企业减少研发投入、提高涉案产品价格，在产品差异度较小的情况下，它们甚至会退出国外市场。

（二）其他贸易政策的保护效应

国内学者对相关经济政策实施效果的探讨主要集中在贸易政策和非贸易政策上，并且对后者的讨论比较多见，而对贸易政策的实施效果的研究十分有限。卢仁祥（2012）采用美国、英国、德国和日本 1750～2005 年的数据，分别使用滞后一期、滞后二期和滞后三期的市场规模作为贸易保护强度的代理变量，运用变截距的确定效应模型分析贸易保护对发起国出口的影响，发现贸易保护措施通过确保一定大小的市场规模起到了保护国内市场和企业的作用，避免了金融危机对本国经济造成较大的负面影响。吴国松等（2013）选取了 1996～2012 年中国小麦、大米、大豆等 11 种农产品的产量、价格和进出口贸易数据，比较了中国贸易政策与非贸易政策对农产品出口的影响，并将其贸易保护效应与世界其他国家进行对比。他们发现，中国在加入世界贸易组织之前，关税削减给农业带来了较大的负面冲击；尽管扶持农业发展的非贸易政策（如加大对农业的各项投入）的实施效果不断显现，但是总体上中国对农业的贸易保护效应低于其他国家。

综上所述，贸易政策在短期上主要通过改变竞争程度，在长期上主要通过资源配置效应来影响国内进口竞争性企业的经营绩效：虽然贸易保护措施会提高其产出和就业水平，但同时还可能带来资源配置低效率；尽管贸易自由化政策带来了进口竞争加剧，对其就业、产出和创新造成负面影响，但却有利于提高企业之间和企业内部的资源配置效率。单就反倾销政策而言，各国对外反倾销对国内进口竞争性行业或企业的影响是不确定的，它既可能通过保护提高其产量、销售量、价格、就业和利润，也可能通过减少进口竞争滋生惰性，降低其研发投入，并扭曲资源配置。

第三节　反倾销的产业关联效应文献综述

一、国外研究现状

（一）反倾销的产业关联效应研究

早期，人们并没有直接研究反倾销的产业关联效应，大多数贸易学家只是基于不同的研究目的探讨了反倾销的继发性保护问题。Feinberg 和 Kaplan（1993）以美国化学制品和金属制品产业为例，采用非参数 Mann-Whitney U 检验法，考察了上游产业反倾销诉讼与下游产业反倾销诉讼之间的关联关系，发现美国 20 世纪 80 年代上游产业的反倾销和反补贴带动下游产业提出诉讼。Hoekman 和 Leidy（1992）建立了一个包含上下游产业的反倾销继发性保护的理论模型，指出对上游产业的保护可能将损害转移到下游产业，如果这种损害引发了对下游产业的继发性保护（Cascading Contingent Protection），并且保护足以补偿损失的话，对上游产业的保护将有利于下游产业。Leo Sleuwaegen 等（1998）建立上游产业作为领导者的连续诉讼博弈模型，将上下游产业间的关系、产业竞争的性质、进口渗透度等因素纳入考察范围，揭示了在上下游产业垂直市场结构下继发性保护将会带来福利损失。Bierwagen 和 Hailbronner（1998）指出，如果反倾销引起涉案中间产品的下游产业生产成本提高，以致下游产业不得不降低对上游产业的原料需求，从而对上游产业在国内市场上的销售产生消极影响。上述研究在一定程度上证实了反倾销继发性保护的存在，从而间接证明了上游产业反倾销可能会给下游产业带来损害。

同时，也有少数贸易学家对反倾销的产业关联效应进行了直接的研究。Krupp 和 Skeath（2002）使用 1977~1992 年美国制造业调查数据，采用两阶段最小二乘法（2SLS）分析了 1978~1992 年美国发起的 10 起反倾销诉讼对 13 个下游产业的影响，检验发现，尽管对上游行业征收反倾销税每上升 1 个百分点，下游行业的生产数量下降 0.14%，但下游行业的生产总额并不发生明显变化，他们认为，这是由于目标产品价格上涨、上游市场竞争减弱与目标产品供给减少引起的。Konings 和 Vandenbussche（2013）使用 1995~2005 年法国企业数据，将企业分成国内销售企业和出口企业两类，研究欧盟反倾销对法国企业生产率产生的影响，实证检验发现，欧盟反倾销提高了法国国内销售企业的生产率，但是会降低出口企业的生产率，并且企业出口越多，生产率下降的幅度就越大，他们认为，这是因为出口企业使用了更多的遭到反倾销调查的进口投入品、生产成本出现上升的缘故。

（二）其他贸易政策的产业关联效应研究

人们不仅关注反倾销措施如何影响下游产业的经营绩效，还将研究主题拓展到补贴、反补贴措施、配额、国内法案、贸易协议、保障措施及关税等领域。

1. 非关税措施

De Melo 和 Tarr（1990）采用一个十部门的静态可计算一般均衡（Computable General Equilibrium，CGE）模型，估计了美国 1984 年在钢铁业、汽车业和纺织业实施配额的福利效应，发现同时取消这三个部门配额会促进汽车行业的就业和产出增长，他们认为，这是因为钢铁部门配额取消后钢铁价格下降的缘故。Francois 等（1996）使用基于 1989 年美国社会核算矩阵（Social Accounting Matrix，SAM）的应用一般均衡模型，分析了琼斯法案（Jones Act）[①] 对下游产业的影响，研究发现，废除琼斯法案对石油化工业、塑料制品业、木材加工业和钢铁制造业的产出、就业和出口具有促进作用，作者认为，这部分是由于石油和电力产品价格下降所致。Hughes 等（1997）使用美国企业数据，采用广义最小二乘法估计美国 1985~1986 年与日本签订的半导体贸易协议（包括最低限价等措施）对 14 个下游企业股票价格的影响，发现美国对半导体行业的保护通过动态规模经济促进了电子行业和计算机行业的企业股票价格上涨。Liebman 和 Tomlin（2007）使用事件分析法，考察美国钢铁部门 2001~2003 年实施的保障措施对下游企业每日股票收益的影响，发现保障措施会提高下游企业

---

① 根据琼斯法案，美国国内港口间的客货运输必须由美国拥有的、悬挂美国国旗的、以美国人为船员的船舶来承担。

的钢铁采购价格，从而对运输设备、电气设备行业、建筑业、家具制造业和金属制品业的下游企业产生显著负面影响。Blonigen（2013）考察了1975~2000年主要钢铁生产国的钢铁部门中实施的生产补贴、出口补贴、政府所有权、国家或地区卡特尔安排及所有的非关税壁垒对其下游企业的出口竞争力产生的影响，他发现这些产业政策会使下游制造业部门的平均出口竞争力出现下降，在欠发达国家和密集使用钢铁的行业尤为严重，作者认为，这主要是因为上述产业政策提高了钢铁的国内价格所致。

人们除了关注单边贸易自由化或保护对下游企业的作用之外，还关心多边贸易自由化对下游企业经营绩效的影响。De Hoyos 和 Iacovone（2012）使用墨西哥制造业企业 1993~2002 年的数据，采用双重差分法，分析了北美自由贸易协定（North American Free Trade Agreement，NAFTA）对墨西哥企业生产率的影响。具体地，他们按照一体化程度将墨西哥企业分为既出口又进口的企业（完全一体化企业）、只出口的企业、只进口的企业和不出口也不进口的企业（非一体化企业）四类，将非一体化企业作为对照组企业，发现北美自由贸易协定使完全一体化企业和只进口企业比非一体化企业的生产率增长得更快，而其对只出口企业与非一体化企业的生产率几乎没有影响，作者认为，北美自由贸易协定带来的关税下降主要通过进口竞争加剧来促进企业生产率增长，同时进口中间投入品也是企业生产率增长的一个重要来源。

2. 关税贸易自由化

随着贸易自由化进程的不断推进和企业数据可获得性的提高，人们开始讨论中间投入品关税下降对下游企业经营绩效的影响，具体包括生产率、产出、就业、研发、出口等。

一些学者关注进口贸易自由化对企业生产率的影响。Sjöholm（1999）使用印度尼西亚 1980 年和 1991 年工厂数据，采用最小二乘法分析了进口对工厂劳动生产率增长的影响，结果发现，进口几乎不影响工厂劳动生产率增长，作者认为，这是因为进口没有带来明显的技术转移。尽管如此，大部分学者得出了肯定性的结论。Amiti 和 Konings（2007）使用 1991~2001 年印度尼西亚制造业中大中型企业的年度普查数据，考察了中间产品关税下降与企业生产率的关系，结果发现，中间产品关税下降能够促进企业生产率提升，该效应可能来自高质量的外国投入品、投入品种类的多元化及学习效应。Kasahara 和 Rodrigue（2008）使用智利工厂 1979~1996 年的数据，在采用 Olley 和 Pakes（1996）以及 Levinsohn 和 Petrin（2003）的方法估计工厂的全要素生产率的基础上，运用 OLS、固定效应模型和系统 GMM 方法估计进口中间产品对工厂全要素生产率的影响，发现进口中间投入品不仅在静态上也在动态上起到了促进工厂全要素生产率增长的作用，同时对于进口中间投入品份额较大的企业该促进作用更大，作者认为，这是"进口中学效应"在起作用。Topalova 和 Khandelwal（2011）使用广义矩估计方法，采用 1989～2001 年 4100 家印度企业的数据，研究了进口贸易自由化对企业生产率的影响，发现中间投入品关税的下降能够促进下游企业生产率增长，并且此效应在非关税壁垒更高、政府调控更多及非出口导向行业中的作用更大，作者认为，这主要是通过获得更多种类的、高质量且更便宜的中间投入品，从而放松企业的生产技术约束来实现的。Bas 和 Causa（2013）使用中国 2001～2008 年的企业数据，从投入品贸易自由化、产品市场改革及金融市场改革三个角度分析了上游产业政策调整对下游企业生产率的影响，发现投入品关税、反竞争的产品市场与金融市场改革均会对下游制造业企业的生产率产生负面影响，证明对上游产业保护将损害下游企业的利益，他们还模拟了对经济合作与发展组织（OECD）国家进行与中国相同的产品、贸易和金融市场改革会使其制造业企业在五年后的总生产率分别增长 9%、3% 和 6.5%。

另一些学者关注进口贸易自由化对下游企业技术升级的影响，具体包括产品质量、研发支出、产品种类等。Bandyopadhyay 和 Acharyya（2006）建立一个融入中间投入品的发展中国家产品质量创新理论模型，从理论上考察发展中国家投入品部门贸易自由化对最终产品质量革新的影响，结果发现，投入品部门的贸易自由化并不一定会带来质量创新，反而可能提高低质量最终产品生产的概率，作者还通过进一步的分析指出，只有将投入品贸易自由化与适度的最终产品贸易自由化相结合才能促进技术革新。不过，Goldberg 等（2010b）的实证研究并不支持 Bandyopadhyay 和 Acharyya（2006）的理论结论。Goldberg 等（2010b）使用 1989～1997 年印度 2927 家制造企业的数据，检验了中间投入品关税的下降对下游企业的影响，发现中间投入品关税下降不仅会增加下游企业生产的产品种类，还能促进后者产出、全要素生产率和研发投入的上升；他们还进行实证分析指出，进口中间投入品可获得性的提高（Variety Effect）是 20 世纪 90 年代印度制造业增长的重要原因。Crinò（2012）使用 2002 年和 2005 年中东欧和中亚的 27 个转型国家的企业数据，采用倾向匹配得分法，分析了进口投入品对企业高技术劳动力相对需求的影响，结果发现，进口投入品约使企业高技术劳动就业比重上升了 4.5 个百分点，作者认为，这表明进口投入品的使用带来了企业技术升级，进一步的实证分析还证实了进口投入品主要是通过促使企业生产新产品、提高生产产品质量及增加研发和技术应用来实现技术升级的。Colantone 和 Crinò（2014）使用 1995~2007 年 25 个欧洲国家的 NACE4 分位行业数据，分析行业中进口投入品对新产品比例的影响，结果发现，进口投入品在促进新的国内产品引入的同时，还带动了国内制造业产出增长，作者认为，这主要是通过更多种类、更好的进口中间投入品来获得的。

还有些学者关注进口贸易自由化对企业出口的影响。Bas（2012）使用阿根廷 1992 年和 1996 年的企业数据，采用 Tobit 模型分析了进口投入品关税下降对企业出口的影响，指出进口投入品关税的下降促进了阿根廷企业的出口概率和出口份额增长，作者认为，这是关税自由化提高了外国中间投入品的可获得性，并允许企业使用进口投入品中的外国技术带来的。Chevassus-Lozza 等（2013）在一个融入差异产品的异质性企业模型的基础上，使用 2001~2004 年法国企业数据和 Heckman 两阶段模型，研究投入品关税下降对法国农副产品加工企业出口的影响，结果发现，投入品关税下降将提高企业平均劳动生产率、提高下游企业的出口概率，同时降低低效率企业对外出口、提高高效率企业对外出口，他们认为，这是因为中间投入品关税下降使国内下游企业能够获得更高质量的投入品（Price Effect）。Bas 和 Strauss-Kahn（2014）使用中国企业 2000~2006 年的数据，采用双重差分法，研究了投入品关税下降对企业进口和出口产品价格的影响，结果发现，关税削减带来了进口投入品和出口价格的同时上涨，作者认为，这是企业利用投入品贸易自由化获得高质量的进口投入品，并实现了出口产品质量升级。

少数学者还关注了进口贸易自由化对下游企业的工厂内部资源配置效率的影响。Choi 和 Hahn（2013）使用韩国制造业工厂—产品 1991~1998 年的数据，分析进口中间产品对工厂全要素生产率和资源配置的影响，发现进口更多种类中间投入品的行业中工厂经历着更高的生产率增长，同时进口投入品种类的增加将促进国内企业的产品转换（Product Switching），作者认为，进口中间产品种类增加是工厂资源配置效率提高的一个途径。

二、国内研究现状

（一）反倾销的产业关联效应

国内有关反倾销的研究主要关注贸易流量效应和贸易救济效应，针对下游产业的研究只被纳入公共利益分析的一个部分。宾建成（2003）采用案例分析法评估中国1997年首例新闻纸反倾销措施的执行效果时指出，报刊出版业广泛采用的高速轮转彩色胶印技术需要更高质量和档次的新闻纸，而国内生产的新闻纸产品无法完全适应报刊出版业市场化的需要，旨在以国内生产的新闻纸替代进口的反倾销措施将不利于文化产业的发展。朱钟棣和鲍晓华（2004）以化工行业为例，使用中国1997年124个部门的竞争性投入产出表，将其加总为十类产业，首次定量分析反倾销税的价格效应对国民经济各产业部门的关联影响，结果发现，中国对外征收反倾销税将通过投入产出关系短期内使国内塑料制品、化学纤维和化学农药等下游制造业的成本出现不同程度的上涨，并在长期上沿着国民经济的链条传导引发连锁反应。沈瑶等（2005）采用案例分析法，研究2002年中国对原产于美国、韩国、日本、俄罗斯和中国台湾地区的聚氯乙烯反倾销案对两家代表性下游企业——芜湖海螺型材科技股份有限公司（国有企业）和浙江中财招商投资集团有限公司（全资民营企业）的影响，结果发现，反倾销使芜湖海螺2003年的主营业务利润和利润总额分别下降到2002年的55.45%和28.01%，浙江中财的下游产品型材的销售出现的亏损达到700~1000元/吨，作者认为，聚氯乙烯成本大幅上升是造成它们盈利减少的主要原因。张玉卿和邵薇（2008a）及张玉卿和杨荣珍（2008b）采用描述性分析方法，发现中国2002年对邻苯二酚发起反倾销调查之后，以邻苯二酚为原料的呋喃酚等下游产品生产企业成本攀升，进而导致2004年湖南海利株洲精细化工有限公司对进口呋喃酚提出反倾销调查申请；类似地，2002年对苯酚的反倾销也引发了2004年和2006年蓝星化工新材料股份有限公司对进口双酚A的反倾销诉讼申请。他们认为，反倾销的继发性保护是上游产业反倾销对下游产业带来负面影响的例证。朱庆华（2009）通过对中国1997~2008年6月代表性对外反倾销案件调查程序的描述性分析，也发现中国对外反倾销增加了下游企业的生产成本，对其市场竞争力产生不利影响。祝福云（2012）构建了可计算一般均衡模型（Computable

General Equilibrium，CGE），模拟对基础化学原料制造业征收反倾销税对下游产业的影响，发现纺织、造纸、印刷和文教体育用品制造业等下游产业均出现不同程度的价格上涨，国内产出减少或增幅降低。

（二）其他贸易政策的产业关联效应

迄今为止，大概因为中国还没有广泛地使用除反倾销之外的其他非关税的贸易限制措施，所以关于其他贸易政策的产业关联效应的国内研究目前仅限于关税研究领域，且比较少见，因此，本部分仅阐述少数学者的代表性研究。

田巍和余淼杰（2013a）在一个融入中间投入品的异质性企业模型的基础上，使用中国制造企业 2000~2006 年的数据，研究进口中间投入品的贸易自由化对下游企业出口的影响，发现中间投入品关税下降促进了下游企业出口增长，具体地，中间投入品关税下降使企业参与出口行为的概率上升，出口强度增大，出口产品种类增加。就其影响机制而言，作者认为，一是因为中间产品关税下降降低了下游企业的生产成本，提高了企业利润，减少了企业出口时面临的信贷约束；二是它让下游企业更有效地接触国外中间品市场，获得质量更高的进口中间投入品；三是进口贸易自由化允许国内企业以与国外相同的技术生产最终产品，出口更加适销对路。田巍和余淼杰（2014）使用中国制造企业 2000~2006 年的数据，采用双重差分法，以加工贸易企业作为一般贸易企业的对照组，研究中国加入世界贸易组织之后中间品贸易自由化对下游企业研发的影响，发现中间投入品关税的下降提高了企业的研发水平。他们认为，一方面，中间投入品关税下降会减少生产成本、增加利润、提高研发投入；另一方面，它还使企业购买核心零部件的概率上升，提高用于吸收和模仿外国先进技术的研发投入。余淼杰和梁中华（2014）使用中国工业企业 1998~2007 年的数据，采用多期双重差分法和两期双重差分法，研究贸易自由化对企业劳动收入份额的影响，结果发现，贸易自由化通过资本化程度提高、中间投入品增多和劳动替代性技术的使用对企业劳动收入份额产生负面抑制作用。席艳乐和胡强（2014）使用中国企业 2000~2006 年进出口数据，分析了中间投入品进口对企业出口的影响，也发现使用进口中间投入品的企业出口总额、出口产品种类和质量以及出口持续概率更高。

综上所述，中间产品贸易自由化对下游行业或企业是有利的，因为它带来了品种更多、质量更高、更便宜的进口中间投入品，而包括反倾销措施在内的进口限制政策则通过相反的渠道对发起国国内下游企业造成负面影响。然而，遗憾的是，在反倾销的研究领域，对下游行业或企业的研究寥寥可数，因此，国内外对反倾销的产业关联效应的研究尚处在起步阶段，少数研究要么使用间接方法、要么采用案例分析或描述性分析指出反倾销对下游企业可能造成了负面影响，其存在与否以及作用大小尚需严谨的计量检验加以证实、诠释和剖析。庆幸的是，进口贸易自由化研究领域中的研究思路和方法可以为其提供借鉴。

第四节　简要述评

反倾销的贸易流量效应、贸易救济效应和产业关联效应的相关研究凝练出许多有价值的结论和观点，推动了反倾销研究不断向前发展。本小节对其进行归类总结，并做简要评价。

从研究视角来看，反倾销的研究主要是基于进口国、出口国和全球的角度进行的，基于进口国视角的文献较多地集中在反倾销的发起国，基于出口国视角的文献较多地集中在反倾销的被指控国，而基于全球视角的反倾销文献大多旨在探讨反倾销的全球贸易流量效应，由于 20 世纪 90 年代之前反倾销诉讼多为发达国家对发展中国家发起，20 世纪 90 年代之后转变为发展中国家对发达国家和其他发展中国家发起，所以基于进口国视角的反倾销研究也呈现发达国家向发展中国家转移、单一国家视角向全球视角转移的趋势。

从研究对象来看，反倾销的早期研究较多关注国家或行业层面所受的冲击，但是由于反倾销措施是企业发起的并最终作用于企业的一项政策，从微观层面观察企业行为或许可以为反倾销政策决策提供一些有益的建议（Conway，2009），所以近年来理论界开始关注反倾销政策对相关企业的影响。

从研究内容来看，人们关心反倾销政策的实施效果，较多关注反倾销的贸易流量效应及对国内进口竞争性企业的贸易救济效应，但是较少探讨反倾销对下游产业或企业的产业关联效应。

从作用机制来看，大多数贸易学者将反倾销措施的影响等同于反倾销税的影响，忽视了反倾销措施区别于传统关税的本质特征。实际上，反倾销不仅通过征税，还通过反倾销调查本身对贸易流量、进口竞争性企业和下游企业产生影响，本书将其影响进一步细分为成本效应和调查效应，并多维度地进行了剖析和诠释。

　　总的来说，就反倾销对中国经济的影响而言，人们较多地基于出口国视角来进行研究，鲜有学者基于进口国视角研究反倾销对中国经济的冲击。而中国自 1997 年首次对外反倾销，已经过去了 20 多年，从进口国角度来研究中国对外反倾销问题具有一定的现实意义，这正是本书立意之所在。本书期望考察中国对外反倾销对进口贸易的影响效应，剖析反倾销对国内进口竞争性企业和下游企业的冲击，并厘清其内在作用机制，以期全面评估中国对外反倾销的政策效应。

第三章　中国对外反倾销概述①

反倾销是在世界贸易组织框架下以保护国内产业免受不公平竞争及过量进口造成的损害为目的的贸易救济措施之一。在研究中国对外反倾销的政策效应之前，有必要熟悉一下反倾销的背景知识，故本章主要围绕倾销和反倾销的含义，中国对外反倾销的体制、调查程序、现状和特征以及进口贸易覆盖率等主题进行概述，以期为后续研究做好铺垫。

第一节　倾销与反倾销概述

一、倾销的定义与分类

尽管倾销和反倾销问题直到 20 世纪 70 年代才引起包括经济学界在内的社会各界最广泛的关注，但是，据亚当·斯密的《国富论》记载，倾销早在重商主义时代的欧洲就已经存在，之后随着工业化进程和国际贸易发展而不断加剧。而"倾销"一词首次正式出现在公开文献是 Viner（1923）的《倾销：国际贸易中的一个问题》一书中，他将倾销定义为"国际贸易中一种最普遍的价格歧视"。

在经济学中，价格歧视分成三级，倾销属于三级价格歧视，即针对不同的市场制定不同的价格。从理论上来讲，倾销的发生需要满足一定的经济学假设：第一，市场不完全竞争赋予厂商定价的权力；第二，国内和国

---

①　陈清萍，鲍晓华. 中国对外反倾销：实施、测度及趋势［J］. 上海经济研究，2018（5）：105-117.

际市场分割，从而保证产品的价格差不会导致产品回流；第三，两个市场的需求价格弹性有差异，厂商可以在需求价格弹性较高的国际市场①上制定较低的价格。这一歧视性的定价策略其实是厂商利润最大化的一种自发选择。

目前，关于倾销最具权威的定义是世界贸易组织在 1994 年《关税与贸易总协定》（General Agreement of Tariffs and Trade，GATT）第六条（以下简称世界贸易组织《反倾销协议》）的规定：“将一国产品以低于正常价值的价格出口到另一国市场，则该产品被视为倾销。”包括中国在内的世界各国对倾销的界定基本上是以世界贸易组织的定义为基础的。

现实中的倾销根据其目的和持续时间的长短，可以分为偶发性倾销、掠夺性倾销和持续性倾销：偶发性倾销（Sporadic Dumping）是指外国厂商为了防止商品大量积压而在短期内以较低的价格向海外市场大量低价抛售该商品的行为；掠夺性倾销（Predatory Dumping）是指外国厂商为了确立其在某一海外市场的垄断地位，通过低价销售驱逐竞争者，然后再高价出售以弥补之前损失的行为；持续性倾销（Persistent Dumping）是指外国厂商为了实现规模经济效应和维持国内高价格，将部分产品长期低价向海外市场销售的行为。第三种倾销即为本书关注的。世界贸易组织各成员国比较一致的观点是，只要倾销存在且对进口国进口竞争性产业带来负面影响，就应该受到抵制。

二、反倾销及其实施条件

顾名思义，反倾销（Anti-dumping）就是对外国商品在本国市场上的倾销所采取的抵制措施。通常的做法是对倾销的外国商品除征收一般进口税以外，再增收反倾销税，征收反倾销税的数额可以等于倾销幅度②，也可以低于倾销幅度。

关税与贸易总协定和世界贸易组织将倾销（和补贴）纳入“不公平贸易”行为的讨论范畴，认为它对国内进口竞争性企业来说是不公平的，将会给国际贸易体系的规则及国际贸易自由化的国家带来隐患

---

① 相对于国内市场，国际市场的需求曲线更加平坦。

② 进口产品的出口价格低于其正常价值的幅度，为倾销幅度。

（Lloyd，2005）。但是，也有不少经济学家认为，倾销属于企业个体行为，外界无权干预。在争议广泛存在的背景下，关税与贸易总协定和世界贸易组织相关法律并没有对倾销行为的合法性进行界定，也不约束微观企业的倾销行为，它只对反倾销措施进行管理。

根据世界贸易组织《反倾销协议》第六条的规定，只有同时满足以下三个条件时，成员国才能征收反倾销税：

第一，出口国存在倾销行为，即出口产品以低于正常价值的价格向进口国销售的行为。正常价值的认定标准主要有：①相同产品或类似产品在正常交易过程中供国内消费的可比价格；②相同产品或类似产品在正常交易中向第三国出口的最高可比价格；③结构价格，即产品在原产国的生产成本加合理的费用和利润。各国（地区）对正常价值的法律认定有所不同，但多数国家采用的是出口国或原产地国的国内销售价格。

第二，进口国相关产业受到实质损害或实质损害的威胁。实质损害或实质损害威胁的认定标准主要有：①进口国同类产品市场份额明显减少；②进口国同类企业的利润水平明显降低；③进口国的同类工业难以建立起来。值得注意的是，这种损害是指对进口国生产同类产品的整个产业所造成的损害，而不是指对进口国某个或某几个生产厂商的影响。

第三，倾销与损害两者之间存在因果关系，即进口国相关产业损害的产生的确是由于该进口产品的输入造成的。

进口国实施反倾销措施必须具备上述三个条件，缺一不可。在世界贸易组织框架下，只有进口国政府才能采取反倾销措施，因此，进口国厂商必须通过政府来启动反倾销程序。如果有充分证据表明存在倾销、损害以及两者之间确有因果关系，则可以据此实施反倾销措施。

三、中国对外反倾销体制简介

1997 年 3 月 25 日，中国颁布了《反倾销和反补贴条例》，共六章四十二条，主要基于 1994 年《对外贸易法》第 30 条制定①。早期，中国的反倾销主管机构设置仿照美国的做法，使用了双轨制。在双轨制下，倾销和损害的裁定分别由对外贸易经济合作部（以下简称外经贸部）和国家经济贸易委员会（以下简称国家经贸委）做出，外经贸部下设条法司负责处理倾销调查，国家经贸委下设一个常设的行政办公室，负责产业损害调查，同时下设一个非常设的损害调查与裁定委员会，由国家经贸委挑选六位委员组成，行政办公室将调查结果提交给损害调查与裁定委员会批准。

迄今为止，《反倾销条例》共经历了两次修改。第一次修改是中国正式加入世界贸易组织之前的 2001 年 11 月 26 日，国务院颁布了新的《反倾销条例》，共六章五十九条，于 2002 年 1 月 1 日施行。除了增强可操作性、将其与"入世"承诺协调一致之外，新的《反倾销条例》将反补贴措施的相关规定剥离出去，成为单独的《反补贴条例》。同时，在机构设置方面，2002 年 10 月外经贸部设立了进出口公平贸易局，专门负责反倾销调查工作，而国家经贸委早在 2000 年 7 月就设立了产业损害调查局，专门负责反倾销损害调查工作。

第二次修改是全国人大十届一次会议召开之后的 2004 年 3 月 31 日，国务院对《反倾销条例》进行了修订，修订内容主要包括三个方面：其一，为了适应国家行政机构职能的转变，反倾销调查统一为商务部负责；其二，为了兼顾下游行业或消费者的利益，增加了公共利益原则（《反倾销条例》第三十条和第三十七条）；其三，补充了便于加强反倾销税溯及力的进口登记等必要措施（《反倾销条例》第四十四条）。

根据 2004 年 3 月 31 日修订的《反倾销条例》，商务部进出口公平贸易局对被调查产品是否存在倾销和倾销幅度进行调查，商务部产业损害调查局对被调查产品的倾销是否对国内产业造成损害及损害程度进行调查。如果两局均达成肯定性裁决，倾销成立。2014 年 4 月，商务部将公平贸易局与产业损害调查局合并，组建贸易救济调查局，针对进口和出口的贸易救济开

---

① 在国际上，加拿大（1904 年）是全球第一个进行反倾销立法的国家，澳大利亚（1906年）紧随其后，但是直到 20 世纪 20 年代，只有 8 个国家颁布反倾销法律，包括英国（1921 年）和法国（1921 年）。此后经过了长达 30 年的静默期，反倾销才开始成为一种全球现象，欧共体直到 1968 年才颁布反倾销法。20 世纪 80 年代末，全球有 45 个国家（或地区）拥有反倾销法，目前共有近百个国家（或地区）拥有自己的反倾销法。在拥有反倾销法的近百个国家（或地区）中，约有一半迄今为止尚未发起任何反倾销诉讼。

展工作。至此，中国反倾销调查的机构设置由双轨制转变为单轨制，即反倾销调查主要由一个局负责，与欧盟反倾销机构设置类似。

四、中国对外反倾销的主要步骤

根据《反倾销条例》，中国的对外反倾销程序一般分为如下五个步骤：一是国内产业申诉；二是商务部决定是否立案，即是否启动反倾销调查；三是初步裁决；四是最终裁决；五是复审。

在初步裁决认定存在倾销及其造成的损害之后，为了防止倾销在调查过程中继续造成损害，商务部可以采取临时反倾销措施，主要包括向国内进口商征收临时反倾销税，或要求其提供现金保证金、保函或其他形式担保（《反倾销条例》第二十八条）。在达成肯定性终裁裁决后，中国海关将对倾销的外国商品除征收一般进口税之外，再增收反倾销（附加）税，征收反倾销税的数额可以等于终裁决定所确定的倾销幅度，也可以低于倾销幅度。只要初裁或终裁达成肯定性裁决，反倾销调查就会继续进行；一旦达成否定性裁决，反倾销调查立即暂停或终止。此外，在反倾销调查期间，当申诉企业撤诉、被指控进口倾销幅度低于2%或进口量可忽略不计（《反倾销条例》第二十七条）以及外国出口企业达成改变价格或停止以倾销价格出口的价格承诺（《反倾销条例》第三十一条至第三十六条）时，反倾销调查即告终止，届时有关部门不采取临时措施或征收反倾销税。

在反倾销税生效之后，商务部可以对继续征收反倾销税的必要性进行复审；在合理的时间内，有关利害关系方（如国内进口企业或外国出口企业）也可以请求商务部对其提供的证据进行审查，商务部审查后决定对继续征收反倾销税的必要性进行复审；另外，在反倾销税的征收期限和价格承诺的履行期限届满之后，原申诉企业可以就是否继续采取反倾销措施提出复审请求，商务部在复审中确定终止反倾销税有可能导致倾销和损害的继续或再度发生的，将适当延长反倾销税的征收期限，一般为五年。

值得注意的有两点：一是国内产业申诉不是反倾销程序的必要环节。在没有企业提出申诉请求的情况下，商务部有权根据实际情况决定是否立案调查（《反倾销条例》第十八条）。二是《反倾销条例》没有对反倾销调查单个程序的具体时间期限做出规定。为了说明这一点，本小节将其与美国的反倾销调查程序的时间节点做简单对比，具体如图3-1所示。

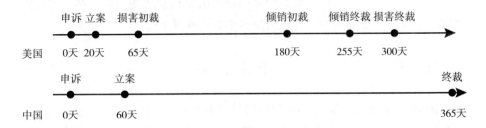

图 3-1　中美反倾销程序时间节点的对比

资料来源：美国反倾销的调查时间节点来自 Bruce A. Blonigen，Stephen E. Haynes，Antidumping Investigations and the Pass-Through of Antidumping Duties and Exchange Rates［J］. American Economic Review，2002，92（4）；中国反倾销的调查时间节点来自《反倾销条例》第十六条和第二十六条。

　　从图 3-1 中可以发现，中美反倾销调查程序的时间安排有以下三点不同：第一，《反倾销条例》只对立案时点、临时性反倾销措施①及整个调查期限做了规定，但没有限定倾销和损害的初裁与终裁的特定时点；第二，规定商务部在收到申请书及有关证据之日起 60 天内，做出是否立案的决定，长于美国的 20 天；第三，规定整个反倾销调查一般为 12 个月，在特殊情况下最多可延长 6 个月，长于美国的 300 天。

第二节　中国对外反倾销的现状和特征

一、中国对外反倾销诉讼的运用现状

1. 总量分析

　　根据 2019 年世界贸易组织反倾销数据库的最新统计，1997～2018 年，中国一共对外发起了 277 起反倾销调查，年均发起 12 起以上，2016 年首次超过南非成为全球第七大反倾销发起国，如表 3-1 所示。

---

　　① 《中华人民共和国反倾销条例》第三十条。

表3-1 1997～2018年中国贸易救济措施的运用情况①　　　单位：起

年份	1997	1998	1999	2000	2001	2002	2003	2004	2005	2006	2007	1997～2007
AD	3	0	7	6	17	30	22	27	24	10	4	150
CVD	0	0	0	0	0	0	0	0	0	0	0	0
SG	0	0	0	0	0	1	0	0	0	0	0	1
年份	2008	2009	2010	2011	2012	2013	2014	2015	2016	2017	2018	2008～2018
AD	14	17	8	5	9	11	7	11	5	24	16	127
CVD	0	3	1	0	2	1	0	0	1	1	3	12
SG	0	0	0	0	0	0	0	0	1	0	0	1

注：①在加入世界贸易组织之前的1997~2001年中，申诉数据不完整导致中国的反倾销诉讼数据与世界银行反倾销数据库的不一致，笔者根据中国贸易救济信息网上公布的反倾销案件信息对其进行了补充和勘误；②AD为反倾销（Anti-dumping），CVD为反补贴（Countervailing Duty），SG为保障措施（Safeguard）。

资料来源：世界银行全球反倾销数据库，中国贸易救济信息网站。下同。

从表3-1可以看出，1997~2018年中国一共对外发起了291起贸易救济措施，其中，反倾销运用的次数最多、频率最高，占比高达95.2%。不过，应该看到，2008年国际金融危机之后，中国的贸易救济措施逐渐趋于多元化。一方面，2009年开始运用反补贴措施，其后断断续续暂停了3年，2016~2018年又连续使用了3年，并在2018年再次达到了3起的历史最高点；另一方面，继2002年之后，2016年中国新增了对食糖的保障措施，2018年还取消了豁免国家目录，从而使该措施适用于来自全球的进口食糖。

2. 不对称性分析

从对外反倾销和遭遇反倾销指控的数量对比来看，中国的反倾销诉讼存在严重的不对称性，具体参见表3-2，它列示了历年中国对外反倾销诉讼和外国对华反倾销指控的数量及后者相当于前者的倍数。1997~2018年，中国对外发起277起反倾销诉讼，外国对华发起了1264起反倾销指控，后者是前者的4.6倍。

---

① 反倾销、反补贴和保障措施案件详情请分别参见附录1、附录2和附录3。

表 3-2　1997~2018 年中国对外反倾销与外国对华反倾销对比①

单位：起，倍

年份	1997	1998	1999	2000	2001	2002	2003	2004	2005	2006	2007	1997~2007
中国对外	3	0	7	6	17	30	22	27	24	10	4	150
外国对华	33	27	42	43	55	50	53	49	53	73	61	539
后者/前者	11	—	6	7	3	2	2	2	2	7	15	4
年份	2008	2009	2010	2011	2012	2013	2014	2015	2016	2017	2018	2008~2018
中国对外	14	17	8	5	9	11	7	11	5	24	16	127
外国对华	78	78	44	51	60	76	63	70	93	55	57	725
后者/前者	6	5	6	10	7	7	9	6	19	2	4	6

资料来源：世界银行全球反倾销数据库；中国贸易救济信息网站。

如表 3-2 所示，在发生国际金融危机之前，中国对外发起了 150 起反倾销诉讼，外国对华发起了 539 起反倾销指控；在发生国际金融危机之后，中国对外发起了 127 起反倾销诉讼，外国对华发起了 725 起反倾销指控。从绝对数量来看，国际金融危机之后，中国对外反倾销的数量有所下降，减少了 23 起，而外国对华反倾销数量明显上升，增加了 186 起。从相对数量来看，在发生国际金融危机之前，外国每对华发起 4 起反倾销，中国就对外发起 1 起反倾销；在发生国际金融危机之后，外国每对华发起 6 起反倾销，中国才对外发起 1 起反倾销。可见，中外相互反倾销的不对称性在国际金融危机之后大幅度加剧了。

二、中国对外反倾销调查的发起特征

总体来看，中国对外反倾销调查的发起呈现"一少一高"的特征。

1. 反倾销调查数量较少

中国反倾销调查数量不足全球的 5%，虽然进口总额已连续九年位列世界第二，但反倾销立案数量却仅徘徊于世界第七或第八的水平。中国对外反倾销调查在 2008 年全球金融危机前后大致经历了两个完整周期，前后

---

① 反倾销、反补贴和保障措施案件详情请分别参见附录 1、附录 2 和附录 3。

两阶段呈现完全不同的增长态势。

在第一阶段（1997~2007），中国对外发起的反倾销数量高达 150 起，年均 13.6 起，其中，2001~2005 年数量最多，2002 年一度达到了 30 起的最高水平。中国对外反倾销在 2002 年前后出现高速增长的主要原因是制度因素：一是中国当时处于筹备和加入世界贸易组织期间，进口关税大幅度下降，廉价外国产品大规模涌入国内市场，严重影响了国内企业的正常生产，它们在经受了巨大进口竞争压力的情况下，不得不提起大量反倾销诉讼申请，促使反倾销调查数量大幅度增长；二是由于中国已经成为世界贸易组织成员国，不能贸然使用一般关税制裁外国倾销产品，只能在世界贸易组织框架下使用反倾销在内的"合规性"贸易措施；三是随着中国由世界贸易组织的非成员国转变为成员国，国内企业逐渐熟悉了世界贸易组织的规则和制度，商务部门反倾销调查程序的实践经验也不断积累，逐渐懂得运用反倾销等政策工具维护自身的合法利益。

在第二阶段（2008~2018），中国对外发起 127 起反倾销数量，年均 11.5 起，每年约比第一阶段减少 2 起，只在 2008~2009 年、2017~2018 年保持着 14 起以上的数量，其他年份都徘徊在 10 起上下。与第一阶段不同，在此期间中国对外反倾销在一定程度上表现"逆经济周期"特征，即在经济处于上升周期时，反倾销诉讼数量较少；而在经济低迷时，反倾销诉讼数量较多。以经济低迷时期为例，中国在经济增速放缓的 2008 年、2009 年、2013 年、2015 年、2017 年和 2018 年，反倾销调查数量分别达到了 14 起、17 起、11 起、11 起、24 起和 16 起。究其原因，主要来自三个方面：一是当中国经济形势较差时，国内企业经营困难，具有更强的提起反倾销诉讼的意愿和动机；二是在国内外经济高度协调一致的情况下，外国经济增速可能与中国同步减缓，外国企业的销售业绩随着经济低迷而下滑，提高了其低价倾销以扩大出口的可能性；三是随着经济步入衰退，商务部门较易裁决倾销和损害成立，具备实施反倾销措施的客观条件（鲍晓华，2011）。

2. 重复反倾销比例居高

中国对外反倾销调查的发起特征还体现在一些产品的重复反倾销上，相关案件的涉案产品、立案年份、指控对象国家（或地区）及调查结果见表 3-3。从产品种类来看，有 14 种产品在不同年份受到中国两次以上的反倾销调查，占比 14%（14/100）；从案件数量来看，14 种重复反倾销产品涉及 82 起案件，占比 28.2%（82/291）；从指控对象国家（或地区）来看，重复反倾销案件涉及 19 个国家（或地区），其中，针对美国、日本、韩国和欧盟的案件达到 49 起，占比 59.8%（49/82）；从涉案行业来看，它们涉及化工业、钢铁、塑料制品业、食品制造业和光纤制造业，其中，涉及化工业的案件高达 67 起，占比 81.7%（67/82）。

表 3-3　中国对外重复反倾销的案件信息

编号	涉案产品	立案年份	指控对象国家（或地区）	调查结果
1	丙烯酸酯	1999	德国、日本、美国	征税（德国除外）
		2001	韩国、马来西亚、新加坡、印度尼西亚	征税
2	己内酰胺	2001	比利时、德国、俄罗斯、荷兰、日本	征税
		2010	欧盟、美国	征税
3	邻苯二酚	2002	欧盟	征税
		2005	日本、美国	征税
4	甲苯二异氰酸酯	2002	韩国、美国、日本	征税
		2012	欧盟	征税
5	（非色散位移）单模光纤	2003	美国、日本、韩国	征税
		2011	美国、欧盟	征税
		2013	印度	征税
6	乙醇胺	2003	美国、墨西哥、日本、中国台湾地区、伊朗、马来西亚、德国	征税（德国除外）
		2017	美国、沙特阿拉伯、马来西亚、泰国	征税
7	双酚 A	2004	韩国、日本、中国台湾地区、新加坡、俄罗斯	申诉方撤诉
		2006	韩国、日本、中国台湾地区、新加坡	征税
		2017	泰国	征税
8	初级形态二甲基环体硅氧烷	2004	美国、日本、英国、德国	征税
		2008	韩国、泰国	征税

编号	涉案产品	立案年份	指控对象国家（或地区）	调查结果
9	核苷酸类食品添加剂	2004	韩国、日本	征税
		2009	印度尼西亚、泰国	征税
10	取向电工钢	2009	美国、俄罗斯	征税
		2015	日本、韩国、欧盟	征税
11	白羽肉鸡产品	2009	美国	征税
		2017	巴西	征税
12	干玉米酒糟	2010	美国	申诉方撤诉
		2016	美国	征税
13	苯酚	2002	日本、韩国、美国、中国台湾地区	征税
		2018	美国、欧盟、韩国、日本、泰国	征税
14	三元乙丙橡胶	2004	美国、韩国、荷兰	申诉方撤诉
		2019	美国、韩国、欧盟	未裁决

资料来源：世界银行全球反倾销数据库，中国贸易救济信息网网站。下同。

在此，以重复反倾销次数最多且涉及国家最多的双酚 A 案件为例进行说明。中国分别在 2004 年、2006 年和 2017 年针对双酚 A 发起了三次反倾销调查。2004 年，蓝星化工新材料股份有限公司对韩国、日本、中国台湾地区、新加坡和俄罗斯的进口双酚 A 提起反倾销调查申请，由于案情复杂，商务部 2005 年将调查期限延长了 6 个月，后经多方协调，申诉企业撤诉；但是，来自韩国、日本、中国台湾地区和新加坡的进口双酚 A 倾销行为再次发生，2006 年 7 月 10 日蓝星化工新材料股份有限公司第二次提起反倾销调查申请，商务部经调查后决定征收反倾销税，实施期间经历两次复审调查，均达成肯定性裁决，裁定继续征税至 2018 年 8 月 29 日；虽然第二次双酚 A 反倾销案的指控对象国家（或地区）数量较多，但是它依然带来了明显的贸易转移效应，来自泰国的双酚 A 倾销进口大规模增长，2017 年长春化工（江苏）有限公司、中石化三菱化学聚碳酸酯（北京）有限公司、南通星辰合成材料有限公司、南亚塑胶工业（宁波）有限公司和上海中石化三井化工有限公司代表双酚 A 产业提起反倾销调查申请，商务部公平贸易局于 2017 年 11 月 19 日达成肯定性裁决，目前处在终裁阶段。结合表 3-3 发现，有的重复反倾销案件是针对老指控对象国家（或地区）二次发起，有的是针对其他国家（或地区）的新案件，更多案件是两者兼而有之，这些案件的实施目的较为明确，一方面是为了防止倾销持续或再次损害国内企业的利益，另一方面是为了预防或抵制贸易转移效应的发生。

三、中国对外反倾销调查的裁决及实施特征

通过跟踪中国反倾销调查的裁决与反倾销措施的实施情况，并与世界主要反倾销发起国进行了对比，发现其主要具有如下"一高三低"的典型特征。

1. 肯定性裁决比率较高

自 1997 年以来，中国严格依法依程序对外国倾销产品进行反倾销调查，截至 2019 年 9 月 6 日共发起了 261 起反倾销指控，231 起取得了终裁裁决，19 起未初裁，11 起未终裁，具体如图 3-2 所示。初裁时，有 16 起案件被国内申诉企业撤诉，占比 6.13%；没有达成"损害"裁决的案件 18 起，占比 6.90%；3 起因为进口量很少、低于同期进口总量的 3%，终止了反倾销调查，占比 1.15%；其余 205 起均达成了肯定性初裁，占比 78.54%；在终裁环节，除了有 4 起案件涉及的产品进口量或倾销幅度可忽略不计被终止之外，剩下的 190 起均得到了肯定性终裁，在 205 起肯定性初裁案件中占比 92.68%。可见，一旦得到肯定性初裁，达成肯定性终裁即实施反倾销措施的比例就较高，终裁阶段几乎不会有申诉企业撤诉、也极少达成"无损害"的结果。与其他国家相比（见表 3-4 第 2 大列），中国的反倾销肯定性裁决比例为 72.80%，位列全球首位，是澳大利亚、巴西和加拿大的两倍多，比阿根廷和欧盟高出 22 个百分点，比迄今为止全球最大的反倾销国美国高出 32 个百分点，也比近年来对外频繁反倾销的印度高出 16 个百分点。

2. 裁决效率不高

中国对外反倾销调查的裁决期限较长，裁决效率偏低，其平均初裁和终裁时间分别为 325 天和 176 天，如表 3-4 第 3 大列所示。具体来看，其

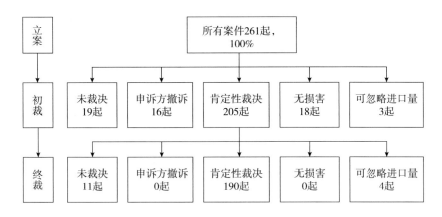

图 3-2　中国对外反倾销裁决结果

注：在终裁"可忽略进口量"的 4 起案件中，有 1 起因为"可忽略倾销幅度"而终止调查。

初裁进度缓慢，几乎需要 11 个月之久，大大延缓了案件的总体裁决进度，导致平均调查期限长达 500 天，比《反倾销条例》第二十六条所规定的一般调查期限 12 个月多出了 100 多天。从横向来看，中国对外反倾销的平均裁决效率和欧盟几乎相当，在表 3-4 所列的八大经济体中并列倒数第三；与反倾销裁决效率最高的发达国家加拿大相比，中国初裁比其多出 214 天，终裁比其多出 55 天，反倾销调查落后其 267 天，裁决效率不到加拿大的一半；与反倾销裁决效率最高的发展中国家巴西相比，中国初裁比其多出 71 天，终裁比其减少 18 天，反倾销调查落后其 73 天，裁决效率比其低 15%。可见，中国对外反倾销初裁效率欠佳影响了其案件的调查进展，裁决效率有进一步提升的空间。

3. 结案方式单一

笔者还统计了中国对外反倾销调查的不同结案方式案件占比，如表 3-4 第 4 大列所示①。就结案方式而言，中国对所有已经裁决的反倾销案件均

---

① 为了减少反倾销结案种类，任何以两种方式结案的案件均视为以第一种方式结案。例如，如果某国某案的结案方式为"DPU/AVD"，将其归为以"DPU"结案的一类。

表3-4 中国及主要国家（或地区）对外反倾销调查的裁决、效率与结案方式

国家（或地区）	反倾销案件（件，%）			裁决天数（天）			不同结案方式案件占比（%）						反倾销税率（%）		
	调查	措施	肯定性裁决率	平均初裁天数	平均终裁天数	平均调查天数	从价税（AVD）	价格承诺（PU）	价格低于一定水平即征税（DPU）	从量税（SD）	中止协议（SA）	数据缺失（MI）	中位数	平均值	最大值
中国	261	190	72.80	325	176	500	95.26	0.53	4.21	0.00	0.00	0.00	29.00	34.13	184.00
印度	764	437	57.20	266	243	503	2.29	0.23	8.01	83.52	0.00	5.95	52.00	75.00	1069.00
阿根廷	380	192	50.53	227	366	598	30.73	4.17	50.00	9.90	0.00	5.21	55.26	88.69	1450.21
巴西	450	120	26.67	254	194	427	36.67	0.83	0.00	62.50	0.00	0.00	44.40	81.69	638.10
美国	1360	562	41.32	174	202	396	98.22	0.00	0.00	0.00	1.07	0.71	29.42	48.43	454.00
澳大利亚	575	171	29.74	148	134	268	49.71	1.17	0.00	12.87	0.00	36.26	15.40	21.45	239.10
加拿大	412	116	28.16	111	121	233	99.14	0.00	0.86	0.00	0.00	0.00	30.20	30.25	260.00
欧盟	779	392	50.32	327	178	500	64.80	14.03	4.85	10.71	0.00	5.61	27.10	33.15	243.00

注：中国的数据截至2017年；由于世界银行反倾销数据更新到2015年，所以对其余7个国家仅统计到2015年。

公布了具体的反倾销措施，没有一起案件数据缺失，反倾销裁决透明度较高，优于印度和阿根廷。在 190 起肯定性裁决案件中，181 起以征收"从价税"（Ad valorem Duty，AVD）结案，占比高达 95.26%；1 起以"价格承诺"（Price Undertaking，PU）结案，占比不足 1%；8 起以"价格低于一定水平即征税"（Duty If Price Falls Under A Given Level，DPU）结案，占比 4.21%；至今未见采用征收"从量税"（Specific Duty，SD）与"中止协议"（Suspension Agreement，SA）方式结案的案件。与其他国家相比而言，中国反倾销调查的结案方式较为单一，绝大多数的案件以征收"从价税"结案，与美国和加拿大十分相似，但却与执行效率相仿的欧盟以及同为发展中国家的印度、巴西和阿根廷极为不同。

4. 反倾销税率偏低

反倾销措施的严厉与否取决于反倾销税率的高低。本章针对 190 起肯定性裁决案件统计了它们的反倾销税率[①]，如表 3-4 第 5 大列所示。数据显示，中国的反倾销税率中位数仅为 29.00%，平均值仅为 34.13%，且中位数小于平均值，表明中国征收的反倾销税率多位于其平均值以下，总体上水平偏低。与发达经济体相比，中国的反倾销平均税率与欧盟相差不大，比美国低 14 个百分点，比加拿大和澳大利亚高；与发展中经济体相比，中国位列最后一位，其反倾销平均税率几乎是印度和巴西的一半，不足阿根廷的 40%。此外，中国对外反倾销水平低还表现在其最大反倾销税率值偏小上，其值仅为 184.00%，而印度和阿根廷的最大反倾销税率高达 1000% 以上，就连平均税率较低的发达经济体，其最大反倾销税率也在 200% 以上，比中国高 55~270 个百分点。

---

① 针对 1 起以"价格承诺"和 7 起以"价格低于一定水平即征税"结案的案件，中国商务部也公布了其反倾销税率。

第三节　中国对外反倾销进口覆盖率测度与分析

一、中国对外反倾销的进口覆盖率测度

　　包括世界贸易组织和世界银行在内的国际组织一直采用"案件统计法"来对反倾销进行统计，即将每针对一个国家（或地区）的一种产品"发起"的反倾销案件记为一起案件，本部分就是按照这种方法对中国对外反倾销的案件进行了梳理，其优点是统计易于操作、便于跨国比较。但是，案件统计法存在三大明显缺陷：一是世界贸易组织对反倾销调查和反倾销措施分别单独统计，缺乏直接联系的两组数字无法反映每个案件的裁决、实施以及复审情况。二是以产品名称而非统一的产品代码作为统计依据大大削弱了各国和各行业之间及其内部的可比性。这是因为反倾销实践中产品名称与产品代码往往不是一一对应的，在不同案件中，同一个产品名称涉及的产品代码种类相去甚远，例如，中国"双酚 A"反倾销案涉及的 HS8 分位代码产品仅有 1 种，"冷轧板卷"和"白羽肉鸡产品"却分别达到 12 种，"排气量在 2.0 升及 2.0 升以上小轿车和越野车"甚至高达 23 种之多。三是简单地统计案件数量无法直观地反映反倾销对一国进口贸易的影响程度，即反倾销对一国多大比例的进口带来影响。

　　针对"案件统计法"的上述缺陷，Bown（2011a）以全球统一的 HS6 分位产品代码作为统计依据，通过考虑案件的裁决结果和相关进口，以反映反倾销对进口带来的影响效应。他提出了如下两种方法：第一，产品种类比例法，即受到反倾销且进口的 HS6 分位产品数量占当年所有进口产品数量的比重；第二，产品进口比例法，即受到反倾销的 HS6 分位产品进口占当年进口总额的比重。由于第二种方法考虑到双边进口贸易、测度更加准确（Blonigen and Prusa，2016），所以本节选取它来度量中国对外反倾销的进口覆盖率（Coverage Ratio of Import），具体公式如下：

$$CRI_t = \frac{\sum\limits_{I_t^1} b_{ct}^k \hat{V}_{ct}^k}{\sum\limits_{I_t^1} \hat{V}_{ct}^k + \sum\limits_{I_t^0} V_{ct}^k} = \frac{\sum\limits_{I_t^1} \hat{V}_{ct}^k}{\sum\limits_{I_t^1} \hat{V}_{ct}^k + \sum\limits_{I_t^0} V_{ct}^k} = \frac{\sum\limits_{I_t^1} \hat{V}_{ct}^k}{\sum\limits_{I_t^1} \hat{V}_{ct}^k + \left(\sum\limits_{I_t} V_{ct}^k - \sum\limits_{I_t^1} V_{ct}^k\right)}$$

$$(3-1)$$

在式（3-1）中，CRI_t 表示 t 年中国对外反倾销的进口覆盖率，I_t 表示 t 年中国进口的所有 HS6 产品集，I_t^1 表示 t 年受到中国反倾销的 HS6 产品集，I_t^0 表示 t 年没有受到中国反倾销的 HS6 产品集，b_{ct}^k 表示 t 年 c 国的产品 k 是否受到中国反倾销的二值虚拟变量（取值为 1 表示受到反倾销，否则取值为 0），V_{ct}^k 表示 t 年中国对 c 国产品 k 的进口额。在前文统计的反倾销案件的基础上，本节做出以下两个调整：第一，考虑反倾销的裁决及反倾销措施的实施与撤除情况，更新所有案件的实际实施期限，否定性裁决案件的实施期限为自立案起至否定性裁决年份，肯定性裁决案件的实施期限为自立案起至反倾销措施的撤除年份；第二，由于反倾销在立案当年立即对涉案产品的进口造成负面影响，所以直接使用反倾销立案之后涉案产品实际进口将导致反倾销覆盖率的低估，故采用 Bown（2011a）的假设，假定这些产品在没有受到反倾销时的进口增长率与其他产品相等，估计涉案产品"未受中国反倾销"时的"反事实"进口额 $\hat{V}_{ct}^k$，该指标可更为准确地反映中国对外反倾销的进口覆盖率。

二、中国对外反倾销的进口覆盖率分析

1. 总体趋势分析

1996~2016 年中国对外反倾销的进口覆盖率①如图 3-3 所示。结果发现，自 1997 年开始，其进口覆盖率逐年递增，从最初的 0.07% 大幅度增长到 2002 年 2.29% 的较高水平；2002 年之后继续上升至 2005 年的 2.65%，随后小幅下滑至 2007 年的 2.45%；2008 年金融危机之后，中国对外反倾销的进口覆盖率连续增长了两年，在 2009 年达到历史最高值 2.66% 的水平，见证了其"逆经济周期"特征；但是，它并没有因为国内经济增速放缓而持续走高，相反，自 2010 年随着反倾销措施的撤销开始步入逐年递减

---

① 本书统计的贸易额均去除了石油进口。

的阶段，到 2012 年仅为 2.26%，随后出现小幅增长，2015 年又开始下降，到 2016 年跌至 2.08%，创下自 2002 年中国"入世"以来的最低纪录。

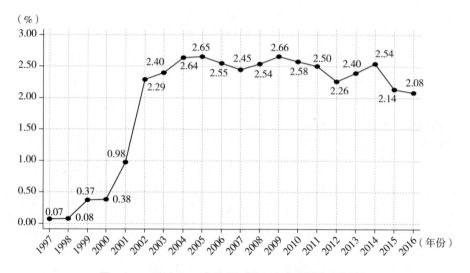

图 3-3　1997～2016 年中国对外反倾销的进口覆盖率

　　总体来看，一方面，自 1997 年以来中国对外反倾销的进口覆盖率经历了一个早期快速上涨、中后期相对稳定的发展过程，表明"入世"是中国对外反倾销实践得以快速发展的重要原因；另一方面，中国对外反倾销年均影响了 182.39 亿美元的进口贸易，年均进口覆盖率为 1.93%，低于美国的 4.58% 和欧盟的 2.69%，也低于土耳其的 2.02% 和印度的 1.97%（Bown，2011a），表明中国反倾销政策运用得相对温和。

　　2. 国家（或地区）趋势分析

　　中国对外反倾销一直以其国家（或地区）集中性著称（鲍晓华，2004；张玉卿和杨荣珍，2008；冯巨章等，2016；安礼伟和高松婷，2016），单从案件数量来看，长期集中于日本、美国、韩国、欧盟等国家（或地区）。那么，中国对外反倾销分别影响了来自这些国家（或地区）多大比例的进口？不同国家（或地区）之间是否存在差异？各自的反倾销进口覆盖率是否呈现与总体层面相同的走势？这对理解中国反倾销政策的国家（或地区）指向及进口贸易地理结构优化至关重要，需要进一步加以阐释。

在样本期内，中国对 28 个国家（或地区）发起了反倾销，其中，日本、美国、韩国、欧盟、俄罗斯、印度、泰国、新加坡和马来西亚受到中国 186 起反倾销调查，同期占比 78.48%，同时中国从这 9 个经济体进口高达 9.85 万亿美元，达到总进口的 52.20%。因此，选取这 9 个经济体进行重点分析，以阐释中国反倾销进口覆盖率的国家（或地区）特征，见图 3-4。

如图 3-4 所示，中国对外反倾销的进口覆盖率在不同指控对象之间存在明显差异，主要可分为如下三类：

（1）增长型：美国、欧盟和泰国。对美国而言，中国对其反倾销的进口覆盖率在 2002 年和 2009 年分别出现了一次增长，前一次从 0.36% 增至 1.39%，后一次从 2.54% 增至 6.53%，增幅分别高达 286% 和 157%，2010 年以后均稳定在 7% 左右，2016 年跃升至 7.89% 的历史峰值。对欧盟而言，虽然中国对其反倾销的进口覆盖率数值不大，但逐年递增，从 2002 年的 0.03% 稳步上升至 2014 年 2.72% 的最高点，2015 年和 2016 年出现了下降势头。对泰国而言，在 2008 年之前，中国对其反倾销进口覆盖率均不超过 1%（2001 年除外），但 2009 年出现了较大幅度的增长，此后基本保持在 2.5% 以上，总体上呈现上升趋势。

（2）先增后降型：韩国、日本和俄罗斯。中国对韩国和日本反倾销的进口覆盖率走势极为相似，均在 2001~2002 年出现了大幅增长，随后多年基本保持稳定，对韩国于 2015~2016 年、对日本于 2012~2016 年出现下降。但是，中国对韩国反倾销进口覆盖率高得多、几乎是对日本的 2 倍，并且连续 12 年保持在 7% 左右，而对日本仅有 8 年在 3% 以上。2016 年，虽然反倾销影响了中国对韩国 4.83% 的进口，但只影响了其对日本 1.70% 的进口。中国对俄罗斯反倾销的进口覆盖率总体上呈现大增猛降的态势，从 1999 年的 0.25% 大幅跃升至 2002 年的 8.05%，2005 年甚至达到了 9.1% 的峰值，不仅是其自身的最高值，而且位列所有地区、所有时段之首位，2009 年却出乎意料地降至 5.57%，2016 年又突降至 1.26% 的低位水平。

（3）低位稳定型：新加坡、印度和马来西亚。中国对新加坡、印度和马来西亚的反倾销起步于中国"入世"前后的 2001 年或 2002 年，并且十几年来起伏不大且数值较小，平均进口覆盖率分别仅为 0.67%、0.58% 和 0.29%。

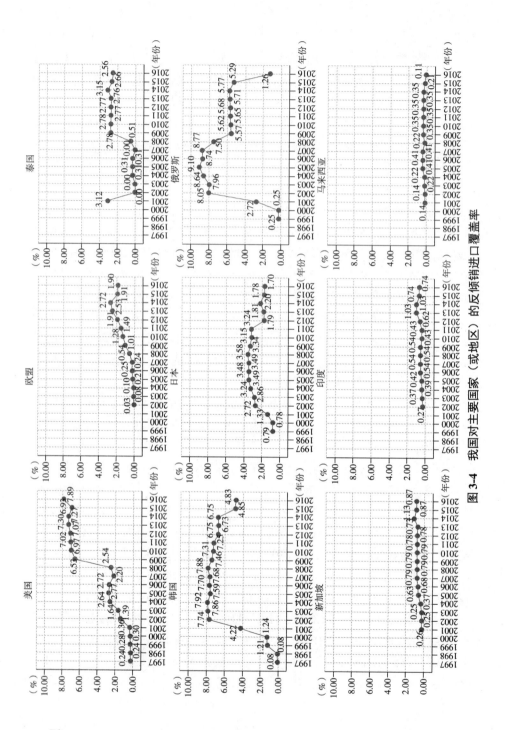

图 3-4 我国对主要国家（或地区）的反倾销进口覆盖率

根据上述分析，可以得到如下三个结论：第一，中国对各个国家（或地区）反倾销的平均进口覆盖率存在明显差异，具体而言，中国对俄罗斯和韩国反倾销的年均进口覆盖率最高，约为 5.7%，美国和日本次之，约为 3%，泰国和欧盟再次，在 1.1%~1.7%，新加坡、印度和印度尼西亚最低，不足 1%；第二，"入世"前后，中国加强了对美国、日本、韩国和欧盟等传统反倾销使用者的反倾销，新增了对俄罗斯、泰国、新加坡、印度和马来西亚等非"反倾销俱乐部"成员国的反倾销；第三，结合进口贸易额来看，中国分别对欧盟、美国和日本的 16.2 亿美元、41.2 亿美元和 28.4 亿美元的进口发起了反倾销，均低于韩国的 64.7 亿美元，与其进口主要来源国家（或地区）的地位并不相称。

3. 行业趋势分析①

按照案件统计法，中国对外反倾销的行业集中性特征十分明显，目前集中在化工业、塑料制品业、食品制造业、钢铁业、纸制品业、纺织业、光纤制造业、汽车业和仪器仪表业九大行业，其中，涉及化工业和塑料制品业的反倾销案件达到 171 起，同期占比高达 72%。那么，中国反倾销分别影响了不同行业多大比例的进口？各个行业之间及内部的反倾销进口覆盖率有何不同？行业层面的反倾销覆盖率走势是否与总体层面或双边贸易层面呈现相同的特征？分行业分析中国反倾销的进口覆盖率有助于人们了解其涉案行业的分布及变化态势，对未来调整反倾销政策以优化进口行业结构提供依据。

本节对上述九个行业逐个进行分析，以阐释中国反倾销进口覆盖率的行业特征，如图 3-5 所示。通过计算发现，行业层面平均有 8.96% 的进口受到了反倾销政策的影响，是总体进口均值 1.93% 和重点指控对象国家（或地区）进口均值 2.13% 的 4 倍以上，表明中国反倾销呈现极强的行业集中性，平均而言远超其国家（或地区）集中性，这种现象容易导致贸易争端在个别行业内小范围频发，应该引起相关部门的重视。具体来看，中国对外反倾销的进口覆盖率在不同行业不尽相同，大致可以分为如下三类：第一类稳步增长型：化工业、塑料制品业和食品制造业。中国对化工

① 化工业对应 HS28-38，塑料制品业对应 HS39-40，食品制造业对应 HS02-23，钢铁业对应 HS72-73，纸制品业对应 HS47-48，纺织业对应 HS54-55，光纤制造业对应 HS70 及 HS9001，汽车业对应 HS87，仪器仪表业对应 HS90（除 HS9001 以外）。

业和塑料制品业的反倾销起步于 1999 年、2001~2002 年及 2008~2009 年出现了一定幅度的增长，化工业的进口覆盖率及其增速均高于塑料制品业；中国对食品制造业反倾销起步较晚，2006 年才对欧盟的马铃薯淀粉发起第一起反倾销，前三年其反倾销进口覆盖率基本保持在 1% 上下，但到 2009 年随着对美国的白羽肉鸡产品反倾销而猛增至 15.81%，其后一直保持较高水平。第二类波动频繁型：钢铁业、纸制品业和纺织业。尽管这三个行业的反倾销进口覆盖率均在中国"入世"时出现先增长、后下降的势头，但各行业波动频率和时长的差异较大。钢铁业的反倾销进口覆盖率在 2002~2008 年保持在 13% 以上的较高水平，2009 年开始突降至不到 8%，2010~2011 年虽有所增长，但随后五年均保持在 9% 以下；纸制品业的反倾销进口覆盖率在 2002 年以后经历了两个完整周期，前一周期长达九年、波动幅度较小，后一周期历时六年、波动幅度较大；纺织业的反倾销进口覆盖率起伏最大，自 2001 年起步以来连年增长，直达 25.28% 的历史高点，2009 年骤降至 5.83%，随后连续七年增长，2016 年达到 15.43%，几乎与 2004 年相当。第三类低位稳定型：光纤制造业、汽车业和仪器仪表业。光纤制造业的反倾销起步较早，开始于 2003 年，随后十年虽有增有降，但基本在 5% 上下，2014~2016 年才增至 8% 以上；汽车业和仪器仪表业的反倾销直到 2008~2009 年才开始起步，进口覆盖率十分稳定且水平不高，尤其是仪器仪表业的反倾销进口覆盖率最高只有 1.04%。

通过观察各个行业的反倾销进口覆盖率发现：第一，中国反倾销对不同行业的进口影响差异较大。从平均进口覆盖率来看，纺织业、化工业、食品制造业和钢铁业均有高达 10% 以上的进口贸易受到了反倾销，纸制品业、塑料制品业、汽车业和光纤制造业的反倾销进口覆盖率为 5%~10%，仪器仪表业最低，不到 1%；从受影响的进口额来看，化工业、塑料制品业、钢铁业、纸制品业和汽车业分别有 76.3 亿美元、46.6 亿美元、29.4 亿美元、15.1 亿美元和 11.5 亿美元的进口受到中国反倾销，而食品制造业、纺织业、光纤制造业和仪器仪表业分别只有 7.8 亿美元、7.5 亿美元、4.3 亿美元和 1.4 亿美元的进口受到中国反倾销。第二，中国对外反倾销的行业进口覆盖率及波动幅度远超其重点指控对象国家（或地区）对应数据；此外，2008 年以后，中国加强了对化工业、塑料制品业和食品制造业的反倾销，新增了对汽车业和仪器仪表业的反倾销，同时还减少了对钢铁业、纸制品业和纺织业的反倾销。

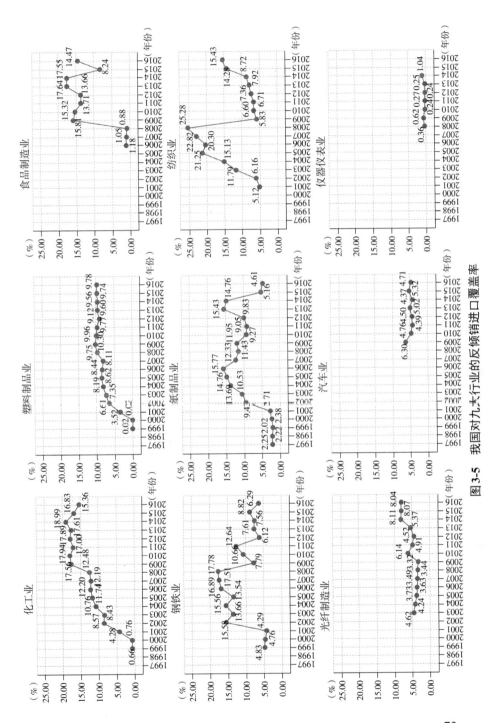

图3-5　我国对九大行业的反倾销进口覆盖率

第四节　主要结论

　　20 世纪最后几年，中国对反倾销的运用实现了"零"的突破，"入世"前后又实现了反倾销调查数量的快速累积与增长，表明中国商务部门为合法规制外国倾销行为做出了尝试与努力。然而，纵观中国对外反倾销 20 多年的发展历程，仍然存在以下七点不足之处：第一，对外反倾销数量较少，不足全球反倾销案件总数的 5%，在 2008 年之后甚至出现下滑态势；第二，产品重复反倾销比例居高，涉及相同产品的反倾销案件高达 25% 以上；第三，肯定性反倾销裁决比率高达 72.8%，位列全球之首；第四，反倾销裁决效率偏低，裁决期限较长，结案方式单一，且反倾销税率也相对低下；第五，反倾销进口覆盖率总体较低，不到 2%；第六，对欧盟、日本和美国这三大经济体的反倾销进口覆盖率与其进口位次不太相称；第七，对化工业、塑料制品业、钢铁业和纸制品业等传统行业的反倾销进口覆盖率很高，对光纤制造业和仪器仪表业等非传统行业长期处于低位徘徊。

第四章　中国对外反倾销的贸易流量效应分析[①]

反倾销措施对进口国经济的影响始于对进口贸易的作用，其救济本国企业的目的也是通过调控进口来实现的，因此，可以通过观察进口变化来初步判断反倾销措施对中国国内企业的影响。反倾销既可能通过成本增加威胁，也可能通过征收反倾销税抬高涉案产品的进口成本来达到限制进口的目的；既可能带来来自指控对象国进口减少的贸易限制效应，也可能带来来自非指控对象国进口增长的贸易转移效应。为此，本章将样本期限按照立案、初裁和终裁三个时间节点划分为四个阶段，考察涉案产品从指控对象国进口、从非指控对象国进口及总进口的变化，分析反倾销对进口涉案产品的下游企业数量、进口来源国数量和平均进口的影响，为反倾销对进口竞争性企业和下游企业带来的影响效应提供初步证据。

第一节　实证模型、数据来源与处理

一、实证模型

为了检验反倾销如何通过调查效应和成本效应及贸易限制效应和贸易转移效应对国内企业带来冲击，本章采用如下模型估计反倾销对产品进口的影响：

---

① 陈清萍，鲍晓华. 中国对外反倾销的进口贸易流量效应研究 [J]. 当代财经，2016（8）：88-97.

$$y_{kt}^i = \beta_0^i + \beta_1 \text{initiation}_t^i + \beta_2 \text{pre\_dec}_t^i + \beta_3 \text{fin\_dec}_t^i + X_{kt}^{\prime i}B + \lambda_k^i + \lambda_t^i + \varepsilon_{kt}^i$$

$$i = ta, \ nta, \ all \tag{4-1}$$

其中，因变量 y_{kt} 表示 t 期中国对 HS8 分位产品 k 的进口变量，均取其对数进入方程。进口变量有三组（用上标 i 表示）：一是来自指控对象国的进口变量，用 ta 表示，用来识别贸易限制效应；二是来自非指控对象国的进口变量，用 nta 表示，用来识别贸易转移效应；三是总进口变量，用 all 表示，用来识别贸易总流量效应。

针对来自指控对象国、非指控对象国和所有国家的进口，分别设置了以下两大类变量：

第一，进口额 TIV、进口量 TIQ 和进口价格 PRICE。由于反倾销可能通过抬高进口价格、限制进口增长对进口竞争性企业实施救济，本组变量用以识别反倾销对进口竞争性企业的执行效果。

进口额、进口量和进口价格的计算公式分别为：

$$TIV_{kt} = \sum_f \sum_c VALUE_{fkct} \tag{4-2}$$

$$TIQ_{kt} = \sum_f \sum_c QNTY_{fkct} \tag{4-3}$$

$$PRICE_{kt} = \sum_f \sum_c \left(\frac{QNTY_{fkct}}{\sum_f \sum_c QNTY_{fkct}} \times PRICE_{fkct} \right) \tag{4-4}$$

其中，$VALUE_{fkct}$ 表示 t 期企业 f 对国家 c 的产品 k 的进口额，$QNTY_{fkct}$ 表示 t 期企业 f 对国家 c 的产品 k 的进口量，$PRICE_{fkct}$ 表示 t 期企业 f 对国家 c 的产品 k 的进口价格，取进口额与进口量的比值。该公式使用进口量作为权重，计算出产品 k 的加权平均价格 $PRICE_{kt}$。相对于现有文献简单地将进口总额除以进口总量得出产品价格的方法，此处采用的加权平均价格度量法更为准确。

第二，进口边际（Import Margins）变量，具体包括进口中间涉案产品的下游企业数量 EMF、进口来源国数量 EMC、"企业—国家"对的平均进口额 IMV 和平均进口量 IMQ。由于反倾销可能通过改变进口涉案产品或相似产品的下游企业数量、进口来源国数量及其平均进口作用于下游企业，本组变量用以识别反倾销对下游企业的影响。

按照 Lu 等（2013），本章剔除了企业名称中包括"进口""出口""经贸""贸易"等含义为"贸易"的关键词的贸易中介企业，将进口涉案中间产品的非贸易中介企业定义为"下游企业",并统计了进口中间涉案产品的下游企业数量 EMF 和进口来源国数量 EMC,且按照如下公式计算"企业—国家"对的平均进口额 IMV 和平均进口量 IMQ(下列变量均省略了上标 i 和下标 kt):

$$IMV = \frac{TIV}{EMF \times EMC} \tag{4-5}$$

$$IMQ = \frac{TIQ}{EMF \times EMC} \tag{4-6}$$

对上述等式两边取自然对数,并采用小写字母表示对应大写字母变量的自然对数,可得:

$$imv = tiv - emf - emc \tag{4-7}$$

$$imq = tiq - emf - emc \tag{4-8}$$

如第三章所述,中国对外反倾销程序包括立案、初裁和终裁三个主要环节。为了识别三个裁决阶段反倾销的不同影响,用 t_0、t_1 和 t_2 分别表示立案、初裁和终裁时间,且将 $initiation_t$、pre_dec_t 和 fin_dec_t 设定如下:

$$initiation_t = \begin{cases} 1 & t \in [t_0, t_1) \\ 0 & t \notin [t_0, t_1) \end{cases}$$

$$pre\_dec_t = \begin{cases} 1 & t \in [t_1, t_2) \\ 0 & t \notin [t_1, t_2) \end{cases}$$

$$fin\_dec_t = \begin{cases} 1 & t \geq t_2 \\ 0 & t < t_2 \end{cases} \tag{4-9}$$

关注的变量是 $initiation_t$、pre_dec_t 和 fin_dec_t,它们的系数 β_1、β_2、β_3 分别表示反倾销立案、初裁和终裁对涉案产品进口的影响。

模型还控制了中国采取的其他贸易政策变量 X,具体包括三个方面:第一,保障措施虚拟变量 SG,如果产品 k 受到保障措施调查,取值为 1,否则取 0[①];第二,中国的进口关税 TARIFF,取其对数 tariff 进入方程,由于 HS6 分位产品是可获得关税数据的最为细分产品代码,故以 HS8 分位产品 k 所在的 HS6 产品的进口关税数据代替;第三,中国加入世界贸易组织的虚拟变量世界贸易组织,2002 年及其之后的年份取 1,否则取 0。此外,

---

① 在样本期间,中国尚未采取反补贴贸易救济措施,见附录 2。

λ_k表示产品固定效应，用来控制不随时间变化的产品特征因素，例如，国内生产该产品的比较优势和技术密集程度等，在进口量和进口价格的回归方程中也用来控制度量衡单位的差异；λ_t表示季度固定效应，用来控制仅随时间变化的因素，包括制度变化、技术变迁等，例如，是否遭遇经济危机、汇率波动等。

二、数据来源与处理

本章的数据来源主要有以下三个：

（一）反倾销数据库

本章所使用的中国对外反倾销数据有两大来源：其一是世界银行的临时性贸易壁垒数据库（Temporary Trade Barrier Database，TTBD）①，主要包括反倾销、反补贴和保障措施数据库。其中，反倾销数据库提供了世界贸易组织主要成员国反倾销案例的详细信息，包括涉案产品、目标对象国和企业、国内申诉企业、立案时间、初裁和终裁时间及相应裁决结果、反倾销税率等；其二是中国贸易救济信息网上的商务部公告，该网站提供了迄今为止中国对外发起的每起反倾销案件的立案、初裁、终裁及复审的详细信息，还公布发放问卷调查、产业损害调查、听证会、税则号调整等其他信息②。

（二）企业进口交易数据库

中国海关进出口贸易数据库提供了2000~2006年中国企业HS8分位细分产品层级的进口和出口交易信息，包括企业名称及代码、交易对象国家、交易日期、金额、数量、交易方式和目的地等，本章仅使用了该数据库中的进口数据。

（三）其他数据

具体包括保障措施数据和关税数据，保障措施数据来自中国贸易救济信息网商务部公告③，关税数据来自世界贸易组织官方网站④。

---

① http：//econ. worldbank. org/.

② 见附录1。

③ 见附录3。

④ http：//tariffdata. wto. org/ReportersAndProducts. aspx。

对于反倾销数据做了以下处理：第一，样本期限是 2000~2006 年，为了能够观察一些企业在反倾销发起前后的出口表现，仿照 Lu 等（2013）选取了中国 2001~2005 年对外发起的反倾销案件，共有 120 起；第二，进一步排除了上述 120 起案件中因任何原因中止调查的 31 起案件、涉及非制造业中间投入品的 2 起案件①及在样本期内连续两次反倾销的 3 起案件，保留了共 84 起涉案产品为中间产品的肯定性终裁的案件，这些案件共涉及 48 种 HS8 分位产品；第三，对于中国对外反倾销的涉案产品的 HS 编码信息，世界银行反倾销数据库为大部分案件提供的是 HS6 分位编码、另一部分案件提供的是 HS8 分位编码，而中国贸易救济网提供所有反倾销涉案产品的 HS8 分位编码，故使用中国贸易救济信息网上的产品编码数据将产品信息统一到 HS8 分位层级；第四，由于反倾销可能存在调查效应（Prusa，1992，1997，2001；Feinberg and Kaplan，1993；Staiger and Wolak，1994；Krupp and Pollard，1996；鲍晓华，2007；Egger and Nelson，2011），所以考察期限从立案调查开始到反倾销措施实施结束，各类贸易救济措施的实施期限参考该类措施的一般适用期，反倾销和反补贴案件均为五年，保障措施为四年；第五，中国对欧洲的反倾销案件，既有针对单个欧盟国家的，也有针对欧盟整体的，对于后者，均将其视为中国对当年欧盟的所有成员国发起了反倾销。本章选取了 2001~2005 年中国对外反倾销肯定性裁决案件为研究对象，一方面是因为该阶段中国发起了最多的反倾销案件，另一方面是因为中国海关进出口贸易数据只在 2000~2006 年可得，选择这些案件可以同时观察涉案产品在反倾销前后的进口表现。

此外，需要说明的是，为了能够观察涉案产品立案之后初裁之前、初裁之后终裁之前以及终裁之后这三个阶段相对于立案之前的进口变化，本章采用 2000~2006 年 48 种 HS8 分位涉案中间产品的进口季度数据进行分析②。

① 新闻纸为非中间投入品，其 HS 编码为 481011 和 481012。
② 因为月度数据存在太多的噪声（Noise）（Lu et al.，2013），所以对其进行了季度层面的加总。

第二节　中国对外反倾销贸易流量效应的实证检验

一、反倾销对进口的冲击：进口竞争性企业受到的影响

（一）贸易限制效应

反倾销对涉案产品进口影响的实证检验结果如表4-1所示。无论是从进口额还是进口量来看，中国对外反倾销均有效地限制了来自指控对象国的涉案产品进口。从影响时间上来看，反倾销的贸易限制效应多出现在其初裁和终裁阶段，立案调查几乎没有对来自指控对象国涉案产品进口造成影响，可能的原因是国内下游企业与外国出口企业在反倾销立案之前已经签订了购买合同，即使遭到反倾销调查，该合同也会继续履行，这种情况下反倾销的影响会被延迟（Lu et al.，2013）。

反倾销肯定性初裁和终裁均对来自指控对象国的涉案产品进口造成了显著且很强的负面影响，初裁使其进口总额和进口数量分别下降了67.2%和71.2%，终裁使其进口总额和进口数量分别下降了97.2%和120.6%。按照中国的反倾销程序，肯定性初裁后继续从指控对象国进口涉案产品的国内企业需要向海关缴纳现金保证金或临时性反倾销税，肯定性终裁之后它们则需向海关缴纳相应比例的反倾销税，这些保证金或附加税增加了它们的成本负担，抑制了国内企业对指控对象国涉案产品的进口。通过对比发现，反倾销终裁的影响比初裁高出30~50个百分点，这可能是由反倾销初裁结果的不确定性带来的：第一，如果初裁后申诉企业撤诉或终裁达成否定性裁决，进口企业缴纳的现金保证金或临时性反倾销税就会退还给进口企业。在2001~2005年达成肯定性初裁的94起案件中，终裁阶段就有3起被申诉企业撤回、2起被商务部中止调查。第二，在商务部进行反倾销终裁裁决时，大多会对初裁税率进行调整。在被考察的89起案件中，有71起案件的税率得到了不同程度的调整。与反倾销初裁不同，终裁裁决具有确定的法律效力，终裁结果或税率在反倾销案件调查结束后很少改变，即使在反倾销征税期满五年时复审达成肯定性裁决时也只是延长征税期限

表 4—1　反倾销对进口的冲击：进口竞争性企业受到的影响

	贸易限制效应			贸易转移效应			贸易总量效应		
	(1) 进口额	(2) 进口量	(3) 进口价格	(4) 进口额	(5) 进口量	(6) 进口价格	(7) 进口额	(8) 进口量	(9) 进口价格
initiation	0.044 (0.777)	0.054 (0.762)	-0.010 (0.889)	0.255 (0.291)	0.501* (0.081)	-0.225** (0.024)	-0.031 (0.824)	0.037 (0.827)	-0.069 (0.328)
pre_dec	-0.672** (0.011)	-0.712** (0.018)	0.041 (0.740)	0.524* (0.089)	0.892** (0.012)	-0.394*** (0.001)	-0.486* (0.077)	-0.460 (0.147)	-0.026 (0.779)
fin_dec	-0.972*** (0.004)	-1.206*** (0.001)	0.234** (0.048)	0.573 (0.131)	0.806* (0.069)	-0.250** (0.049)	-0.412* (0.073)	-0.442* (0.071)	0.032 (0.695)
duty	0.379 (0.365)	0.295 (0.479)	0.084 (0.491)	0.540 (0.305)	0.438 (0.454)	0.106 (0.517)	0.477 (0.214)	0.393 (0.309)	0.083 (0.434)
SG	0.345 (0.594)	0.220 (0.733)	0.124** (0.041)	-0.039 (0.942)	-0.143 (0.799)	0.135 (0.166)	-0.169 (0.622)	-0.306 (0.393)	0.137** (0.019)
WTO	1.269* (0.055)	0.938 (0.159)	0.330*** (0.004)	0.885 (0.157)	0.061 (0.934)	0.719*** (0.002)	1.203** (0.030)	0.715 (0.185)	0.487*** (0.000)
C	12.754*** (0.000)	12.837*** (0.000)	-0.083 (0.773)	11.357*** (0.000)	11.434*** (0.000)	0.043 (0.915)	12.939*** (0.000)	12.971*** (0.000)	-0.031 (0.900)

续表

	贸易限制效应			贸易转移效应			贸易总量效应		
	(1)	(2)	(3)	(4)	(5)	(6)	(7)	(8)	(9)
	进口额	进口量	进口价格	进口额	进口量	进口价格	进口额	进口量	进口价格
HS8 产品固定效应	是	是	是	是	是	是	是	是	是
年份固定效应	是	是	是	是	是	是	是	是	是
N	1196	1196	1196	1144	1142	1142	1240	1240	1240
R^2	0.083	0.116	0.357	0.142	0.094	0.130	0.090	0.086	0.319

注: 括号内数字表示系数的标准差; *、**、*** 分别表示在10%、5%、1%的显著性水平上显著。

而不是调整税率。

　　有趣的是，来自指控对象国的涉案产品进口价格在反倾销立案和初裁这两个阶段都没有明显变化，这一方面与反倾销立案和初裁的不确定性有关，另一方面也说明了产品价格调整缓慢即价格黏性的本质特征。在肯定性终裁裁决之后，涉案产品价格显著增长了 23.4%，表明反倾销税的征收推动了来自指控对象国涉案产品进口价格的上涨。这是因为在实施反倾销措施之后，无论外国企业是否调整价格，国内市场上的涉案产品价格都会上涨到正常价值水平，外国在华销售量都会随之下滑。在这种情况下，外国企业的最优选择是提高其在中国市场的销售价格，以实现利润最大化。此外，涉案产品进口价格的上涨幅度略低于反倾销税均值（35.78%），说明外国涉案企业只承担了部分经济损失，而将剩余的税收负担转嫁到国内下游企业，表明继续对华出口的外国涉案企业具有一定的市场势力，可能因为外国涉案产品的质量或性能更好，国内同类产品难以完全替代。

　　在其他控制变量中，进口关税不存在显著影响，这可能是因为在 HS6 分位产品层面度量的 duty 变量变化不大，方差较小影响了其估计有效性；此外，由于"入世"之后进口关税才出现大幅度下降，duty 与 WTO 之间存在的多重共线性也影响到了 duty 的显著性。不过，保障措施的执行提高了涉案产品的进口价格，使其增长了 12.4%。最后，加入世界贸易组织促进中国进口额增长了 126.9%，说明世界贸易组织在引导中国产品走向国际的同时也降低了市场准入、带动了进口增加。在其他回归中控制变量的符号和显著性水平变化不大，不再赘述。

　　（二）贸易转移效应

　　对来自非指控对象国进口额和进口数量的回归结果表明，反倾销存在明显的贸易转移效应，如表 4-1 第（4）~（6）列所示。具体地，反倾销立案、初裁和终裁使来自非指控对象国的涉案产品的进口量分别增长了 50.1%、89.2% 和 80.6%，同时其进口额也出现了增加。这说明，一旦立案，反倾销调查就使涉案产品进口开始向非指控对象国转移，并且随着初裁和终裁裁决的达成，贸易转移效应变得更大。同时，反倾销终裁的影响小于初裁，表明在终裁之后，中国对非指控对象国的某些涉案产品进口出现了下降，可能是因为非指控对象国害怕未来招致中国的反倾销指控，证明了反倾销可能存在"声誉效应"（Niels，2003）。解读这

表4-2　反倾销对进口边际的冲击：下游企业受到的影响

	贸易限制效应				贸易转移效应				贸易总量效应			
	(1) 进口下游企业数量	(2) 进口国家数量	(3) 平均进口额	(4) 平均进口量	(5) 进口下游企业数量	(6) 进口国家数量	(7) 平均进口额	(8) 平均进口量	(9) 进口企业下游数量	(10) 进口国家数量	(11) 平均进口额	(12) 平均进口量
initiation	-0.045 (0.574)	-0.007 (0.857)	0.095 (0.385)	0.105 (0.407)	-0.018 (0.778)	0.039 (0.553)	0.234 (0.257)	0.482* (0.057)	-0.104 (0.132)	-0.041 (0.416)	0.115 (0.295)	0.183 (0.180)
pre_dec	-0.304** (0.016)	-0.086 (0.209)	-0.281* (0.098)	-0.322* (0.086)	0.148 (0.134)	0.164* (0.068)	0.211 (0.371)	0.585** (0.048)	-0.198** (0.045)	-0.031 (0.708)	-0.257 (0.137)	-0.231 (0.284)
fin_dec	-0.703*** (0.001)	-0.219** (0.014)	-0.049 (0.833)	-0.283 (0.288)	-0.015 (0.907)	0.057 (0.495)	0.530* (0.068)	0.770** (0.035)	-0.419*** (0.001)	-0.136* (0.082)	0.142 (0.403)	0.112 (0.535)
duty	0.230 (0.211)	-0.120 (0.276)	0.269 (0.399)	0.185 (0.590)	0.094 (0.685)	-0.010 (0.933)	0.456 (0.172)	0.356 (0.350)	0.170 (0.341)	-0.097 (0.430)	0.404 (0.170)	0.320 (0.287)
SC	-0.340* (0.074)	0.074 (0.404)	0.186 (0.677)	-0.145 (0.769)	-0.062 (0.759)	0.531** (0.028)	-0.508 (0.316)	-0.622 (0.231)	-0.295 (0.114)	0.210* (0.071)	-0.084 (0.799)	-0.221 (0.533)
WTO	1.029*** (0.001)	0.053 (0.717)			0.800*** (0.000)	0.263* (0.099)	-0.178 (0.727)	-0.972 (0.118)	1.024*** (0.000)	0.289* (0.091)	-0.110 (0.746)	-0.597* (0.097)
C	1.567*** (0.002)	1.095*** (0.000)	10.093*** (0.000)	10.176*** (0.000)	1.580*** (0.008)	1.213*** (0.000)	8.565*** (0.000)	8.599*** (0.000)	2.091*** (0.000)	1.865*** (0.000)	8.982*** (0.000)	9.014*** (0.000)

续表

	贸易限制效应				贸易转移效应				贸易总量效应			
	(1)	(2)	(3)	(4)	(5)	(6)	(7)	(8)	(9)	(10)	(11)	(12)
	进口下游企业数量	进口国家数量	平均进口额	平均进口量	进口下游企业数量	进口国家数量	平均进口额	平均进口量	进口企业下游数量	进口国家数量	平均进口额	平均进口量
HS8产品固定效应	是	是	是	是	是	是	是	是	是	是	是	是
年份固定效应	是	是	是	是	是	是	是	是	是	是	是	是
N	1196	1196	1196	1196	1144	1144	1144	1142	1240	1240	1240	1240
R^2	0.164	0.096	0.043	0.080	0.321	0.233	0.043	0.046	0.267	0.180	0.057	0.115

注：括号内数字表示系数的标准差；*、**、***分别表示在10%、5%、1%的显著性水平上显著。

一结论需要注意的是，本章剔除了样本期内先后两次被反倾销的产品邻苯二酚、初级形态二甲基硅氧烷和核苷酸食品添加剂[①]，只选择了单次反倾销的涉案产品。上述结论表明，贸易转移效应不仅存在于重复征税案件，也同时存在于非重复征税案件[②]。

与来自指控对象国涉案产品的进口价格上涨相反，来自非指控对象国的相似产品进口价格在反倾销立案、初裁和终裁之后却分别下降了22.5%、39.4%和25.0%。数据显示，指控对象国和非指控对象国的产品价格出现了完全相反的动态调整，以水合肼（又称水合联氨）反倾销案为例来对其进行说明。在反倾销调查之前的2003年非指控对象国的进口价格几乎是指控对象国的4~5倍；随着2003年12月反倾销调查的进行，2004年第二季度来自非指控对象国的水合肼进口价格下降了50%以上；2005年6月17日达成了肯定性终裁裁决，来自非指控对象国的水合肼价格继续下降，而来自指控对象国的水合肼进口价格上涨了将近50%；到2006年，指控对象国和非指控对象国的水合肼进口价格大致相当，基本稳定在2.5~2.7美元/千克的水平上。因此，来自非指控对象国涉案产品进口价格下跌的深层次原因可能是，在中国对指控对象国发起反倾销之时，非指控对象国为了趁机抢占中国市场，调整了其国内生产结构（Product Switching）和产品档次，并实现了规模经济。

（三）贸易总效应

反倾销的贸易总效应取决于贸易限制效应和贸易转移效应的大小对比。如果贸易限制效应超过贸易转移效应，反倾销会降低涉案产品的总进口；相反，如果贸易限制效应小于贸易转移效应，反倾销会增加涉案产品的总进口。为了评估中国对外反倾销的总体实施效果，本小节还观察了涉案产品总进口在立案、初裁和终裁三个阶段的变化趋势，如表4-1第（7）~（9）列所示。结果发现，反倾销初裁和终裁均显著地减少了涉案产品进口，它们使其进口总额分别下降了48.6%和41.2%，进口量分别下

[①] 邻苯二酚在2002年和2005年分别被反倾销，HS8分位编码为29072910；初级形态二甲基硅氧烷和核苷酸类食品添加剂的其中一个HS8分位编码重合，视为重复征税，涉及的HS8分位编码是38249090。

[②] 商务部对初次反倾销的涉案产品再次发起反倾销本身，证明存在贸易转移效应，详见鲍晓华（2007）。

降 46.0% 和 44.2%[①]，这说明，尽管反倾销的贸易转移效应部分地抵消掉贸易限制效应，但是中国的对外反倾销措施仍然显著地抑制了涉案产品的进口。

就价格而言，无论是立案、初裁还是终裁，反倾销均未对涉案产品进口价格带来显著影响。与前文一致，指控对象国的进口价格上涨与非指控对象国的进口价格下降相互抵消，削弱了反倾销措施对价格的影响作用。不过，从终裁裁决系数为正的回归结果，可以判断，总体上涉案产品的进口价格呈现较弱的上升趋势。

综上所述，反倾销总体上提高了涉案产品价格、限制了进口增长，将国内需求从外国涉案产品转向本国生产的类似产品，势必引起国内进口竞争性企业的市场份额增长、生产扩大、就业增加、销售额和利润率提高，从而改善它们的经营绩效，因此，反倾销措施可能对国内进口竞争性企业起到了较好的贸易救济效应。

二、反倾销对进口边际的冲击：下游企业受到的影响

由于涉案产品的进口下游企业数量、进口国家数量和平均进口额（量）可以直观地反映反倾销对下游企业的影响，所以本小节考察反倾销对不同进口边际的冲击，为反倾销对下游企业带来的影响提供证据。

（一）贸易限制效应

反倾销对中国来自指控对象国进口贸易影响的检验结果表明，反倾销带来了显著的贸易限制效应。然而，不清楚的是，反倾销如何通过贸易限制效应对下游企业产生影响，为此，本小节检验了反倾销对中国从指控对象国进口涉案产品的下游企业数量、国家数量和平均进口额（量）的影响，如表 4-2 第（1）～（4）列所示。

结果发现，虽然反倾销立案没有影响从指控对象国进口涉案产品的下游企业的数量，但是初裁和终裁分别使其减少 30.4% 和 70.3%，终裁裁决的负面影响明显超过初裁。同时，尽管进口国家数量在立案和初裁时不发生显著变化，但在终裁之后下降了 21.9%，说明反倾销可能导致所有企业

---

① 令人奇怪的是，终裁的影响略小于初裁，笔者尚不能为其提供比较合理的解释。

停止从某些指控对象国进口涉案产品。此外，"企业—国家"对的平均进口额和平均进口量在初裁之后终裁之前的阶段分别减少了 28.1% 和 32.2%，说明即使对于继续从指控对象国进口涉案产品的下游企业，它们的平均进口也在初裁之后出现了下降。上述结论表明，随着反倾销裁决的进行，越来越多的下游企业停止了从指控对象国进口，继续进口的企业也进口得更少；终裁裁决之后，反倾销甚至会使全体下游企业退出部分指控对象国的进口市场，从而减少涉案产品的进口种类和来源国数量。

因此，反倾销除了减少进口涉案产品的下游企业数量之外，还使其进口产品种类和进口来源国数量显著下降。这说明，反倾销主要是迫使大量下游企业退出指控对象国的进口市场，从而对下游企业带来负面影响。这一观察结果与 Lu 等（2013）的研究结论一一对应，相互印证。如果下游企业从某外国企业进口涉案产品，一旦中国商务部对该国涉案产品达成肯定性反倾销裁决，下游企业由于面临进口成本上升，将退出指控对象国涉案产品的进口市场，导致从指控对象国进口涉案产品的下游企业数量大幅度减少。

（二）贸易转移效应

反倾销对中国来自非指控对象国进口贸易影响的检验结果表明，反倾销带来了稳健的贸易转移效应。然而，贸易转移效应是通过企业数量增长、还是通过非指控的进口来源国数量增加、抑或是通过"企业—国家"对的平均进口上升来实现的？这涉及下游企业是否可以通过增加从非指控对象国进口来降低反倾销措施对自身负面影响的问题。为此，本小节检验了反倾销对从非指控对象国进口的下游企业数量、非指控来源国数量和平均进口额（量）的影响，如表4-2第（5）～（8）列所示。

结果发现，反倾销之后，从非指控对象国进口的下游企业数量及非指控进口来源国的数量几乎没有发生变化，表明大多数下游企业并不能通过贸易转移效应规避反倾销对自身造成的负面影响，这可能因为下游企业转向"新的"非指控对象国进口相似产品需要支付额外的"进入成本"（Entry Cost）（Melitz，2003），也可能受到非指控对象国有限的供给能力的影响（Durling and Prusa，2006）。然而，"企业—国家"对的平均进口量却出现了较大幅度的显著增长，反倾销立案、初裁和终裁分别使其增长了48.2%、58.5%和77.0%，这说明，在反倾销的情况下，那些同时从指控对象国和非指控对象国进口涉案产品或其相似产品的下游企业可以通过增加非指控对象国进口来减小损失；此外，那些只从非指控对象国进口相似产品的少数企业却可能因为中国对指控对象国的反倾销而获得一定的潜在好处。

上述结论表明，如果某些下游企业在反倾销之前从指控对象国进口，反倾销之后并不会转向非指控对象国进口涉案产品的相似产品，反倾销对它们的净影响为负；但是，如果某些下游企业在反倾销之前就从非指控对象国进口涉案产品的相似产品，反倾销之后将从这些国家的进口变得更多，反倾销对它们的净影响可能为正。因此，反倾销之前下游企业的进口结构和模式决定着反倾销对其影响效应的方向。

（三）贸易总量效应

由于不同参照体系下的贸易限制效应和贸易转移效应无法直接对比，因此，反倾销对下游企业的影响效应有赖于观察涉案产品总进口的变化。于是，本小节针对涉案产品的总进口的分解变量，重新进行上述回归，检验结果如表4-2第（9）~（12）列所示。结果表明，反倾销立案几乎不影响进口涉案产品的下游企业数量，但是初裁和终裁分别使进口涉案产品的下游企业数量显著减少了19.8%和41.9%；同时，立案和初裁不影响其进口来源国数量，进口国家数量仅在终裁之后下降了13.6%；涉案产品的平均进口额和进口数量在立案、初裁和终裁三个阶段几乎没有发生明显变化。无论是进口下游企业数量、进口来源国数量，还是"企业—国家"对的平均进口额（量），贸易限制效应均主导了贸易总量效应，表明反倾销之前就从非指控对象国进口相似产品的下游企业进口得较少（对应地，从指控对象国进口涉案产品的比重较大，这符合倾销成立的条件），尽管反倾销之后它们增加了对非指控对象国相似产品的进口，但是贸易转移效应的作用仍然比较小，无法抵消掉反倾销的贸易限制效应。这进一步说明，反倾销通过肯定性终裁裁决传递出"中国政府意欲扶持国内进口竞争性企业"的信号，迫使大部分下游企业将采购渠道从国外企业转向生产相似产品的国内进口竞争性企业，这种有利于进口竞争性企业的贸易救济措施是以牺牲下游企业的利益为代价的。

综上所述，反倾销之后，涉案产品的进口量不仅呈现下降的态势，而且进口价格也趋于增长，说明反倾销抬高了进口产品价格，有效控制了进口增长，可能会对国内进口竞争性企业起到良好的贸易救济作用；此外，尽管反倾销措施存在贸易转移效应，使"原本从非指控对象国进口相似产品"的下游企业增加了从非指控对象国的进口,但是,"原本从指控对象国进口涉案产品"的下游企业大批量地退出了指控对象国的进口市场,且几乎不转向非指控对象国进口,这导致进口下游企业数量相对于反倾销之前减少了 19.8%~41.9%,暗示着反倾销措施可能会对大多数下游企业带来较大的负面影响。因此,反倾销主要通过迫使大量下游企业停止进口来发挥其对进口竞争性企业的贸易救济作用,并且随着反倾销裁决的进行,反倾销对下游企业的负面影响不断增大,有的企业因为无法承担高额的反倾销税退出进口市场,有的企业虽然继续进口,但进口成本的大幅度上升迫使其进口得更少。

第三节　主要结论

本章采用 2000~2006 年中国反倾销案件 HS8 分位涉案产品的交易数据,考察了反倾销措施在立案、初裁和终裁三个阶段引起的来自指控对象国、非指控对象国和全球的涉案产品进口和进口边际的变化趋势,基于贸易流量效应初步判断了反倾销对进口竞争性企业和下游企业的影响效应。一方面,反倾销措施提高了涉案产品价格、控制了进口激增,可能会对国内进口竞争性企业起到较好的贸易救济效果;另一方面,反倾销显著减少了进口涉案产品的下游企业数量和进口来源国数量,强制地将下游企业的采购渠道从国外转移到国内,不仅通过征收反倾销税加重了它们的生产成本负担,还通过限制进口的方式减少了它们的进口产品种类,可能损害了下游企业的利益。

第五章　中国对外反倾销对进口竞争性企业的影响分析①

第四章表明，反倾销能够起到抵制国外产品低价倾销行为、提高涉案产品的进口价格、限制进口增长，并防止国内进口竞争性企业遭遇不正当竞争行为的侵害，给予其成长缓冲期和生存空间之作用，然而，由于外国企业可能通过对华直接投资、与国内企业合谋操纵价格等方式来规避反倾销调查，同时进口竞争性企业可能因为过度依赖政府救济滋生惰性，因此，进口竞争性企业的经营绩效是否能够得到改善尚无定论。因此，本章从生产率的角度分析反倾销对国内进口竞争性企业经营绩效的影响，为中国对外反倾销的贸易救济效应寻找最直接的证据。

第一节　理论分析

从理论上来说，反倾销措施可能通过生产扩大效应、市场竞争效应、技术创新效应和资源错置效应这四大效应影响到国内进口竞争性企业的生产率。

一、生产扩大效应

如第四章所述，反倾销调查一旦启动，如果国内企业继续从被指控国家进口涉案产品，那么该产品的价格将出现不同程度的上涨，进口数量下

---

① 陈清萍，鲍晓华. 对外反倾销是否救济了中国进口竞争性企业 [J]. 上海经济研究，2017（3）：40-47.

降。由于涉案产品在国内市场所占比重较大（否则不会损害国内企业，倾销行为不成立），所以进口的减少将释放较大的市场份额，国内进口竞争性企业可以借此扩大生产、增加国内市场占有率，并通过规模经济和"干中学"提高企业生产效率，从而有利于其核心竞争力的提升。

二、市场竞争效应

一方面，反倾销措施会限制国外低价倾销产品进口，使国内市场上来自国外的竞争减弱；另一方面，由于中国肯定性裁决比例较高，反倾销调查会向市场释放出"潜在市场扩大"的信号，引发国内企业争相生产目标产品，竞争加剧。因此，总体上市场竞争是增强还是削弱并无定论。如果竞争加剧，企业生产经营将面临更多挑战，其生产率下降；如果相反，国内进口竞争性企业的潜在市场容量将会扩大，生产率提升。

三、技术创新效应

反倾销可能会为国内进口竞争性企业的技术创新提供内在条件和外在压力。首先，反倾销带来的价格上涨和市场份额的上升增大了国内进口竞争性企业的利润空间，为它们进行技术创新提供了内在条件；其次，反倾销将涉案产品的价格提高到正常价值水平，削弱了它们的竞争优势，阻碍了它们对华出口增长，外国涉案企业为了将产品继续出口到中国而不得不进行技术创新、改进产品的质量，甚至可能在华设立分公司或子公司，这些都将倒逼国内进口竞争性企业加大研发力度，为其技术创新提供外在压力（Crowley，2006）。

四、资源错置效应

反倾销还会带来产品之间和企业之间的资源错置。它不仅通过限制国外低价产品进口，提高国内同类产品的销售价格，还将引导国内企业增加涉案产品或同类产品的生产，同时减少其他产品的生产。而对于大多数企业而言，在反倾销涉案产品的生产上不具有比较优势，反倾销的发起将带来企业内部资源在产品之间的错置。此外，反倾销调查通过给予进口竞争性企业以先发优势，引导资源从其他企业向前者配置，进而带来资源在企业之间的误配。更糟糕的是，如果许多国内企业都盲目跟风扩大相似产品的生产，将造成相关行业低水平重复建设严重、知识产权频遭侵犯、产业链条缺失等恶果（王分棉和周煊，2012），从而进一步恶化资源错置的低效率问题，引发企业生产效率下降。

综上所述，如果国内进口竞争性企业能够抓住商务部发起反倾销措施的契机，在迅速扩大生产的同时，加大技术研发的投资力度，努力提高自身经营实力，那么政策扶持效应会占主导，就能提升企业生产率；相反，如果企业"坐等靠"的思想根深蒂固，总是寄希望于政府救济来挤占国内市场，消极懈怠、不用心经营，就会养成长期依赖政策扶持的习惯，弄不清自身比较优势的它们会盲目地以政府政策为"指挥棒"，政府保护什么就生产什么，最终导致"一保护就盈利、一撤除就亏损"的恶果。

第二节　实证模型、数据处理与进口竞争性企业的界定

一、实证模型

中国对外反倾销究竟会对国内进口竞争性企业生产效率产生何种影响有待进一步的实证检验，本小节拟采用模型（5-1）对其进行估计：

$$Y_{ft} = \beta_0 + \beta_1 AD_{ft-1} + X'_{ft-1}B + \lambda_f + \lambda_t + \varepsilon_{ft} \tag{5-1}$$

因变量 Y_{ft} 表示在 t 年企业 f 的生产率，借鉴邵敏等（2013a），采用劳动生产率和全要素生产率进行测度，前者使用人均工业增加值 ln（vapw）进行度量，后者分别使用 Olley 和 Pakes（1996）以及 Levinsohn 和 Petrin（2003）这两种方法计算出企业的全要素生产率 $lntfp_{op}$ 和 $lntfp_{lp}$ 进行度量。AD_{ft-1} 表示在 t-1 年企业是否受到了反倾销措施的救济，如果是取值为 1，否则其取值为 0，由于反倾销对进口竞争性企业生产率的影响可能存在滞后，取滞后一期值进入模型；λ_f 表示企业固定效应，用来控制不随时间变化的企业特征因素，例如，企业所有制性质和企业经营年限等；λ_t 表示年

度固定效应，用来控制仅随时间变化的因素，包括制度变化、技术变迁等，如中国加入世界贸易组织、是否遭遇经济危机、汇率波动等；ε_{ft} 表示误差项。关注的变量是 AD_{ft-1}，其系数 β_1 的含义是，在其他条件不变时，平均来说，反倾销使进口竞争性企业的生产率提高 100（$e^{\beta_1}-1$）%［或降低 -100（$e^{\beta_1}-1$）%］。

X 表示其他控制变量，为了防止联立性偏误（Simultaneous Bias）的出现，选择企业特征变量的滞后一期值进入模型，具体包括：企业规模，使用总资产的对数值度量，用 ln（asset）表示，也用工业总产值替代其做稳健性检验；企业补贴，作为政策的代理变量，由于一些企业享受的政府补贴为零，因此，使用 ln（补贴收入+1）进行度量，用 ln（subsidy）表示，也用 ln（补贴收入/企业增加值+1）进行稳健性检验；企业出口，使用企业出口总额的对数值来度量，用 ln（export）表示，也用出口二值虚拟变量进行稳健性检验；关于企业所有制性质，将所有企业分为国有企业、外商投资企业、港澳台资企业和私营企业，分别用 gov、fore、hmt 和 pri 表示，如果企业属于相应类型则取 1，否则取 0[①]。

二、数据处理

本章除了整合第四章涉及的两大反倾销数据库的信息之外，还使用了中国工业企业数据库。中国工业企业数据库是国家统计局针对国有企业和销售额在 500 万元以上的非国有制造企业进行的调查数据，时间跨度为 1997~2007 年，包括企业损益表、资产负债表和现金流量表这三张会计报表中生产、销售、成本、利润、资产、就业、中间投入等方面的 100 多个指标变量。按照谢千里等（2008）的方法，首先，去掉了关键变量缺失企业的数据，同时还删除了企业总资产小于固定资产、总资产小于固定资产年平均余额、销售额小于出口额的观测；其次，由于中国统计局在 2001 年和 2004 年未统计企业工业增加值的信息，因此，使用《企业会计准则》对其进行估算：工业增加值=企业总产出（现价）-企业中间投入（现价）+本期应交增值税（毛其淋和盛斌，2013）；最后，选取各年度工业品出厂价

---

① 在回归中，因完全共线性而省略变量 gov，变量 fore、hmt 和 pri 的系数分别表示外商投资企业、港澳台资企业和私营企业与国有企业的差别。

格指数对企业总产值、工业增加值、利润、政府补贴和出口交货值进行平减，固定资产投资价格指数对企业总资产和投资进行平减，数据来自中经网数据库。

由于中国工业企业数据库的时间跨度为 1997~2007 年，所以本章使用了 1997~2007 年中国对外反倾销数据。此外，如果将世界银行的全球反倾销数据库直接用于本书研究的话，存在一大难题，即全球反倾销数据库中提供的国内申诉企业的名称均是英文的，只要翻译得到的企业名称与企业真实的中文名称存在些微偏差，就将可能无法与中国工业企业数据库匹配，降低匹配的正确率。因此，使用中国贸易救济信息网上的公告将国内申诉企业的中文名称补全。具体地，将企业的英文名称一一翻译成中文，并使用中国贸易救济信息网发布公告中的企业中文名称进行仔细核实以确保正确。对于产品名称，直接选取中国贸易救济信息网发布公告中的产品名称进行识别。这样，本章重建了 1997 年以来的中国对外反倾销数据库，它不仅包括立案、初裁、终裁、复审初裁、复审终裁的时间及相应裁决结果、适用的反倾销税率，还包括所有涉案产品与国内申诉企业的中英文名称等信息。

三、进口竞争性企业的界定

文献中，国内外界定进口竞争性企业的传统方法是，首先找出反倾销涉案产品，其次将该产品编码与国内行业代码匹配，匹配成功的行业内的所有企业被处理成受到救济的企业[①]。由于国内行业代码划分较为粗略，该方法存在一定的误配风险。例如，在同行业经营的企业不一定都生产与涉案产品相似的产品，它们也可能生产相关的上游或下游产品。以苯酚反倾销案为例，样本中有生产苯酚的某企业 A 与生产双酚 A 的某企业 B，它们同属于专用化学产品制造业（国民经济行业代码为 266），当苯酚受到反倾销时，双酚 A 由于是苯酚的下游产品，企业 B 不是得到了救济，而是遭受了损失，那么，把第二类企业视为进口竞争性企业，将导致实证结果产生偏误。因此，需要在更为细分的维度上准确地界定生产相似产品的进口

[①]　详见 Konings 和 Vandenbussche（2005，2008，2013）、Pierce（2013）及苏振东和邵莹（2013，2014）等相关文献。

竞争性企业范畴。

本章使用的方法与 Krupp 和 Skeath（2002）类似①，具体程序如下：第一，将反倾销涉案产品的中文名称与中国工业企业数据库提供的企业生产的主要产品②进行比对，判断两者是否相同；第二，按照企业名称判断企业是否是反倾销数据库提供的国内申诉企业；第三，中国商务部会在贸易救济信息网上不定时发布所有反倾销案件的产业损害调查的企业名单，同时自 2010 年开始每年或每隔两年发布既往贸易救济涉案企业名单，按照企业名称判断某企业是否名列其中。上述三个条件只要有一个满足，该企业就属于进口竞争性企业或受到救济的企业。通过上述方法，在样本期内，一共识别了 1700 家受到反倾销救济的国内进口竞争性企业。为了与反倾销对它们的贸易救济效果形成对照，本章将与其在同一行业生产的其他企业纳入回归分析。

相对于传统方法，本章所使用的进口竞争性企业识别方法的优点是，界定的进口竞争性企业一定受到了反倾销措施的救济，因为它们要么是申诉企业，要么生产了涉案产品，要么名列中国商务部贸易救济调查表上受到救济的企业名单之中；缺点是，将涉案产品作为非主要产品进行生产的一些企业未得到有效识别。令人庆幸的是，该方法的缺点并不会影响本章的基本结论，原因有二：一是既然企业不是主要生产反倾销涉案产品的（如果它主要生产该产品，商务部应该将其纳入调查名单之中），那么反倾销措施对它的影响不会很大；二是如果有的企业主要生产反倾销涉案产品而没有得到识别，那么该类企业会被处理为"其他企业"，如果相对于包括了部分"受到救济企业"的其他企业，反倾销之后"得到识别的进口竞争性企业"的生产率增长仍然更快，说明反倾销措施确实对进口竞争性企业的生产率确实存在促进作用。

表 5-1 对国内进口竞争性企业与其他企业的关键变量进行了描述性统计分析。总体来看，相对于其他企业而言，国内进口竞争性企业的规模更大、雇用工人更多、利润和生产率更高。

---

① 他们是通过 1976~1993 年美国国际贸易委员会发布的初裁和终裁公告中的描述文字来确定上游申诉产业相对应的下游产业的，详见 Krupp, Corinne M., and Susan Skeath. Evidence on the Upstream and Downstream Impacts of Antidumping Cases [J]. North American Journal of Economics and Finance, 2002 (13) 2: 166. 166。

② 中国工业企业数据库最多只提供企业生产的三种主要产品。

表 5-1　实验组与对照组企业的关键变量统计

	实验组			对照组		
	平均值	标准差	最大值	平均值	标准差	最大值
工业总产出（亿元）	4.66	27.10	693.00	0.77	6.75	1860.00
工人总数（人）	1103	6789	171649	259	975	188151
总资产（亿元）	6.69	46.32	1280.00	0.76	6.41	1550.00
销售额（亿元）	4.82	30.12	813.00	0.76	7.00	1870.00
利润（亿元）	0.21	3.54	117.00	0.04	0.58	183.00
劳动生产率（千元/人）	1.69	11.70	629.16	0.92	3.65	1080.48
全要素生产率（OP 方法）	23.98	74.50	2336.08	11.66	24.21	1706.08
全要素生产率（LP 方法）	44.45	125.81	3113.90	20.06	46.60	5223.80

资料来源：1997~2007 年中国工业企业数据库。

　　为了初步描述反倾销对国内进口竞争性企业的贸易救济效果，本节还观察了反倾销前后进口竞争性企业与其他企业的生产率走势，具体如图 5-1 所示。该图按照反倾销案件的立案时间，统计反倾销前后各五年中两组企业的劳动生产率、OP 方法和 LP 方法的全要素生产率。其中，X=0 表示反倾销立案当年，X=1 表示反倾销立案之后第一年，X=-1 表示反倾销立案之前第一年，依此类推；进口竞争性企业的生产率走势用三角形的连线表示，其他企业用圆点的连线表示。

　　图 5-1 的三个图中 X=0 虚线以左的部分显示，OP 方法全要素生产率在反倾销之前的第二年出现较大幅度的跳跃性减少，而劳动生产率和 LP 方法全要素生产率在反倾销立案之前的一年也呈现下降的态势，表明外国企业的倾销行为确实在一定程度上损害了国内进口竞争性企业的利益，为中国对外反倾销的合理性提供了证据。反倾销之后，进口竞争性企业和其他企业的生产率均出现了增长，但前者的增长幅度和速度快于后者。以劳动生产率为例进行说明：从劳动生产率的增长幅度来看，在反倾销立案当年，两类企业几乎相当，但自反倾销立案之后，进口竞争性企业的劳动生产率增长幅度与其他企业的差距逐年拉大，从反倾销之后第一年的 1.5 倍增大到第三年的 4 倍，之后又回落为第四年的 3 倍、第五年的 1.9 倍；从劳动生产率的增长率来看，在反倾销立案当年，进口竞争性企业仅为其他

企业的一半，但从立案之后的第一年前者开始超过后者，随后两者之间的差距逐年拉大，从反倾销立案后第一年相差不到 1 个百分点增大至第四年的 20 个百分点，第五年两类企业的增长率几乎持平。总的来看，反倾销之后进口竞争性企业的生产率增长表现优于其他企业，表明反倾销可能较好地救济了国内进口竞争性企业。

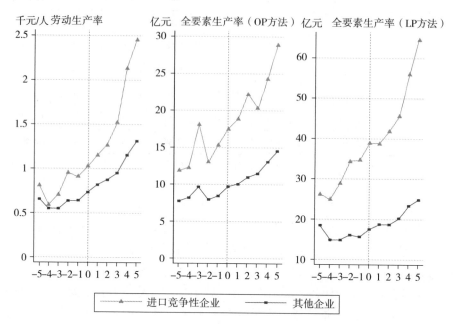

图 5-1　反倾销前后进口竞争性企业和其他企业的生产率走势

第三节　实证结果分析与解释

一、基准检验

本小节分别采用固定效应（Fixed Effect，FE）模型和随机效应（Random Effect，RE）模型估计了反倾销对国内进口竞争性企业生产率的影响作用,结果如表5-2所示。将固定效应模型和随机效应模型进行对比之后,发现后者的大部分变量的系数均大于前者。为了判断两种模型的有效性和无偏性,首先,在回归之后进行了 Hausman 检验以遴选模型。该检验的原假设是:corr (X_{ft}, μ_f) = 0,即企业固定效应与模型中的所有自变量不相关。其次,在该原假设下,固定效应模型和随机效应模型均是无偏且一致的,但后者更为有效。如果原假设不成立,随机效应模型是有偏的,但固定效应模型仍然有效。回归(1)与回归(2)、回归(5)和回归(6)的 Hausman 检验均拒绝了随机效应模型的有效性;回归(3)与回归(4)的 Hausman 检验的卡方统计量为负,通常是由于原假设 corr (X_{ft}, μ_f) = 0无法得到满足所致。因此,固定效应模型的结论更为可靠,因此,本小节主要对固定效应模型的回归结果进行分析。

表5-2中回归(1)、回归(3)和回归(5)的结果显示,无论是以人均工业增加值 ln (vapw),还是以 OP 方法和 LP 方法估计的全要素生产率作为因变量,结论都是类似的,即反倾销对进口竞争性企业起到了较好的贸易救济效果。平均而言,反倾销调查会使国内进口竞争性企业的生产率提高6.3%~9.0%。这表明,中国实施对外反倾销之后,外国涉案企业减少了对华倾销,提高了涉案产品及相似产品的国内销售价格,进口竞争性企业恢复了原有的国内市场份额,扩大生产和销售,获得静态和动态规模经济,有条件的企业还可能增加研发投入进行技术创新,从而促进企业生产率不断提升。

其他控制变量的符号与预期基本相符。首先,出口对企业生产率具有促进作用,即存在"出口中学"效应,出口每增加10%,企业生产率提高0.06%~0.19%。其次,规模越大的企业生产率越高,企业总资产每增加10%,生产率增长0.9%~1.78%。另外,政府补贴可能对企业生产率具有提升效果,平均来说,政府补贴每增长10%,企业生产率就提高0.04%~0.17%。对于不同所有制的企业出口,外商投资企业、港澳台投资企业及私营企业的生产率均高于国有企业,具体而言,私营企业比国有企业高出2.7%~5.7%,港澳台资企业比其高出8.1%~10%,而其他外资企业高出5.6%~6.4%,反映出国有企业生产效率和竞争力低下的客观事实。

表5-2　反倾销对进口竞争性企业生产率的影响

	（1）	（2）	（3）	（4）	（5）	（6）
	FE	RE	FE	RE	FE	RE
	ln_ vapw	ln_ vapw	ln_ tfpop	ln_ tfpop	ln_ tfplp	ln_ tfplp
L. AD	0. 090 **	0. 119 ***	0. 063 *	0. 077 ***	0. 069 **	0. 066 **
	（0. 011）	（0. 000）	（0. 079）	（0. 008）	（0. 040）	（0. 017）
L. ln （export）	0. 006 ***	−0. 024 ***	0. 014 ***	0. 011 ***	0. 019 ***	0. 025 ***
	（0. 000）	（0. 000）	（0. 000）	（0. 000）	（0. 000）	（0. 000）
L. ln （asset）	0. 090 ***	0. 120 ***	0. 178 ***	0. 300 ***	0. 177 ***	0. 315 ***
	（0. 000）	（0. 000）	（0. 000）	（0. 000）	（0. 000）	（0. 000）
L. ln （subsidy）	0. 004	0. 012 ***	0. 006 **	0. 017 ***	0. 011 ***	0. 020 ***
	（0. 108）	（0. 000）	（0. 017）	（0. 000）	（0. 000）	（0. 000）
pri	0. 065 ***	0. 239 ***	0. 047 ***	0. 205 ***	0. 035 ***	0. 157 ***
	（0. 000）	（0. 000）	（0. 000）	（0. 000）	（0. 000）	（0. 000）
hmt	0. 072 ***	0. 162 ***	0. 071 ***	0. 128 ***	0. 043 ***	0. 088 ***
	（0. 000）	（0. 000）	（0. 000）	（0. 000）	（0. 005）	（0. 000）
fore	0. 054 ***	0. 314 ***	0. 042 **	0. 232 ***	0. 045 ***	0. 173 ***
	（0. 002）	（0. 000）	（0. 042）	（0. 000）	（0. 005）	（0. 000）
C	−1. 574 ***	−1. 927 ***	0. 568 ***	0. 280 ***	1. 313 ***	0. 437 ***
	（0. 000）	（0. 000）	（0. 000）	（0. 000）	（0. 000）	（0. 000）
企业固定效应	是	是	是	是	是	是
年份固定效应	是	是	是	是	是	是
N	627432	627432	416582	416582	626763	626763
R^2	0. 090	0. 086	0. 092	0. 088	0. 092	0. 088

注：*、**、***分别表示在10%、5%和1%的显著性水平上显著；L. 表示滞后一期值。下同。

二、稳健性检验

为了证实上述结论的显著性、可靠性和稳健性，本小节还考虑其他相关性问题，并进行了多种稳健性检验。

（一）考虑其他外生冲击

国内企业的经营绩效不仅受到反倾销措施的影响，还可能受到中国对外实施的其他贸易救济措施及制度变化的影响。就贸易救济措施而言，在样本期内，除了反倾销之外，中国还在 2002 年对部分钢铁产品进口实施过保障措施调查[1]，原国家经贸委裁定自 2002 年 11 月 20 日至 2005 年 5 月 23 日对相关产品征收 7%~26% 的附加税，因此，设置一个二值虚拟变量 SG，如果企业为申诉企业或生产保障措施的涉案产品，就认为它们受到了保障措施的救济，SG 取 1，否则取 0；就制度变化而言，中国于 2001 年底加入世界贸易组织，这不仅为国内市场竞争增添了活力，也为国内企业打开了国际市场，同时还加速了包括企业在内的微观经济实体的体制和管理理念的创新，为企业效率增进提供动力，故设置一个二值虚拟变量 WTO，在 2001 年及其后的年份 WTO 取 1，否则取 0。将 SG 和 WTO 作为额外的控制变量添加到模型（5-1）中，重新回归，结果如表 5-3[2] 所示。表 5-3 中，AD_{ft-1} 的系数仍显著为正。这表明，即使考虑到其他外生冲击，反倾销对国内进口竞争性企业生产率的影响也是显著为正的。

表 5-3 稳健性检验：考虑其他贸易救济措施

	(1)	(2)	(3)
	ln_vapw	ln_tfpop	ln_tfplp
L. AD	0.090**	0.063*	0.069**
	(0.011)	(0.080)	(0.040)
L. SG	0.269	0.176	0.048
	(0.116)	(0.377)	(0.749)
L. ln (export)	0.006***	0.014***	0.019***
	(0.000)	(0.000)	(0.000)

[1] 在样本期内，中国并未对外发起过反补贴调查，详见附录 2 和附录 3。

[2] 由于 ln（tfpop）的取值仅在 2000~2007 年未缺失，WTO 变量只在 2000 年取值为 0，其他年份均取值为 1；同时，多个自变量使用滞后一期值，意味着回归中只使用到 2001~2007 年的数据，而 WTO 变量在此期间未发生变化，因此，在回归中 WTO 被省略掉。

续表

	（1）	（2）	（3）
	ln_vapw	ln_tfpop	ln_tfplp
L. ln（asset）	0.090***	0.178***	0.177***
	（0.000）	（0.000）	（0.000）
L. ln（subsidy）	0.004	0.006**	0.011***
	（0.111）	（0.018）	（0.000）
pri	0.065***	0.047***	0.035***
	（0.000）	（0.000）	（0.000）
hmt	0.072***	0.071***	0.043***
	（0.000）	（0.000）	（0.005）
fore	0.054***	0.042**	0.045***
	（0.002）	（0.041）	（0.005）
WTO	0.648***	—	0.453***
	（0.000）	—	（0.000）
C	−1.574***	0.568***	1.313***
	（0.000）	（0.000）	（0.000）
企业固定效应	是	是	是
年份固定效应	是	是	是
N	627432	416582	626763
R^2	0.090	0.092	0.092

注：*、**、*** 分别表示在10%、5%和1%的显著性水平上显著。

（二）化工产品与非化工产品案件的单独分析

在本章考察的1997~2007年，中国共对外发起119起肯定性裁决反倾销案件，化工产品涉案案件高达74起，占比62.18%。可见，在中国对外发起的反倾销案件中，化工产品涉案比重较高。那么，是不是化工产品的反倾销案主导了其对进口竞争性企业的贸易救济作用？或者说，非化工产品的反倾销案件是否对国内企业的生产率具有相同的促进作用？

为了识别基准回归的结论是否敏感于案件选择，本节选取了中国对化工产品发起的 74 起以及对其他产品发起的 45 起反倾销诉讼分别进行分析，并按照基准回归类似的方法确定实验组企业与对照组企业，结果如表 5-4 所示。表 5-4 显示，针对化工产品和非化工产品案件的大部分回归中 AD_{ft-1} 的系数均显著为正，平均来说，化工产品与非化工产品的反倾销分别使国内企业生产率增长 8.1%~9.1% 与 7.0%~9.0%，两组回归中 AD_{ft-1} 的系数大小相差不大，表明反倾销对国内进口竞争性企业的贸易救济效应并不是由化工产品主导的，进而说明该效应几乎普遍存在于所有反倾销案件中。

表 5-4 稳健性检验：化工产品与非化工产品案件

	化工产品			非化工产品		
	（1）	（2）	（3）	（4）	（5）	（6）
	ln_vapw	ln_tfpop	ln_tfplp	ln_vapw	ln_tfpop	ln_tfplp
L. AD	0.091***	0.027	0.081***	0.070*	0.090**	0.035
	(0.005)	(0.441)	(0.008)	(0.051)	(0.026)	(0.298)
L. ln（export）	0.006***	0.013***	0.018***	0.007***	0.012***	0.018***
	(0.000)	(0.000)	(0.000)	(0.000)	(0.000)	(0.000)
L. ln（asset）	0.096***	0.179***	0.179***	0.083***	0.169***	0.169***
	(0.000)	(0.000)	(0.000)	(0.000)	(0.000)	(0.000)
L. ln（subsidy）	0.005*	0.006**	0.010***	0.005**	0.008***	0.011***
	(0.057)	(0.018)	(0.000)	(0.047)	(0.009)	(0.000)
pri	0.042***	0.025***	0.016***	0.065***	0.049***	0.037***
	(0.000)	(0.004)	(0.000)	(0.000)	(0.000)	(0.000)
hmt	0.049***	0.042**	0.044***	0.064***	0.068***	0.037**
	(0.006)	(0.040)	(0.008)	(0.000)	(0.001)	(0.018)
fore	0.025	0.018	0.034**	0.049***	0.046**	0.049***
	(0.172)	(0.398)	(0.046)	(0.006)	(0.030)	(0.003)

续表

	化工产品			非化工产品		
	（1）	（2）	（3）	（4）	（5）	（6）
	ln_vapw	ln_tfpop	ln_tfplp	ln_vapw	ln_tfpop	ln_tfplp
C	−1.521***	0.577***	1.307***	−1.558***	0.622***	1.347***
	（0.000）	（0.000）	（0.000）	（0.000）	（0.000）	（0.000）
企业固定效应	是	是	是	是	是	是
年份固定效应	是	是	是	是	是	是
N	436452	293340	435998	427538	283210	427090
R^2	0.101	0.106	0.100	0.084	0.085	0.087

注：*、**、***分别表示在10%、5%和1%的显著性水平上显著。

（三）替代控制变量

基准回归使用总资产、出口交货值和政府补贴额作为企业规模、出口和补贴的代理变量，这里也使用利润总额、出口与否的虚拟变量与补贴工业增加值之比进行稳健性检验，结果如表5-5所示。与基准回归相比，表5-5中除了 ln（sub_ratio）的系数变得不再显著，其他变量的符号和显著性几乎不变，而 AD_{ft-1} 的系数及其显著性均有所增大，表明基准回归的结论不会因为代理变量的选择而发生变动。

表5-5 反倾销对进口竞争性企业生产率的影响：替代自变量

	（1）	（2）	（3）
	ln_vapw	ln_tfpop	ln_tfplp
L.AD	0.097***	0.071*	0.071**
	（0.006）	（0.061）	（0.031）
L.exp_dum	0.002	0.026***	0.035***
	（0.757）	（0.000）	（0.000）
L.ln（profit）	0.062***	0.076***	0.079***
	（0.000）	（0.000）	（0.000）

	（1）	（2）	（3）
	ln_vapw	ln_tfpop	ln_tfplp
L. ln （sub_ratio）	-4.139	-4.793	-5.563
	（0.325）	（0.250）	（0.101）
pri	0.053 ***	0.038 ***	0.027 ***
	（0.000）	（0.000）	（0.000）
hmt	0.054 ***	0.059 ***	0.035 **
	（0.003）	（0.004）	（0.032）
fore	0.051 ***	0.046 **	0.053 ***
	（0.008）	（0.034）	（0.002）
C	-1.081 ***	1.455 ***	2.154 ***
	（0.000）	（0.000）	（0.000）
企业固定效应	是	是	是
年份固定效应	是	是	是
N	497677	338798	497414
R^2	0.117	0.129	0.128

注：*、**、***分别表示在10%、5%和1%的显著性水平上显著。

在上述稳健性检验中，绝大部分回归系数的符号和显著性基本维持不变，表明基准回归中的结论是显著而稳健的。也就是说，中国对外发起的反倾销措施确实起到了促进国内进口竞争性企业生产率增长的作用。

三、对不同类型企业的分组回归

上面的实证检验证实了总体上反倾销可能通过生产扩大效应、市场竞争效应和技术创新效应对国内进口竞争性企业起到了较好的贸易救济效应，然而，尚不清楚的是，中国对外反倾销措施对不同类型企业的贸易救济效应是否相同。如果不同，则表明中国的反倾销措施只给某些特定企业带来好处，一方面，说明反倾销政策存在选择性而显失公平；另一方面，可能导致资源向某些企业配置，并滋生垄断，从而削弱反倾销的贸易救济效应。基于样本数据的特征与中国的特定国情，本节分别按照生产率水平、销售市场及所有权属性将企业进行分类，考察反倾销对不同类型企业的影响。

（一）高生产率企业与低生产率企业

反倾销对不同生产率企业的影响是否存在差异？为了回答这个问题，仿照 Konings 和 Vandenbussche（2008），设置变量 distance，其定义如下：

$$distance_{f0} = \frac{vapw_{f0}}{\max \ vapw_{i0}} \tag{5-2}$$

其中，$vapw_{f0}$ 表示初始年份[①]中企业 f 的人均工业增加值，$\max \ vapw_{i0}$ 表示初始年份中企业 f 所在的四分位国民经济行业 i 中最高效率企业的人均工业增加值。distance 越接近于 0，企业初始生产效率越低；distance 越接近于 1，企业初始生产效率越高。本节将 distance 与 AD_{ft-1} 相乘，加入模型（5-1）后重新进行回归，结果如表5-6所示。

表5-6　反倾销对进口竞争性企业生产率的影响：高生产率企业与低生产率企业

	（1）	（2）	（3）
	ln_vapw	ln_tfpop	ln_tfplp
L. AD	0.150 ***	0.098 **	0.111 ***
	(0.000)	(0.022)	(0.005)
L. AD×distance	−0.540 ***	−0.291 *	−0.380 **
	(0.002)	(0.076)	(0.021)
L. ln（export）	0.007 ***	0.014 ***	0.019 ***
	(0.000)	(0.000)	(0.000)
L. ln（asset）	0.090 ***	0.178 ***	0.178 ***
	(0.000)	(0.000)	(0.000)

[①] 初始年份表示企业首次出现在数据库中的第一年，选择初始年份进行计算可以避免内生性问题。

续表

	（1）	（2）	（3）
	ln_vapw	ln_tfpop	ln_tfplp
L. ln（subsidy）	0.003	0.006**	0.010***
	（0.164）	（0.014）	（0.000）
pri	0.066***	0.048***	0.037***
	（0.000）	（0.000）	（0.000）
hmt	0.075***	0.076***	0.046***
	（0.000）	（0.000）	（0.003）
fore	0.055***	0.048**	0.047***
	（0.002）	（0.021）	（0.004）
C	−1.565***	0.573***	1.323***
	（0.000）	（0.000）	（0.000）
企业固定效应	是	是	是
年份固定效应	是	是	是
N	612608	407403	612032
R²	0.091	0.093	0.093

注：*、**、*** 分别表示在10%、5%和1%的显著性水平上显著。

结果表明，AD_{ft-1} 的系数仍显著为正，$AD_{ft-1}×distance$ 的系数显著为负，表明反倾销对低效率企业的促进作用越大、对高效率企业的促进作用越小。对于本章定义的被反倾销救济的进口竞争性企业，$distance_{f0}$ 的中位数和标准差分别为0.05和0.185，表明中位数企业的初始生产率仅为同行业中效率最高企业的5%，这说明反倾销救济的大部分进口竞争性企业都是同行业中的低效率企业。以表5-6中的回归（1）为例，AD_{ft-1} 的系数为0.150、$AD_{ft-1}×distance$ 的系数为−0.540，说明反倾销对进口竞争性企业生产率的影响取决于企业初始生产率水平：对于中位数企业（distance = 0.05），反倾销使其劳动生产率提高12.3%（0.15−0.54×0.05）；对于均值企业（distance = 0.115），反倾销使其劳动生产率提高8.8%（0.15−0.54×0.115）；对于90分位数企业（distance = 0.269），反倾销使其劳动生产率提高 0.47%（0.15－0.54×0.269）。该结论表明，反倾销仅对低效率企业进行了救济，高效率企业获得的收益比较有限。这是因为，低效率企业在反倾销之前面临破产危险，反倾销措施的实施较大幅度地提高了其在国内市场上的潜在份额，它们抓住契机扩大生产，生产率增长迅速；但是，高效率企业在反倾销之前没有面临破产风险，在反倾销之后缺乏积极提升生产率的动力，国内市场份额仅出现小幅度上升，因而生产率增长缓慢（Lileeva and Trefler，2007；Konings and Vandenbussche，2008）。

（二）国内销售企业与出口企业

由于反倾销主要通过征收反倾销税推动涉案产品在国内市场上的销售价格上涨，所以它最可能影响那些仅在中国国内市场销售的进口竞争性企业。为了检验这一点，按照企业销售市场将进口竞争性企业分为两类：第一类，国内销售企业，用 dom_firm 表示，如果企业在样本期内从未出口，dom_firm 取 1，否则取 0；第二类，出口企业[①]，用 exp_firm 表示，如果企业在样本期内至少出口一次，exp_firm 取 1，否则取 0。数据显示，在受到救济的 1700 家进口竞争性企业中，有 1181 家企业是国内销售企业，有 519 家企业是出口企业。将 dom_firm 和 exp_firm 分别与 AD_{ft-1} 相乘，取代 AD_{ft-1} 放入回归模型（5-1），AD_{ft-1}×dom_firm 和 AD_{ft-1}×exp_firm 的系数分别反映反倾销对国内销售企业和出口企业生产率的影响，结果如表 5-7 所示。

表 5-7 反倾销对进口竞争性企业生产率的影响：国内销售企业与出口企业

	（1）	（2）	（3）
	ln_vapw	ln_tfpop	ln_tfplp
L. AD×dom_firm	0.097*	0.086	0.082*
	(0.052)	(0.108)	(0.088)
L. AD×exp_firm	0.082	0.040	0.054
	(0.102)	(0.399)	(0.242)

①　在样本期间，没有一个进口竞争性企业将其所有产品都用于出口，因此，文中的出口企业既在国内销售又从事出口。

续表

	（1）	（2）	（3）
	ln_vapw	ln_tfpop	ln_tfplp
L. ln（export）	0.006***	0.014***	0.019***
	（0.000）	（0.000）	（0.000）
L. ln（asset）	0.090***	0.178***	0.177***
	（0.000）	（0.000）	（0.000）
L. ln（subsidy）	0.004	0.006**	0.011***
	（0.108）	（0.017）	（0.000）
pri	0.065***	0.047***	0.035***
	（0.000）	（0.000）	（0.000）
hmt	0.072***	0.071***	0.043***
	（0.000）	（0.000）	（0.005）
fore	0.054***	0.042**	0.046***
	（0.002）	（0.041）	（0.005）
C	−1.574***	0.568***	1.313***
	（0.000）	（0.000）	（0.000）
企业固定效应	是	是	是
年份固定效应	是	是	是
N	627432	416582	626763
R^2	0.090	0.092	0.092

注：*、**、***分别表示在10%、5%和1%的显著性水平上显著。

结果表明，尽管反倾销显著地促进了国内销售企业的生产率，但对出口企业并没有明显的生产率提升作用。具体来说，虽然反倾销使国内销售企业的生产率增长8.2%~9.7%，但对出口企业生产率的影响并不显著。这一结论与预期基本相符，反倾销调查主要通过打击外国企业在华低价倾销行为，改变的是国内市场的竞争秩序，提高了国内销售企业的市场势力，因而会对那些只在国内销售的企业产生显著的正面影响。而对于出口企业，虽然中国对外反倾销提高了它们在国内市场的销售份额，但同时又将外国涉案产品推向国际市场，加剧了出口企业在出口时面临的激烈竞争，从而抵消了反倾销对其生产率的积极作用①。

上述结论表明，反倾销对仅在国内销售的进口竞争性企业存在积极作用，但对既在国内销售又从事出口的进口竞争性企业几乎不存在促进作用。这预示着反倾销措施可能会引导进口竞争性企业增加国内销售比重、减少出口比重，极端情况下甚至会使出口企业变成国内销售企业。在"出口中学"效应存在的条件下，反倾销将不利于进口竞争性企业生产率在长期上的可持续增长，削弱反倾销的贸易救济效应。

（三）私营企业、国有企业与外资企业

反倾销对企业的贸易救济效应是否受到其不同所有制属性的影响？为了回答这个问题，将企业分成私营企业、国有企业与外资企业三类，分别用 pri_firm、gov_firm 和 fdi_firm 表示，其定义如下：如果企业在样本期内一直是私营企业（国有企业或外资企业），pri_firm（gov_firm 或 fdi_firm）取 1，否则取 0。数据显示，在受到反倾销政策影响的 1700 家国内进口竞争性企业中，1406 家企业在样本期内具有固定的所有制属性②，具体如下：私营企业 710 家，占比 50.50%；国有企业 439 家，占比 31.22%；外资企业 257 家，占比 18.28%。本节将 pri_firm、gov_firm 和 fdi_firm 分别与 AD_{ft-1} 相乘，取代 AD_{ft-1} 放入回归，重新对模型（5-1）进行回归，其中，$AD_{ft-1} \times pri\_firm$、$AD_{ft-1} \times gov\_firm$ 和 $AD_{ft-1} \times fdi\_firm$ 分别反映反倾销对私营企业、国有企业和外资企业生产率的影响，结果如表 5-8 所示。

---

① 这一结论与 Konings 和 Vandenbussche（2013）存在差异，他们发现反倾销对国内销售企业存在积极作用，但对出口企业具有负面影响，他们认为，其中的原因是这些出口企业更加可能身处全球价值链之上、从国外进口反倾销涉案产品，反倾销之后将面临成本的上升。从中可以看出，他们定义的出口企业实际上是使用涉案产品作为中间投入品的下游企业，而本书所定义的出口企业属于进口竞争性企业，因此，结论有所不同。

② 在样本期间，294 家企业的所有制属性发生了一次以上的变更，不好确定企业的所有制属性，因此，剔除了这些企业。

表5-8　反倾销对进口竞争性企业生产率的影响：国有企业、私营企业与外资企业

	（1）	（2）	（3）
	ln_vapw	ln_tfpop	ln_tfplp
L. AD×pri_firm	0.014	−0.001	−0.037
	（0.819）	（0.990）	（0.529）
L. AD×gov_firm	0.206 ***	0.191 ***	0.180 ***
	（0.001）	（0.004）	（0.002）
L. AD×fdi_firm	0.217 **	0.158 *	0.230 ***
	（0.021）	（0.085）	（0.007）
L. ln（export）	0.006 ***	0.013 ***	0.018 ***
	（0.000）	（0.000）	（0.000）
L. ln（asset）	0.087 ***	0.163 ***	0.164 ***
	（0.000）	（0.000）	（0.000）
L. ln（subsidy）	0.005	0.006 **	0.009 ***
	（0.117）	（0.046）	（0.000）
C	−1.498 ***	0.751 ***	1.394 ***
	（0.000）	（0.000）	（0.000）
企业固定效应	是	是	是
年份固定效应	是	是	是
N	488848	312358	488244
R^2	0.079	0.078	0.083

注：*、**、***分别表示在10%、5%和1%的显著性水平上显著。

表5-8表明，反倾销对国有企业和外资企业的生产率起到了促进作用，但对私营企业的生产率几乎不存在显著影响。尽管反倾销对国有企业和外资企业均具有积极影响，但是个中原因却大相径庭。就国有企业而言，由于其主管部门与地方或中央政府存在千丝万缕的联系，各级政府主导并推动国有企业进行反倾销申诉，使它们成为大部分反倾销案件的主要申诉企业[1]，这使反倾销措施对国有企业的贸易救济更具针对性，效果较

---

[1]　Abrami Regina, Yu Zheng. The New Face of Chinese Industrial Policy：Making Sense of Anti-Dumping Cases in the Petrochemical and Steel Industries [Z]. Harvard Business School，2010：9.

好。就外资企业而言，反倾销给其带来了较大积极影响的可能性有两种：第一，中国对外反倾销的实施让一些遭到指控或有较大风险遭到指控的外资企业通过直接投资的方式在华设立分支机构，这些企业不仅通过 FDI 规避了反倾销措施（Haaland and Wooten, 1998；Belderbos et al., 2004；李猛和于津平，2013），还借中国反倾销之力将其他受到指控的竞争对手排除在外，加之生产产品又是被诉产品的完全替代品，销售和生产率得以快速增长；第二，对于境内的其他外资企业，它们实力雄厚、技术领先，且大多来自发达国家，生产的产品在性能、质量和特征方面比较接近涉案产品，对被指控的产品具有较强的替代能力，反倾销之后其国内市场占有率的迅速提高促进了外资企业生产率的较快增长。就私营企业而言，反倾销的影响却并不显著，这可能因为：一方面，绝大多数私营企业几乎从未提起过反倾销诉讼，因而从反倾销措施中获益不多；另一方面，在反倾销调查发起时，规模较小的私营企业决策更快，但由于技术和资金的制约，它们生产的相关产品往往趋于同质化，导致销售时竞争激烈，不少企业将遭受利润损失，因此，大大抵消了反倾销带来的好处（王分棉和周煊，2012）。

综上所述，中国对外反倾销对进口竞争性企业起到了较好的贸易救济效果，但其影响在不同类型企业之间存在明显差异，具体地，它对低效率企业、国内销售企业和国有企业成功地实施了救济，但对高效率企业、出口企业和私营企业几乎不存在积极影响，而外资企业却借中国反倾销之机分享了部分利益。

第四节　反倾销影响的微观机制：调查效应还是成本效应

一、反倾销影响机制的讨论

如前所述，反倾销主要通过影响外国涉案企业在中国市场上的销售行为而间接作用于国内进口竞争性企业，其影响机制主要包括调查效应和成本效应。

就调查效应而言，一旦中国对外发起反倾销调查，如果外国涉案企业继续对华出口，在中国商务部达成肯定性裁决之后将会被征收反倾销税，但立案之后不会立即被征税，此时外国涉案企业对华出口的变化方向是不确定的，它们可能因为惧怕未来被征税而减少对华出口，也可能为了避免未来缴纳高额反倾销税而短暂地增加对华出口，因此，反倾销通过调查效应作用于国内进口竞争性企业的影响方向是不确定的。

就成本效应而言，在中国商务部达成肯定性裁决之后，会对继续出口到中国的外国涉案企业征收反倾销税，涉案产品在华销售价格上涨、销售数量下降（Feinberg and Kaplan，1993；Staiger and Wolak，1994；Prusa，1997；鲍晓华，2007；Egger and Nelson，2011），从而为国内进口竞争性企业释放出一定的市场份额，因此，反倾销通过成本效应对国内进口竞争性企业带来积极影响。

本节试图探讨调查效应和成本效应在反倾销执行效果中所起的作用，以判断是反倾销调查本身、还是反倾销税的征收实现了对国内进口竞争性企业的贸易救济效果。

二、反倾销影响机制的甄别

按照第三章的分析，反倾销程序包括申请、立案、初裁和终裁四个主要环节；中国反倾销调查期限一般为 12 个月，在特殊情况下还可延长至 18 个月。对于本章所考察的 119 起肯定性终裁的反倾销案件，72 起案件的初裁年份与立案年份（18 起）或终裁年份（54 起）重合，而初裁后征税时间较短[①]，本节设定反倾销立案和终裁两个时间节点[②]来甄别反倾销影响进口竞争性企业的微观机制。具体地，假设 t_1 表示立案年份、t_2 表示征税年份，仿照 Lu 等（2013），设定两个二值虚拟变量 AD1 和 AD2，它们的取值如下：

$$\text{AD1} = \begin{cases} 1 & t \in [t_1, t_2) \\ 0 & t \notin [t_1, t_2) \end{cases} \qquad \text{AD2} = \begin{cases} 1 & t \geq t_2 \\ 0 & t < t_2 \end{cases} \qquad (5\text{-}3)$$

---

① 数据显示，初裁和终裁平均只有 5 个多月的时间间隔，也就是说，临时性反倾销税的征收期限平均不超过 6 个月。

② 如果需要观察立案、初裁和终裁的不同影响，需要使用月度数据，但企业层级的月度数据是不可得的。

接着，构建如下模型对反倾销的调查效应和成本效应进行检验：

$$Y_{ft} = \beta_0 + \beta_{11}AD1_{ft-1} + \beta_{12}AD2_{ft-1} + X'_{ft-1}B + \lambda_f + \lambda_t + \varepsilon_{ft} \qquad (5-4)$$

如上所述，立案年份和征税年份将样本期间划分为立案之前、立案之后征税之前、征税之后三个阶段，根据模型（5-4），在其他条件不变的前提下，进口竞争性企业在三个阶段的生产率预测值分别为 β_0、$\beta_0+\beta_{11}$ 和 $\beta_0+\beta_{12}$。因此，β_{11} 反映反倾销调查立案所起的作用，即调查效应；β_{12} 反映反倾销税所起的作用，即成本效应。将模型（5-4）与基准回归模型（5-1）对比发现，关键变量的关系可以用以下表达式表示：$\beta_1 \times AD = \beta_{11} \times AD1 + \beta_{12} \times AD2$①。即反倾销对进口竞争性企业生产率的总效应，可以分解为反倾销程序中不同环节的调查效应和成本效应，调查效应是在反倾销立案时就发生作用，而成本效应则在肯定性终裁之后才发生作用。

本小节通过引入立案和终裁两个时间节点，将反倾销对进口竞争性企业生产率影响机制中的调查效应和成本效应进行了分离，回归结果如表5-9所示。结果发现，AD1 的系数符号不一致且均不显著，说明反倾销调查本身并不会提高进口竞争性企业的生产率，与预期一致；AD2 的系数显著为正，且大于基准回归中 AD 的系数，说明反倾销税的征收对进口竞争性企业的生产率起到了明显的促进作用，具体地，反倾销税平均使进口竞争性企业的生产率提高了 9.4%～15.4%，比反倾销的总效应高出 45%～71%，反映反倾销对进口竞争性企业的贸易救济效果主要由成本效应驱动的基本事实。

上述结论表明，反倾销不会通过调查效应促进国内进口竞争性企业的生产率增长，可能存在以下两个方面的原因：一方面，进口企业的反倾销涉案产品库存起到了缓冲作用。在中国对外发起反倾销调查之时，尽管涉案产品的进口有所减少，但是大部分进口企业还有前期从被诉国家进口的目标产品存货，它们可以使用这些存货从事生产活动，而不会立即向国内生产企业购买相似产品，因此，反倾销调查未能对进口竞争性企业产生积极影响。另一方面，滞后效应。反倾销立案之后，当进口企业用尽所有的涉案产品库存时，开始转向国内同类产品的生产企业购买，由于后者原来生产的产品大多不能满足进口企业的需要，国内企业必须按照购买企业的

---

① 在基准回归中，人为地假设调查效应与成本效应相等（$\beta_{11}=\beta_{12}$）并计算出反倾销对进口竞争性企业生产率的平均影响效应。

要求重新设计产品参数，并投入生产。合同的签订、产品的设计、生产的扩大及交易的达成都延缓了反倾销调查对进口竞争性企业生产率的影响。

表 5-9　反倾销的调查效应与成本效应

	（1）	（2）	（3）
	ln_ vapw	ln_ tfpop	ln_ tfplp
L. AD1	−0. 007	0. 017	0. 024
	（0. 868）	（0. 709）	（0. 576）
L. AD2	0. 154 ***	0. 094 **	0. 100 **
	（0. 000）	（0. 040）	（0. 015）
L. ln_ export	0. 007 ***	0. 011 ***	0. 017 ***
	（0. 000）	（0. 000）	（0. 000）
L. ln_ asset	0. 080 ***	0. 155 ***	0. 158 ***
	（0. 000）	（0. 000）	（0. 000）
L. ln_ subsidy	0. 008 ***	0. 010 ***	0. 014 ***
	（0. 007）	（0. 001）	（0. 000）
pri	0. 057 ***	0. 046 ***	0. 027 ***
	（0. 000）	（0. 000）	（0. 000）
hmt	0. 081 ***	0. 089 ***	0. 049 ***
	（0. 000）	（0. 000）	（0. 008）
fore	0. 065 ***	0. 065 ***	0. 056 ***
	（0. 003）	（0. 009）	（0. 005）
C	−1. 499 ***	0. 788 ***	1. 414 ***
	（0. 000）	（0. 000）	（0. 000）
企业固定效应	是	是	是
年份固定效应	是	是	是
N	458615	308913	458212
R^2	0. 092	0. 091	0. 091

注：*、**、***分别表示在10%、5%、1%的显著性水平上显著，括号内数字表示系数的标准差。

综上所述，反倾销主要通过成本效应而不是调查效应实现了对国内进口竞争性企业的贸易救济效果。该结论揭示了反倾销贸易救济效果作用的微观机制，同时也证实了征收反倾销税的重要性。

第五节　主要结论

本章使用中国对外反倾销和中国工业企业数据库 1997~2007 年的数据，运用固定效应模型研究了反倾销措施对进口竞争性企业生产率的影响，得出了以下结论：第一，反倾销使进口竞争性企业的生产率增长了 6.3%~9.0%，该结论对不同的模型设定、样本选择和变量选取保持稳健；第二，就不同生产率企业而言，反倾销对低效率企业的促进作用较大，对高效率企业的促进作用较小；第三，就不同销售市场企业而言，反倾销明显地促进了国内销售企业生产率的增长，但不影响出口企业的生产率变化；第四，就不同所有制企业而言，反倾销对国有企业的生产率起到了较大的促进作用，同时外商投资企业也取得了部分利益，但私营企业几乎没有从中获得好处；第五，就作用机制而言，反倾销主要通过成本效应而不是调查效应实现对进口竞争性企业的贸易救济效果。

第六章　中国对外反倾销对进口竞争性产品的影响分析①

第五章的分析表明，中国对外反倾销能够起到救济国内企业的作用，促进了进口竞争性企业生产率的增长。有一种观点指出，如果这些进口竞争企业仅在国内销售产品，它们的生产率提升本质上源自反倾销提供的贸易保护，一旦将其置于国际市场或反倾销措施撤除之时，它们将不堪一击。这种观点是否正确？反倾销是否有益于提升国内进口竞争性产品的竞争力？为了回答这些问题，本章基于中国对外反倾销及相关产品的出口数据，阐述其影响效应、影响期限、影响强度及作用机制，与第五章相互印证、互为检验，全面论证反倾销的贸易救济效应。

第一节　模型构建、变量说明与产品组别的选择

一、模型构建与变量说明

本章使用双重差分法，采用经典的贸易引力模型，研究对外反倾销对中国进口竞争性产品出口的影响，故建立如下模型对其进行检验：

$$Y_{kdt} = \beta_1 treat_k + \beta_2 dT_t + \beta_3 treat_k \times dT_t + X'B + \mu_k + \lambda_t + \varepsilon_{kdt} \quad (6-1)$$

各变量的类型、名称、标识、定义、预期符号以及数据来源如表6-1所示。除了表中的解释变量和控制变量之外，模型（6-1）还加入了 HS6

---

① 陈清萍，鲍晓华. 基于出口视角中国对外反倾销政策效应再评估 [J]. 现代财经，2018（5）：68-78.

分位产品 μ_k 和年度固定效应 λ_t，前者用来控制不随时间变化的产品特征因素，后者用来控制全球经济周期、技术变迁等只随时间变化的因素。

表 6-1　变量说明

变量类型	变量名称	变量标识	预期符号	定义	数据来源
被解释变量 Y	出口概率	exp_dum_{kdt}		t 年中国产品 k 是否对 d 国出口；如果出口取 1，否则取 0	数据库（UN comtrade）
	出口额	$\ln(exp\_value_{kdt})$		t 年中国产品 k 对 d 国的出口额	
	出口数量	$\ln(exp\_qnty_{kdt})$		t 年中国产品 k 对 d 国的出口数量	
	出口价格	$\ln(price_{kdt})$		t 年中国产品 k 对 d 国的出口价格	
关键解释变量	产品组别	$treat_k$	+/-	如果产品 k 是反倾销目标产品，取值为 1，否则取 0	世界银行临时性贸易壁垒数据库（TTBD）
	政策作用	dT_t	+/-	如果 t 年实施了反倾销措施，取值为 1，否则取 0	
	交叉项	$treat_k \times dT_t$	+/-	$treat_k$ 和 dT_t 的交叉项	
控制变量 X	外国对华反倾销	$GADPC_{kdt}$	-	t 年 d 国对中国出口的产品 k 是否实施了反倾销	
	国内生产总值	$\ln(gdp_{dt})$	+	中国出口目的地 d 国在 t 年的国内生产总值	数据库（UNCTAD）
	两国距离	$\ln(dist_{cd})$	-	中国与出口目的地 d 国的距离	法国国际预测研究中心引力数据库
	共同语言	$comlang_{cd}$	+	中国与出口目的地 d 国是否拥有共同语言	
	是否接壤	$contiguity_{cd}$	+	中国与出口目的地 d 国是否接壤	
	是否签订自由贸易协议	FTA_{cdt}	+	t 年中国与出口目的地 d 国是否签订了自由贸易协议	WTO 网站
	是否均为 WTO 成员方	WTO_{cdt}	+	t 年中国与出口目的地 d 国是否均加入了世界贸易组织	

二、产品组别的选择

在进行实证检验之前，需要首先选择实验组和对照组产品。文中出口贸易数据跨度为 1996~2015 年[①]，为了观察反倾销前后五年相关产品的出口变化，本章选取了 2000~2010 年中国对外反倾销肯定性裁决案件进行考察，主要参照 Lu 等（2013）的做法，将案件涉及的 HS6 分位产品（70 种）视为实验组产品（$treat_k$ 取值为 1），并将这些产品所属的 HS4 分位代码项下的所有其他产品（219 种）视为对照组产品（$treat_k$ 取值为 0）[②]。按照《反倾销条例》，一旦达成肯定性终裁裁决，一般将实施为期五年的反倾销措施。据此，设定如下指标：如果某产品在 t 年受到反倾销调查，在 t+1 到 t+5 中，dT_t 取 1；否则，取值为 0。关键解释变量 $treat_k×dT_t$ 的系数 β_3 可正可负，其含义为相对于对照组产品而言，反倾销使实验组产品的出口概率增加 $100×\beta_3$（或下降 $-100×\beta_3$）个百分点、出口增长 $100×\beta_3\%$（或下降 $-100×\beta_3\%$）。

为了初步了解反倾销对中国产品出口带来的影响，首先需要观察反倾销前后实验组和对照组产品的平均出口走势[③]。如图 6-1 所示，图中横坐标 t=0 表示反倾销调查立案当年，t=−1、t=1 分别表示反倾销立案之前和之后的第一年，依此类推；纵坐标表示两类产品的出口额。图 6-1 显示，反倾销之前，两类产品出口走势几乎相同，均处于稳步上升的阶段，说明在未受到反倾销政策冲击时实验组和对照组产品的出口增长极为相似，具有很强的可比性。反倾销之后，两类产品的出口均继续保持增长，将两者进行对比之后发现，实验组与对照组产品出口增长分化逐年拉大：反倾销之后第 1 年，实验组产品出口仅比对照组产品高出 4.6%；反倾销之后第 2~3 年，两者相差 20.48%~24.24%；但到反倾销之后的第 4~5 年，实验组产

---

　　① 仅选取占 1996~2015 年中国出口总额 95% 以上的 65 个国家或地区，以避免出口数据波动过大带来的偏误。

　　② 对于 73 种反倾销涉案产品，在样本期内，中国出口其中 70 种（占比 95.89%），3 种产品中国从未出口，它们的 HS6 分位代码是 480524（未漂白牛皮箱纸板）、480525（未漂白牛皮箱纸板）和 480591（电解电容器纸）。

　　③ 按照 Bown 和 Crowley（2006，2007），所有出口数据均除以它们在反倾销之前第四年的出口额，并取各产品的出口中位数为其平均出口增速，以增强可比性。

品的出口攀升至对照组产品的 1.2~1.5 倍。这表明，反倾销可能带来了两组产品出口增速的差异。

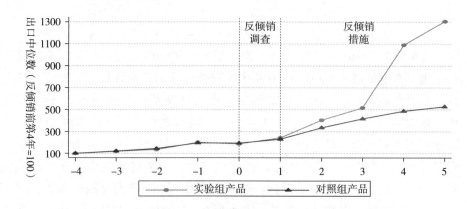

图 6-1　反倾销前后中国进口竞争性产品的平均出口走势

第二节　中国对外反倾销对进口竞争性产品出口影响的实证检验

首先本节检验对外反倾销对中国进口竞争性产品出口的影响效应；其次，分析其影响期限、影响强度以及作用机制，以进一步论证中国对外反倾销政策的持续性与有效性。

一、影响效应

表 6-2 第 1~4 列给出了模型（6-1）的回归结果。结果显示，在其他条件不变的情况下，实施反倾销措施使中国进口竞争性产品的出口概率提高 3.2 个百分点，出口总额和出口数量分别增长 16.0% 和 11.5%，出口价格上涨 4.5%，且各系数几乎都在 1% 的统计水平下显著。总体而言，中国对外反倾销促进了国内进口竞争性产品的出口。该结论表明，对外反倾销措施对国内企业的影响远不止于贸易救济作用，其实施效应甚至波及中国的对外出口。结合 Bown 和 Crowley（2006，2007）来看，即使中国对外反

倾销导致外国倾销产品偏转到国际市场，但其对中国企业带来的正面影响也足以抵消上述贸易偏转效应和贸易抑制效应，不仅使"原来已经出口的"产品出口得更多，而且还推动"之前仅在国内销售的"产品走向海外市场。

其他控制变量的符号与预期基本相符，且绝大部分在1%的水平上显著。距离对产品出口的影响显著，两国间的距离每增加1%，产品出口概率下降0.122个百分点，出口额和出口数量分别减少0.536%和0.583%，出口价格上涨0.037%。共同语言对产品出口具有积极影响，如果两国拥有共同语言，产品出口概率将上升6.7个百分点，出口额和出口数量均将增加43.6%，但对出口价格不产生影响。两国接壤对产品出口也具有促进作用，如果两国接壤，产品出口概率将上升3.6个百分点，出口额和出口数量分别增长24.5%和26.7%，出口价格下降1.9%。产品出口还与出口目的地国家的经济规模有关，出口目的国的国内生产总值每增加1%，产品出口概率就上升0.078个百分点，出口额和出口数量将分别增加0.542%和0.51%，出口价格上涨0.031%。如果两国签订了自由贸易协议，产品出口概率将上升9.1个百分点，出口额和出口数量将分别提高28.5%和33.4%，但出口价格下跌了5%。如果两国均为世界贸易组织成员国，产品出口概率将上升0.7个百分点，出口额、出口数量及出口价格将分别增长27.2%、23.%和6.3%，表明双边或诸边自由贸易协议的签订对反倾销涉案产品及其相似产品的出口促进作用更强，但推动上述产品量价齐升的世界贸易组织合作框架的影响可能更为深远。与预期相反的是，外国对华反倾销几乎不影响样本产品的出口概率、出口额和出口数量，甚至还导致其出口价格进一步下滑。

二、影响期限

反倾销之后，中国进口竞争性产品的出口走势是否以及如何随时间推移发生变化？如果这些产品的出口增长如昙花一现、转瞬即逝，说明反倾销对相关产品出口的影响并不稳健；如果相反，说明产品出口增长出现递增或递减势头，则需进一步分析这种变化的根本原因。本部分考虑立案之

表 6-2　反倾销对进口竞争性产品出口的影响效应及期限

	(1) exp_dum	(2) ln_export	(3) ln_qnty	(4) ln_price	(5) exp_dum	(6) ln_export	(7) ln_qnty	(8) ln_price
treat×dT	0.032*** (0.000)	0.160*** (0.000)	0.115** (0.013)	0.046*** (0.001)				
dT	-0.011*** (0.004)	-0.008 (0.841)	0.008 (0.856)	-0.018 (0.203)				
treat×dT1					0.005 (0.466)	-0.061 (0.376)	-0.128* (0.087)	0.064*** (0.005)
treat×dT2					0.023*** (0.001)	0.172** (0.012)	0.108 (0.145)	0.060*** (0.007)
treat×dT3					0.028*** (0.000)	0.132* (0.055)	0.085 (0.280)	0.050** (0.036)
treat×dT4					0.042*** (0.000)	0.263*** (0.000)	0.223*** (0.002)	0.035* (0.095)
treat×dT5					0.067*** (0.000)	0.285*** (0.000)	0.265*** (0.000)	0.031 (0.150)
dT1					-0.002 (0.626)	0.048 (0.284)	0.057 (0.246)	-0.011 (0.525)

续表

	(1) exp_dum	(2) ln_export	(3) ln_qnty	(4) ln_price	(5) exp_dum	(6) ln_export	(7) ln_qnty	(8) ln_price
dT2					-0.004 (0.459)	0.073 (0.167)	0.075 (0.197)	-0.004 (0.831)
dT3					0.011* (0.068)	0.083 (0.175)	0.081 (0.232)	-0.007 (0.763)
dT4					0.008 (0.246)	0.130* (0.063)	0.129* (0.095)	0.002 (0.952)
dT5					0.006 (0.451)	0.098 (0.217)	0.054 (0.534)	0.037 (0.204)
ln_distw	-0.122*** (0.000)	-0.536*** (0.000)	-0.583*** (0.000)	0.037*** (0.000)	-0.122*** (0.000)	-0.537*** (0.000)	-0.584*** (0.000)	0.037*** (0.000)
comlang	0.067*** (0.000)	0.436*** (0.000)	0.436*** (0.000)	-0.001 (0.916)	0.067*** (0.000)	0.437*** (0.000)	0.437*** (0.000)	-0.001 (0.918)
contig	0.036*** (0.000)	0.245*** (0.000)	0.267*** (0.000)	-0.019** (0.040)	0.036*** (0.000)	0.245*** (0.000)	0.267*** (0.000)	-0.019** (0.039)
ln_gdp	0.078*** (0.000)	0.542*** (0.000)	0.510*** (0.000)	0.031*** (0.000)	0.078*** (0.000)	0.542*** (0.000)	0.511*** (0.000)	0.031*** (0.000)

续表

	（1） exp_dum	（2） ln_export	（3） ln_qnty	（4） ln_price	（5） exp_dum	（6） ln_export	（7） ln_qnty	（8） ln_price
FTA	0.091***	0.285***	0.334***	-0.050***	0.091***	0.284***	0.333***	-0.050***
	(0.000)	(0.000)	(0.000)	(0.000)	(0.000)	(0.000)	(0.000)	(0.000)
WTO	0.007**	0.272***	0.230***	0.063***	0.007**	0.271***	0.229***	0.063***
	(0.044)	(0.000)	(0.000)	(0.000)	(0.044)	(0.000)	(0.000)	(0.000)
GADPC	0.005	-0.056	0.182	-0.126***	0.004	-0.068	0.170	-0.126***
	(0.779)	(0.686)	(0.242)	(0.002)	(0.817)	(0.626)	(0.276)	(0.002)
HS6 FE	Y	Y	Y	Y	Y	Y	Y	Y
Year FE	Y	Y	Y	Y	Y	Y	Y	Y
N	187850	71908	71046	71046	187850	71908	71046	71046
R^2	0.410	0.368	0.372	0.662	0.410	0.368	0.373	0.662

注：括号内数字为稳健标准误的 P 值；*、** 和 *** 分别表示在10%、5%和1%的显著性水平上显著。

后1~5年反倾销对中国进口竞争性产品出口的影响作用，回归结果如表6-2第5~8列所示。

由于中国反倾销调查大约需要一年的时间，所以在立案之后的第一年绝大部分案件均已结案，而本章只考察肯定性反倾销裁决案件，因此，立案之后2~5年为反倾销措施实施期。回归第（5）～（8）列显示：第1年，反倾销调查没有对产品出口概率和出口额产生显著影响，甚至抑制了其出口数量增长，但出口价格上涨了6.4%，可能因为此时国内绝大多数企业仍处在倾销损害恢复期，也可能因为短期内外国产品被反倾销后充斥于国际市场，导致中国产品出口开拓困难；第2~3年，中国进口竞争性产品的出口数量几乎没有变化，但是其出口概率增长了2.3~2.8个百分点，同时出口价格上升带动出口额增长了13.2~17.2个百分点，表明反倾销税通过供求机制拉高了出口价格，但国内销售的增长几乎消化了中国企业增加的全部产能、出口增长有限，不过反倾销措施的实施向市场传递了积极信号，越来越多的企业开始从事出口；第4~5年，尽管产品出口价格增长不太稳定，但出口概率、出口额、出口数量和出口价格分别增长了4.2~6.7个百分点、26.3%~28.5%、22.3%~26.5%和3.1%~3.5%，说明反倾销在其实施的中后期全面推进了中国进口竞争性产品的出口扩张。上述结论表明，反倾销对中国进口竞争性产品出口的促进作用持续时间较长且具稳健性。

三、影响强度

既然对外反倾销能够促进中国产品出口的长期增长，那它是否有助于提升中国产品的出口竞争力？一般地，指控对象国能够以一个极低的价格将涉案产品大量出口到中国市场，而非指控对象国虽然能将同类产品出口至中国但市场占有率远低于指控对象国，表明指控对象国在此类产品的生产上具有较强的比较优势、非指控对象国的比较优势较弱，但两者的竞争力可能均高于中国产品。如果反倾销之后中国进口竞争性产品的出口竞争力得到显著增强，将观察到它们对非指控对象国和指控对象国的出口同步提高。基于此，本节按照出口目的地国家是否受到指控将样本分成非指控对象国与指控对象国两组，分别对模型（6-1）进行检验，回归结果如表6-3所示。

表6-3 反倾销对产品出口的影响：按国家是否受到指控

	非指控对象国				指控对象国			
	(1)	(2)	(3)	(4)	(5)	(6)	(7)	(8)
	exp_dum	ln_export	ln_qnty	ln_price	exp_dum	ln_export	ln_qnty	ln_price
treat×dT	0.027***	0.250***	0.228***	0.023	0.068***	-0.335***	-0.489***	0.168***
	(0.000)	(0.000)	(0.000)	(0.135)	(0.000)	(0.001)	(0.000)	(0.000)
N	163920	60721	59954	59954	23930	11181	11087	11087
R²	0.395	0.360	0.370	0.665	0.565	0.539	0.524	0.680

注：括号内数字为稳健标准误的P值；*、**和***分别表示在10%、5%和1%的显著性水平上显著。所有回归均添加了基准检验中的所有控制变量，但为了节约篇幅，仅汇报了关键变量的系数，下同。

结果显示，在反倾销的作用下，中国进口竞争性产品对非指控对象国的出口出现了显著增长，出口概率提高了 2.7 个百分点，出口总额和出口数量分别增长了 25% 和 22.8%，而出口价格几乎不发生变动。该结论表明，即使中国对外反倾销导致指控对象国的涉案产品出口偏转到了非指控对象国，并对包括中国在内的第三国的同类产品出口带来了贸易抑制效应，中国进口竞争性产品对非指控对象国的出口仍然出现了增长，说明反倾销能够培育中国进口竞争性产品的出口竞争力，使其比非指控对象国的同类产品略胜一筹。不过，中国进口竞争性产品对指控对象国的出口变化却相对复杂：反倾销之后，中国进口竞争性产品对指控对象国的出口概率上升了 6.8 个百分点、出口价格提高了 16.8%，可是出口额和出口数量却分别下降了 33.5% 和 48.9%。该结论暗示，尽管中国企业有选择地将价格更高或质量更优的产品出口到指控对象国，但是仍然难以与其本国产品相比，只能转而销售到非指控对象国或中国境内，进而导致中国对指控对象国出口销量的大幅度下降。因此，对外反倾销在一定程度上增强了中国进口竞争性产品的出口竞争力，使其更多地出口到非指控对象国，但是与指控对象国同类产品仍存在较大差距。

四、影响机制

为什么反倾销对中国产品的出口竞争力作用有限？为了回答这个问题，这里进一步分析反倾销对中国产品出口的影响机制。一般地，中国对外反倾销措施政策效应的实现途径主要有二：第一，规模经济效应。一方面，反倾销有效遏制了外国产品在华倾销行为，迫使一部分产品退出中国市场，减少境内外国供给企业的数量，降低竞争激烈程度，国内市场竞争秩序好转，对本国企业的生产调整与成长起到了"安全阀"的作用；另一方面，反倾销限制了外国产品大规模涌入中国，国内进口竞争性企业恢复正常生产，扩大生产规模、降低平均成本，并通过"干中学"的方式不断积累生产和销售经验，获得静态和动态规模经济效应。第二，技术创新效应。反倾销措施主要通过征税或价格承诺的方式，提高涉案产品的国内销售价格，弱化外国企业的竞争优势，提升国内企业的市场势力（Market Power）和盈利水平，为其进行技术创新，并满足出口市场上不同消费者的差异化需求提供了有利条件。

表 6-4 反倾销对产品出口的影响机制分析

	同质产品					差异产品		
	(1)	(2)	(3)	(4)	(5)	(6)	(7)	(8)
	exp_dum	ln_export	ln_qnty	ln_price	exp_dum	ln_export	ln_qnty	ln_price
treat×dT	0.043***	0.413***	0.391***	0.020	-0.008	-0.225***	-0.300***	0.057***
	(0.000)	(0.000)	(0.000)	(0.324)	(0.363)	(0.001)	(0.000)	(0.001)
N	151450	52968	52956	52956	36400	18940	18090	18090
R²	0.380	0.319	0.304	0.513	0.479	0.462	0.560	0.883

注：括号内数字为稳健标准误差的 P 值；*，**和***分别表示在 10%、5%和 1%的显著性水平上显著。

　　如果反倾销主要通过规模经济效应发挥作用，产品出口将呈现以数量扩张为主的态势；如果反倾销主要通过技术创新效应发挥作用，产品出口将呈现以价格上涨为主的态势。基准检验的结论显示，中国产品出口概率和出口数量增幅较大，出口价格上升幅度很小，可能暗示着对外反倾销主要通过规模经济效应推动着中国产品出口增长。为了进一步核实这一点，本部分换个角度进行论证。根据 Rauch（1999），可按照差异化程度的高低将产品分为同质产品与差异产品两类，并且产品差异化程度越大，技术密集度或技术含量越高。大体而言，反倾销的规模经济效应对同质产品作用更大，而技术创新效应对差异产品的出口影响更为明显。基于这种思想，这里分别检验对外反倾销对同质产品（233 种，占比 80.62%）与差异产品（56 种，占比 19.38%）出口的影响，以检验反倾销对中国产品出口的具体作用机制，回归结果如表 6-4 所示。

　　由表 6-4 可见，反倾销使同质产品的出口概率上升 4.3 个百分点、出口额增长 41.3%、出口数量增加 39.1%，使差异产品出口额减少 22.5%、出口数量降低 30%、出口价格上升了 5.7%，但对同质产品的出口价格与差异产品的出口概率几乎不产生显著影响。结合基准检验的结果，发现反倾销对同质产品出口的促进作用主要表现在出口数量的扩张，并且主导了反倾销的总出口效应，显示了规模经济效应的作用较强；同时，反倾销提高了差异产品的出口价格，说明中国企业进行了技术革新、在一定程度上改进了此类产品的质量，但是由于竞争力不强，在出口市场上较易被外国同类产品击败，最终导致反倾销抑制中国差异产品出口的后果，显示技术创新效应的作用极其微弱。上述结论证明了本章的初步判断，进一步厘清了对外反倾销措施规模经济效应的作用机制，表明反倾销主要拉动了同质产品的出口数量增长，但不能通过技术创新效应有效提升差异产品的出口竞争力。

第三节　主要结论

　　本章使用 1996~2015 年中国 289 种 HS6 分位产品的出口数据，采用双重差分法从实证上检验了中国对外反倾销对国内进口竞争性产品出口的影响作用，主要得出以下四个结论：第一，对外反倾销不仅在总体上促进了中国进口竞争性产品的出口，同时提高了其出口概率、出口总额、出口数量及出口价格；第二，反倾销对中国产品出口的影响时间较长、影响作用逐年增大；第三，反倾销对中国产品出口竞争力的提升作用有限，仅仅促进了对非指控对象国的产品出口增长，对指控对象国的出口不升反降；第四，就作用机制而言，反倾销主要通过规模经济效应而非技术创新效应促进了中国产品的出口增长。上述结论与第五章的实证结果一致，证实了中国对外反倾销对国内进口竞争性企业或行业起到了非常好的实施效果①。

① 结合本书第28页，从图2-1来看，反倾销之后发起国对外出口的变化可能并非贸易阻止效应所能囊括，还应包括其贸易救济效应。

第七章　中国对外反倾销对下游企业的影响分析[①]

第四章通过分析反倾销如何抑制涉案产品进口边际的增长，暗示着反倾销可能会对下游企业造成负面冲击。然而，反倾销是否对下游企业带来消极影响尚需要进一步的论证。特别地，如果国内进口竞争性企业生产出来的同类产品可以较好地替代外国被指控产品，并能够满足下游企业的需要的话，那么反倾销对下游企业的影响可能不会太大。因此，本章以下游企业为考察对象，直接研究反倾销对其出口的影响，为中国对外反倾销的产业关联效应寻找依据。

第一节　理论模型

本部分建立纳入反倾销税的异质性企业模型，重点分析下游企业使用上游中间投入品进行生产的行为。为简化分析，参考 Kasahara 和 Lapham（2013），假设下游企业仅使用劳动和两种中间投入品来生产最终产品，其生产函数为 Cobb-Douglas 形式：

$$q = \phi l^{\alpha} \left[\left(x_h^{\frac{\sigma-1}{\sigma}} + x_f^{\frac{\sigma-1}{\sigma}} \right)^{\frac{\sigma}{\sigma-1}} \right]^{1-\alpha} \tag{7-1}$$

式中，ϕ 表示该企业的生产率，l 表示劳动投入量，x_h 和 x_f 分别表示国内和进口中间投入品的使用量，$\sigma > 1$ 表示两种中间投入品的替代弹性。

w 表示国内工资价格，r_h 和 r_f 分别表示国内和国外中间投入品价格，假

① 鲍晓华，陈清萍. 反倾销如何影响了下游企业出口 [J]. 经济学（季刊），2019（1）：749-770.

定国外企业存在倾销时，下游企业所在国对国外投入品征收 τ 的反倾销税，假定征税的概率为 p（目标产品遭到反倾销调查的概率与肯定性终裁概率之乘积），p≥0。按照世界贸易组织协议对反倾销税的规定，反倾销税不得超过倾销幅度，则有 $\tau \leq (r_h - r_f)/r_f$[①]，令 $T = 1 + p\tau$，此时该下游企业的单位生产成本为：

$$c = wl + r_h x_h + Tr_f x_f \qquad (7-2)$$

在产量给定的情况下，求解厂商的最优化问题，可得：

$$c = \cfrac{q}{\phi \alpha^{\alpha} (1-\alpha)^{1-\alpha} r_h^{\alpha-1} w^{-\alpha} \left[1 + \left(\cfrac{r_h}{Tr_f}\right)^{\sigma-1} \right]^{\frac{1-\alpha}{\sigma-1}}} \qquad (7-3)$$

进行简单变换后，就有式（7-4）：[②]

$$q = c\phi \alpha^{\alpha} (1-\alpha)^{1-\alpha} r_h^{\alpha-1} w^{-\alpha} \left[1 + \left(\frac{r_h}{Tr_f}\right)^{\sigma-1} \right]^{\frac{1-\alpha}{\sigma-1}} \qquad (7-4)$$

令 $\Omega = c\alpha^{\alpha} (1-\alpha)^{1-\alpha} r_h^{\alpha-1} w^{-\alpha}$，式（7-4）对 T 求偏导可得：

$$\frac{\partial q}{\partial T} = \Omega\phi \left[1 + \left(\frac{r_h}{Tr_f}\right)^{\sigma-1} \right]^{\frac{2-\alpha-\sigma}{\sigma-1}} \left(\frac{r_h}{r_f}\right)^{\sigma-1} \left[-(1-\alpha) \right] T^{-\sigma} \qquad (7-5)$$

命题 1：对中间产品反倾销之后，征税国国内下游企业的产量下降。如果下游企业将其生产的全部或者一定比例的下游产品出口，出口量也相应减少。

由式（7-5）可得：

$$\frac{\partial q}{\partial \tau} = \frac{\partial q}{\partial T} \times \frac{\partial T}{\partial \tau} = \frac{\partial q}{\partial T} \times p \qquad (7-6)$$

$$\frac{\partial q}{\partial p} = \frac{\partial q}{\partial T} \times \frac{\partial T}{\partial p} = \frac{\partial q}{\partial T} \times \tau \qquad (7-7)$$

将式（7-6）与式（7-7）相加，可得：

$$\frac{\partial q}{\partial T} = \frac{1}{p+\tau} \times \left(\frac{\partial q}{\partial \tau} + \frac{\partial q}{\partial p} \right) \qquad (7-8)$$

当 $p = \bar{p}$（给定）时，

---

① 假设国外企业在母国的定价与中国的国内企业定价 r_h 相等。

② 详细推导过程请见附录 4。

$$\frac{\partial q}{\partial T} = \frac{1}{\overline{p+\tau}} \times \left(\frac{\partial q}{\partial \tau} + \frac{\partial q}{\partial p} \right)$$

$$= \Omega\phi \left\{ 1 + \left[\frac{r_h}{(1+\overline{p\tau})\ r_f} \right]^{\sigma-1} \right\}^{\frac{2-\alpha-\sigma}{\sigma-1}} \left(\frac{r_h}{r_f} \right)^{\sigma-1} \left[-(1-\alpha) \right] (1+\overline{p\tau})^{-\sigma} \qquad (7-9)$$

当 $\tau = \overline{\tau}$（给定）时，

$$\frac{\partial q}{\partial T} = \frac{1}{p+\overline{\tau}} \times \left(\frac{\partial q}{\partial \tau} + \frac{\partial q}{\partial p} \right)$$

$$= \Omega\phi \left\{ 1 + \left[\frac{r_h}{(1+p\ \overline{\tau})\ r_f} \right]^{\sigma-1} \right\}^{\frac{2-\alpha-\sigma}{\sigma-1}} \left(\frac{r_h}{r_f} \right)^{\sigma-1} \left[-(1-\alpha) \right] (1+p\ \overline{\tau})^{-\sigma} \quad (7-10)$$

将式（7-9）与式（7-10）相加，可得：

$$\frac{\partial q}{\partial T} = \frac{1}{2} \left[\frac{1}{\overline{p+\tau}} \times \left(\frac{\partial q}{\partial \tau} + \frac{\partial q}{\partial p} \right) \right] + \frac{1}{2} \left[\frac{1}{p+\overline{\tau}} \times \left(\frac{\partial q}{\partial \tau} + \frac{\partial q}{\partial p} \right) \right]$$

$$= \frac{1}{2} \left[\Omega\phi \left\{ 1 + \left[\frac{r_h}{(1+\overline{p\tau})\ r_f} \right]^{\sigma-1} \right\}^{\frac{2-\alpha-\sigma}{\sigma-1}} \left(\frac{r_h}{r_f} \right)^{\sigma-1} \left[-(1-\alpha) \right] (1+\overline{p\tau})^{-\sigma} \right] +$$

$$\frac{1}{2} \left[\Omega\phi \left\{ 1 + \left[\frac{r_h}{(1+p\ \overline{\tau})\ r_f} \right]^{\sigma-1} \right\}^{\frac{2-\alpha-\sigma}{\sigma-1}} \left(\frac{r_h}{r_f} \right)^{\sigma-1} \left[-(1-\alpha) \right] (1+p\ \overline{\tau})^{-\sigma} \right]$$

$$(7-11)$$

由式（7-11）可知，反倾销对下游企业生产或出口的负面影响主要通过两种渠道：一是"成本效应"［式（7-11）第一项，与 τ 正相关］，即如果反倾销达成肯定性终裁，反倾销税 τ 的征收将增加下游企业中间投入的采购成本，抬高其下游产品的销售价格，不利于其生产扩大和出口增长。如果反倾销税率过高，可能导致中间投入品成本上升过大，还可能会影响到下游企业的出口概率。二是"调查效应"［式（7-11）第二项，与 p 正相关］，即一旦对某中间产品发起反倾销调查，被征税的概率 p 上升，下游企业进口中间产品的成本面临上升的风险（Lu et al.，2013），这种贸易政策的不确定性也将影响企业正常生产经营决策，从而对其出口造成负面影响。

进一步地，式（7-5）对 ϕ 求偏导，得到：

$$\frac{\partial\ (\partial q/\partial T)}{\partial \phi}=\Omega\ [\ 1+(\frac{r_n}{Tr_f})^{\sigma-1}\ ]^{\frac{2-\alpha-\sigma}{\sigma-1}}\ (\frac{r_n}{r_f})^{\sigma-1}\ [\ -\ (1-\alpha)\ ]\ T^{-\sigma}<0$$

$$(7-12)$$

命题 2：反倾销对下游企业出口的抑制作用受企业生产率的影响：企业生产率越高，出口量下降的幅度越小；生产率越低，出口量下降得越多。

命题 2 表明，相对于低效率企业而言，高效率企业所受的负面冲击更小。这是由高效率企业两个方面的主要优势带来的：一方面，高效率企业规模更大、生产的产品范围更广，在一种产品因为其上游中间投入品受到反倾销后出现成本上升时，它们能够将资源配置到其他产品的生产上来减少损失；另一方面，反倾销将倒逼具有一定技术条件的高效率下游企业积极地进行技术革新，部分地抵消其成本上升的负面冲击，从而使之出口下降得更少。

第二节　实证模型、数据说明和企业组别的界定

一、实证模型

理论模型的预测还需要实证检验的证实。本章使用双重差分法研究反倾销对下游企业出口的影响（命题 1）及企业异质性的作用（命题 2）。首先，确定企业中的实验组和对照组，这两类企业的出口表现相似，其差异仅仅在于中国反倾销的影响；其次，通过双重差分法对两类企业的出口表现以及企业异质性的作用进行比较，实验组相比对照组的差异，即归因为中国反倾销的影响。

按照理论模型的结论，反倾销可能导致下游企业退出出口市场，也可能导致企业在既有出口市场上的出口减少，因此，对于命题 1 的验证，本章按照双重差分法的基本思想和设计方法，采用模型（7-13）来估计反倾销对下游企业出口概率与出口额的影响：

$$Y_{ft} = \beta_0 + \beta_1 treat_f + \beta_2 dT_t + \beta_3 treat_f \times dT_t + X'_{ft-1}B + \lambda_f + \lambda_t + \varepsilon_{ft} \qquad (7\text{-}13)$$

其中，因变量 Y_{ft} 表示企业 f 在 t 年的出口表现。选取了两个变量：第一个变量是虚拟变量 exp_dum_{ft}，表示企业 f 在 t 年是否出口，当企业在 t 年出口，则取值为 1，否则为 0；第二个变量是企业 f 在 t 年的出口总额 $\ln(export_{ft})$，取其对数值进入方程①。$treat_f$ 表示标识企业组别的二值虚拟变量，当企业为实验组企业时取值为 1，当企业为对照组企业时取值为 0；dT_t 表示二值虚拟变量，如果 t 年为反倾销立案当年，那么在 t+1 年及其之后所有年份 dT_t 均取 1，否则为 0。X 为其他控制变量，主要包括企业特征变量：劳动生产率 $\ln(vapw)$、资产规模 $\ln(asset)$、资本劳动比例 $\ln(k/l)$ 和企业获得的政府补贴 $\ln(susidy)$，其设定方法与第五章相同，均使用上一年企业的相关变量值表示。此外，λ_f 表示企业固定效应；λ_t 表示年度固定效应。

由于企业的相关变量很可能与其不随时间变化的特征 λ_f 相关②，所以选择固定效应模型对模型（7-13）进行识别。对于出口概率的回归模型，如果使用线性概率模型会导致拟合值不在 [0，1] 之间、单位自变量变动带来因变量等量变化与实际不符等问题；如果使用 Probit 固定效应模型则会引起偶发参数问题（Incidental Parameters Problem）③，那么在基准回归中使用 Logit 面板固定效应模型，也使用 Probit 随机效应模型做稳健性检验。对于出口总额，则使用普通面板固定效应模型。该模型使用的是双重差分法，关注的变量是实验组虚拟变量与反倾销效应虚拟变量的交互项 $treat_f \times dT_t$。与前类似，在其他条件相同的情况下，对于对照组企业，反倾销之后，出口额或出口概率增加 β_2；对于实验组企业，反倾销之后，出口额或出口概率增加 $\beta_2 + \beta_3$。交互项的系数 β_3 反映的是反倾销措施对下游企业出口的净影响。按照命题 1，β_3 的预期符号为负。

在企业异质性框架下，反倾销政策冲击对于下游企业的影响可能是有差异的，部分企业选择退出出口市场，部分企业仍然维持出口，但是出口量可能有所减少。根据命题 2，生产率较高的企业应对冲击的能力更强，企业出口量的减少幅度更小。为了对命题 2 进行检验，采用模型（7-14）

① 如果当年企业不出口，该值缺失。
② 这在第五章的实证分析中也得到了验证。
③ Jeffrey M. Wooldridge. Econometric Analysis of Cross Section and Panel Data, p. 484.

来考察异质性企业对反倾销冲击的不同反应：

$$Y_{ft} = \beta_0 + \beta_1 treat_f + \beta_2 dT_t + \beta_3 treat_f \times dT_t + \beta_4 treat_f \times \ln(\text{productivity})_{ft-1} +$$
$$\beta_5 dT_t \times \ln(\text{productivity})_{ft-1} + \beta_6 treat_f \times dT_t \times \ln(\text{productivity})_{ft-1} +$$
$$X'_{ft-1} B + \lambda_f + \lambda_t + \varepsilon_{ft} \qquad (7\text{-}14)$$

同前，本章也使用劳动生产率 $\ln(\text{vapw})$ 作为企业生产率 $\ln(\text{productivity})$ 的代理变量，随后也使用全要素生产率替代它进行稳健性检验。在模型（7-14）中，双重倍差项 $treat \times dt \times \ln(\text{productivity})$ 的系数 β_6 反映的是企业因为生产率差异受到反倾销影响的差异性，下游企业出口所受到的影响变成 $\beta_3 + \beta_6 \times \ln(\text{productivity})$。按照命题 2，$\beta_6$ 的预期符号为正。

二、数据说明

在本章的研究中，下游企业的确定是难点之一。在可量化的一般均衡模型中，学者通常使用投入—产出表来确定上下游产业关系，但是这种方法却存在两个明显的缺陷：一是投入—产出表每五年才发布一次，需要假设在非发布年份中投入比例是固定不变的，而此假设与实际是不相符的；二是由于最为细分的投入—产出表也仅仅包括 135 个产业[1]，如果将其用于企业分析就隐含地假设在同一个特定产业中，那么所有企业的投入—产出比例均完全相同，然而，新贸易理论却指出，企业的技术是存在差异的，这意味着同一产业中不同企业所使用的中间投入品比例也是不同的，而投入—产出表无法捕捉到这一差异。投入—产出表的上述缺陷让其难以被运用到微观企业的研究中。

对此，学者通常假定企业将进口的产品用作其生产的中间投入品（Hughes et al., 1997；Amiti and Konings，2007；Goldberg et al.，2009, 2010b；Upward et al.，2013；Bas and Causa，2013；Chevassus-Lozza et al.，2013）。借鉴文献中的做法，本章将下游企业界定为"从被指控国家进口反倾销涉案产品的制造企业"。为此，该定义剔除了中国对外反倾销数据库中非中间产品的涉案产品及中国海关数据库中贸易企业的数据，最

---

[1] 投入—产出表分为两种：一种是竞争型投入产出表，包括 33~42 个部门；另一种是非竞争型投入产出表，包括 135 个部门。

终在样本中保留的下游企业共有 6420 家。

本章按照企业名称对前两章提到的中国工业企业数据库和海关贸易数据库进行匹配，以获得企业层面的贸易数据以及相匹配的企业绩效数据。由于企业名称唯一且很少缺失或发生变化，这种匹配方法的误配率较低，因而在文献中应用得比较广泛（Upward et al., 2013）。此外，反倾销的数据处理与第四章相同。

三、双重差分法中实验组与对照组的界定

由于反倾销的实施会影响"从被指控国家进口反倾销目标产品的制造企业"，而不会影响"从其他国家进口同类产品的企业"，所以采用反倾销立案前一年的数据，选择第一类企业作为实验组（简称下游企业），选择第二类企业作为对照组（简称其他企业）①。在样本中，实验组企业共6420 家，对照组企业共 2979 家。表 7-1 对两组企业的关键变量进行了描述性统计分析。总体来看，实验组企业相比对照组企业规模更大、出口更多、雇用工人更多、利润也更高。

表 7-1　实验组与对照组企业的关键变量统计

	实验组企业			对照组企业		
	平均值	标准差	最大值	平均值	标准差	最大值
出口额（亿美元）	0.10	0.84	96.63	0.07	0.70	52.95
工业总产出（亿元）	3.18	13.24	617.00	2.09	7.81	204.00
工人总数（人）	760	1639	35673	646	1478	27958
总资产（亿元）	3.11	11.19	575.00	2.14	7.77	369.00
销售额（亿元）	3.18	13.63	659.00	2.09	7.78	199.00
利润（亿元）	0.17	1.07	53.46	0.11	0.52	15.80

资料来源：出口额的数据来自中国海关进出口贸易数据库；其他指标来自中国工业企业数据库。

---

① 如果企业同时从被指控国家和其他国家进口目标产品，将其归为"下游企业"。因此，实验组企业和对照组企业是完全不重合的。此外，采用立案前一年企业的进口状态来确定实验组和对照组，保证了企业选择从哪个国家进口产品的行为与反倾销立案是外生不相关的。

　　双重差分法要求实验组与对照组企业在反倾销之前具有相似的出口特征，从而可以通过比较两类企业在反倾销实施前后的差异来反映反倾销对企业造成的净影响。首先，观察两组企业总出口的走势。如图7-1所示，在反倾销立案（X=0）之前，两组企业的出口均呈现类似的持续增长态势。反倾销立案之后的前两年，下游企业与对照组企业的总出口仍保持增长态势，从第三年开始两组企业的出口均大幅度下降，其中下游企业的出口下降幅度更大，出口几乎减少了80%之多。

　　为了进一步证实个体实验组企业与对照组企业并无显著性差异，参考Vandenbussche 和 Viegelahn（2013），本节仅保留反倾销之前五年及立案当年各企业的观测，使用式（7-15）的回归方程进行判断。

$$Y_{ft}=\alpha_1 treat_f \times t_t+\alpha_2 t_t+X'_{ft-1}B+\varepsilon_{ft} \qquad (7-15)$$

　　其中，t表示反倾销之前的第几年，t∈［-5，0］，t=0表示反倾销立案当年，t=-1表示反倾销之前的第1年，t=-2表示反倾销之前的第2年，依此类推；X包括滞后一期的企业规模、劳动生产率、资本劳动比例和出口补贴。上述回归结果如表7-2所示。无论是出口概率还是出口总额的方程中，treat×t均不显著，表明两组企业的出口走向非常相似，反倾销之前对照组企业与下游企业并无显著差异。

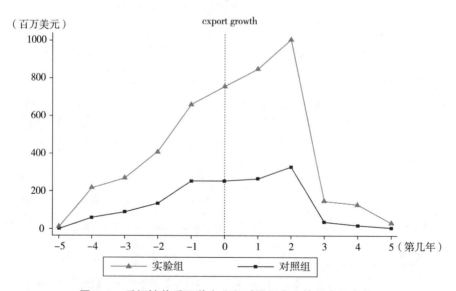

图7-1　反倾销前后下游企业和对照组企业的总出口走势

表7-2　反倾销之前下游企业与对照组企业的出口走势差异

	FE Model		RE Model	
	(1)	(2)	(3)	(4)
	exp_dum	ln (export)	exp_dum	ln (export)
treat×t	1.151	0.023	0.026	−0.016
	(0.197)	(0.396)	(0.597)	(0.539)
t	1.060	0.102***	0.057	0.086***
	(0.531)	(0.000)	(0.188)	(0.000)
L. ln (vapw)	1.093	0.033	−0.174***	−0.007
	(0.389)	(0.191)	(0.000)	(0.753)
L. ln (asset)	1.216	0.337***	0.319***	0.679***
	(0.345)	(0.000)	(0.000)	(0.000)
L. ln (k/l)	0.982	−0.102***	−0.350***	−0.336***
	(0.908)	(0.001)	(0.000)	(0.000)
L. ln (subsidy)	1.024	0.019	0.003	0.013
	(0.572)	(0.100)	(0.884)	(0.220)
C		−7.276***	1.831***	−10.104***
		(0.000)	(0.000)	(0.000)
Firm FE	Y	Y	Y	Y
N	1174	8350	9746	8350
(pseudo) R²/Log Likelihood	0.021	0.069	−2967.644	0.056

注：括号内数字为稳健标准误的 P 值；*、** 和 *** 分别表示在10%、5%和1%的显著性水平上显著；回归（1）中汇报的为 Logit 固定效应模型的 Odds Ratio；回归（3）为 Probit 随机效应模型，汇报的为系数。

综上所述，反倾销之前，实验组企业与对照组企业的出口无明显不同，具有可比性，通过了适用双重差分方法的平行趋势检验（Parallel Trend Test）。反倾销之后，两组企业的出口表现有异，不过并没有在立案初期立即显现出来，而是出现在反倾销调查的中后期。可能的原因是，在反倾销初期，企业拥有产成品和中间投入品库存，导致生产和出口不会马上下降。在反倾销中后期，即立案后 3~5 年，绝大部分的反倾销诉讼都已经完成了终裁程序，下游企业进口目标产品时需要缴纳反倾销税，增加了它们的生产成本，对其生产效率产生了负面冲击，迫使更多低效率企业停止出口，留在市场上的下游企业的出口也大幅度下滑。

第三节　实证结果分析与解释

一、基准检验

本部分首先检验反倾销对下游企业出口影响的平均效应，其次分析反倾销对下游企业出口影响的差异性，重点考察企业异质性（生产率）的作用。

（一）反倾销对下游企业出口的影响

表 7-3 第（1）~（2）列报告了模型（7-13）的回归结果。交叉项 treat×dT 的系数均显著为负，表明反倾销降低了下游企业的出口概率和出口额。平均来说，反倾销会使下游企业出口概率比下降 48.2%、出口额减少 8.9%。这一结论完全符合理论预期。在进口中间投入品遭受反倾销调查时，一方面，企业生产面临更大的不确定性（Prusa，1997）；另一方面，保证金的缴纳和反倾销税的征收可能会增加下游企业的生产成本，引起出口产品价格上升，导致需求减少、生产规模萎缩，进而降低企业生产率、抑制其出口增长。具体地看，如果短期内下游企业仍生产下游产品，它可以选择继续从反倾销目标对象国进口，也可以转向国内生产商或者其他非目标对象国采购中间投入品。数据显示，在从被诉国家进口目标产品的 6420 家企业中：2571 家企业不再进口目标产品，占比 40.05%；3457 家企业继续从被诉国家进口目标产品，占比 53.85%；392 家企业转向其他国家进口目标产品，占比 6.10%。也就是说，中国对外反倾销之后，大约四成

的下游企业从国内采购目标产品或根本不再购买任何反倾销目标产品①，一半以上的下游企业为了维持相关产品的生产而不得不承担反倾销税带来的成本上升，贸易转移效应仅发生在不到一成的下游企业。长期来看，被反倾销之后，下游企业可能会停止下游产品生产，进入其他产品的生产领域。这种企业内资源配置将耗费企业大量资金来组织生产、开辟新的销售渠道，可能影响其出口增长。这些结论与 Avsar（2010）相一致，证明了反倾销给下游企业带来较大的成本上升或上升的风险。如果下游企业从非被诉国家或国内采购，那么需重新建立供应链、同时还得让生产向新投入品调整，成本明显上升；如果其继续从被指控国家进口，在中国商务部得到肯定性初裁或终裁结论之后，必须向海关缴纳现金保证金或反倾销税，中间投入品价格将出现不同程度的上涨，生产成本增加。因此，无论如何决策，下游企业的正常生产都将受到影响，导致企业减少出口，甚至退出出口市场。

其他变量均具有预期的符号。劳动生产率对企业出口总额的影响显著为正，但对出口概率的影响并不显著，这可能是由样本量较小时劳动生产率变动不大导致的该变量方差较小引起的；企业规模的作用显著为正，说明规模越大的企业出口可能性越大、也出口得更多；资本—劳动比率显著为负，即资本—劳动比率越高，企业出口概率和出口额越小，表明中国出口企业大部分都是从事劳动密集型产品的生产，符合比较优势原则；同时，虽然出口补贴对企业出口概率影响不明显，但对企业出口总量产生促进作用，出口补贴每增加 1%，出口增加 0.016%。

（二）企业生产率的作用

按照命题 2，反倾销对下游企业出口的影响还因企业生产效率而不同。为此，对模型（7-14）进行检验，表 7-3 第（3）~（4）列报告了纳入企业生产率交互项的结果。

反倾销之后，相对于低效率的企业而言，高效率的下游企业出口概率和出口总额下降得更少。以对数生产率值分别为 3.23（25%分位数）和 4.03（50%分位数）的两个企业为例，通过计算发现，反倾销使前者出口概率比下降 54.68%、出口额下降 20.74%，使后者出口概率比下降

---

① 由于缺少企业从国内采购的信息，只能从数据中观察到反倾销之后企业是否进口目标产品，但不知道它们会不会从国内购买，因此，从现有的数据中无法获得这些企业是从国内采购反倾销目标产品，还是根本不购买目标产品的信息，也就不能计算这两类企业各自的比重。

44.55%、出口额下降 11.14%[①]。这可能是由于高效率企业在经营绩效等各方面均优于低效率企业（见表 7-4），因而应对外部冲击的能力更强。一方面，相对于低效率企业而言，高效率企业往往生产规模更大，生产的产品种类更多，在某种产品遭遇反倾销之后，可以将生产转移到其他产品，通过企业内部的资源配置来减少损失；另一方面，高效率企业在技术上通常更具优势，可以利用其先进技术尽可能地抵消成本上升的负面冲击，因而受到反倾销的负面影响更小。该结论支持命题 2 的预测。

表 7-3　反倾销对下游企业出口的影响

	（1） exp_ dum	（2） ln（export）	（3） exp_ dum	（4） ln（export）
treat×dT	0.518 *** (0.000)	−0.089 *** (0.008)	0.201 *** (0.000)	−0.595 *** (0.000)
×L. ln（vapw）			1.286 *** (0.009)	0.120 *** (0.000)
L. ln（vapw）	1.073 (0.253)	0.037 ** (0.019)	1.062 (0.595)	0.028 (0.316)
L. ln（asset）	2.335 *** (0.000)	0.471 *** (0.000)	2.287 *** (0.000)	0.466 *** (0.000)
L. ln（k/l）	0.745 *** (0.001)	−0.136 *** (0.000)	0.753 *** (0.001)	−0.129 *** (0.000)
L. ln（subsidy）	1.024 (0.356)	0.016 ** (0.019)	1.022 (0.393)	0.016 ** (0.019)
treat×L. ln（vapw）			0.915 (0.533)	−0.053 (0.138)

---

① 注意，在 Logit 模型中，对于不同生产率的企业，应先将上一期劳动生产率与其系数（而非表 7-4 中汇报的数字）相乘之后，再分别计算出口概率比的变化。例如，在回归（3）中，对于劳动生产率为 3.23 的企业，$\beta_3 = -1.604$，$\beta_6 = 0.252$，反倾销会使下游企业出口概率比变化 $100 \times \{\exp[\beta_3 + \beta_6 \times \ln（vapw）] - 1\}\% = 100 \times [\exp(-1.604 + 0.252 \times 3.23) - 1]\% = 54.68\%$。

续表

	（1）	（2）	（3）	（4）
	exp_dum	ln（export）	exp_dum	ln（export）
dT×L. ln（vapw）			0.953	0.008
			(0.232)	(0.541)
C		−8.859***		−8.647***
		(0.000)		(0.000)
Firm FE	Y	Y	Y	Y
Year FE	Y	Y	Y	Y
N	3096	16874	3096	16874
（Pseudo）R²	0.042	0.066	0.045	0.071

注：括号内数字为稳健标准误的 P 值；*、** 和 *** 分别表示在 10%、5%和 1%的统计水平上显著；在因变量为出口概率的 Logit 固定效应模型中，表格中汇报的是出口概率比，最后一行汇报的是（Pseudo）R²，下同。

表 7-4　低效率企业与高效率企业的经营绩效对比

变量 ＼ 类别	低效率企业（对数生产率<中位数）	高效率企业（对数生产率≥中位数）
平均产品销售收入（亿元）	1.15	4.44
平均工业总产值（亿元）	1.12	4.47
平均总资产（亿元）	1.41	4.14
平均出口产品种类（个）	17	28
平均研发水平（亿元）	0.00	0.05
平均新产品产值（亿元）	0.12	0.71

二、稳健性检验

（一）考虑进口反倾销目标产品对下游企业出口的关联程度

按照理论模型的假定，反倾销直接影响的是那些以反倾销目标产品作为中间投入品的少数几种产品的出口。但是，由于无法得知企业在生产哪些产品时使用了反倾销目标产品，只能笼统地分析反倾销对下游企业总出口的影响。如果进口的反倾销目标产品对下游企业的生产越重要，反倾销对下游企业总出口的影响将越大。为此，本章试图考虑进口反倾销目标产品对下游企业生产和出口的关联程度。一方面，用立案前一年从被诉国家进口的反倾销目标产品总额占企业总进口的比例 ratio 来度量反倾销目标产品在下游企业生产中的重要性，该比例越高，企业进口的反倾销目标产品越重要，反倾销对下游企业的影响将越大；另一方面，设定多产品企业指示变量 multi，将所有下游企业分成出口单一产品的下游企业（multi 取 0）和出口多种产品的下游企业（multi 取 1），如果下游企业仅仅出口一种产品，反倾销目标产品必然是其中间投入品，因而单一产品企业受反倾销的影响将更大。

在基准回归中分别增加了 treat×dT 与 ratio 和 multi 的交互项，并进行检验，结果如表 7-5 第（1）～（4）列所示。结果发现，在回归第（1）列和第（2）列中，treat×dT 与 treat×dT×ratio 的作用均显著为负，但后者不显著，可能与作为百分数的 ratio 指标的变动不大有关。上述结论表明，如果企业总进口中来自被指控国家反倾销目标产品的比例越大，反倾销目标产品与下游企业生产的关联性越强，对中间投入品的反倾销将提高下游企业的生产成本，并进一步对企业总出口产生不利影响。同时，treat×dT 与 multi 的交互项系数为正 [回归（3）其不显著]，表明单一产品企业受到反倾销的影响更大，从另一角度证明了初始预期。

（二）考虑反倾销的影响期限

为了考察反倾销对下游企业出口的影响随着时间推移而发生的变化，这里将反倾销的影响分解到各年，以观察下游企业的出口变化趋势。回归结果如表 7-5 第（5）～（6）列所示。treat×dT×year1 的系数表示立案后第一年反倾销对下游企业出口的影响，treat×dT×year2 的系数表示立案后第二年反倾销对下游企业出口的影响，依此类推。结果发现，立案之后第一年，企业出口总额就开始下降；虽然在第二年其下滑趋势不太显著，但第三年之后降幅递增，平均每年下滑 10%，在第五年下降幅度达到最大；企业出口概率比也表现类似的变动特征。总体来看，在反倾销之后的 5 年中，下游企业出口概率比和出口总额均受到显著的负面影响，暗示了反倾销对下游企业出口的抑制作用将长期存在。

表 7-5　稳健性检验：考虑目标产品的下游关联度与反倾销的影响期限

	（1）	（2）	（3）	（4）	（5）	（6）
	exp_dum	ln（export）	exp_dum	ln（export）	exp_dum	ln（export）
treat×dT	0.568***	−0.065*	0.464***	−0.371**		
	（0.000）	（0.087）	（0.001）	（0.012）		
×ratio	0.996	−0.002				
	（0.238）	（0.134）				
×multi			1.151	0.295**		
			（0.578）	（0.049）		
treat×dT×year1					0.531***	−0.136***
					（0.000）	（0.000）
treat×dT×year2					0.372***	−0.070
					（0.000）	（0.107）
treat×dT×year3					0.131***	−0.327***
					（0.000）	（0.000）
treat×dT×year4					0.134***	0.329***
					（0.000）	（0.000）
treat×dT×year5					0.038***	−0.580***
					（0.000）	（0.000）
N	3096	16874	3096	16874	3096	16874
（Pseudo）R^2	0.042	0.067	0.042	0.067	0.062	0.071

注：括号内数字为稳健性标准误的 P 值；*、** 和 *** 分别表示在10%、5%和1%的统计水平上显著；模型中均控制了基准回归中的所有变量，但为节约篇幅没有在此表中汇报。

（三）针对化工产品和非化工产品的反倾销案件

中国对外反倾销主要针对化工产品。2001~2005 年的样本研究期间，中国共对外发起 120 起反倾销，对化工产品的反倾销诉讼达 95 起，占比 79.17%。为了考察中国反倾销对下游企业出口的负面影响是否受到化工行业效应的主导，对涉及化工产品的 91 起肯定性裁决案件以及涉及其他产品的 25 起肯定性裁决案件进行了分组检验，如表 7-6 所示。结果发现，除了回归（1）之外，化工产品案件与非化工产品案件的反倾销对下游企业出口的影响均没有明显差异，基准回归的结论不会因为反倾销涉案行业的不同而发生变化，证实了其结论的稳健性。

表 7-6　稳健性检验：考虑化工产品和其他产品案件

	（1） exp_dum	（2） ln（export）	（3） exp_dum	（4） ln（export）
化工产品				
treat×dT	0.421***	−0.092**	0.186***	−0.584***
	(0.000)	(0.018)	(0.001)	(0.000)
×L. ln（vapw）			1.272**	0.123***
			(0.031)	(0.000)
N	2478	14587	2478	14587
(Pseudo) R²	0.038	0.081	0.043	0.085
非化工产品				
treat×dT	0.732	−0.100*	0.101***	−0.782***
	(0.143)	(0.054)	(0.002)	(0.000)
×L. ln（vapw）			1.574***	0.162***
			(0.006)	(0.000)
N	1710	9012	1710	9012
(Pseudo) R²	0.052	0.058	0.060	0.066

注：括号内数字为稳健性标准误的 P 值；*、** 和 *** 分别表示在 10%、5% 和 1% 的统计水平上显著。

（四）采用新的对照组企业

借鉴 Konings 和 Vandenbussche（2008，2013）和 Lu 等（2013），选择当年从被诉国家进口反倾销目标产品所在的 HS6 项下的其他未受到反倾销指控的 HS8 产品的企业作为对照组企业。这些企业与实验组企业均进口同一个 HS6 项下的产品，往往具有某些共性，例如，大多在相同行业从事生产、享受着相同的国家政策、面临着相似的供给和需求冲击、遵循着类似的增长周期等。表 7-7 的结果证实了反倾销的确对下游企业出口造成负面影响，且该影响可能因企业生产率水平不同而存在较大差异。本书的基本结论未因对照组企业的选择发生明显变化。

表 7-7　稳健性检验：采用新的对照组企业

	(1) exp_dum	(2) ln（export）	(3) exp_dum	(4) ln（export）
treat×dT	0.549***	−0.068*	0.187***	−0.613***
	(0.000)	(0.063)	(0.000)	(0.000)
×L. ln（vapw）			1.510***	0.146***
			(0.002)	(0.000)
N	1938	9880	1938	9880
（Pseudo）R^2	0.051	0.070	0.059	0.078

注：括号内数字为稳健性标准误的 P 值；*、** 和 *** 分别表示在 10%、5% 和 1% 的统计水平上显著。

（五）考虑更多的反倾销案件

在理论模型中，假设反倾销主要通过调查效应和成本效应，前者通过提高生产经营决策过程中的不确定风险、后者通过增加进口投入品的采购成本影响下游企业的出口，所以未被征税的其他案件仍然可能因为调查效应的存在而对下游企业出口产生消极影响，因此，将 2001~2005 年中国对外发起的 116 起中间产品反倾销案件纳入样本，包括否定性初裁或终裁及中止调查的 29 起案件，回归结果如表 7-8 所示。表 7-8 表明，关键变量均具有预期的符号且在 5% 的显著性水平上显著，纳入更多反倾销案件的分析，同样支持了基准回归的结论。但是，与基准回归相比，变量 treat× dT 的系数均有所减小，意味着非肯定性裁决案件相对于肯定性终裁案件对下游企业出口造成的冲击更小，说明反倾销税的成本效应不可忽视。

表7-8 稳健性检验：考虑更多反倾销诉讼案件

	（1） exp_ dum	（2） ln（export）	（3） exp_ dum	（4） ln（export）
treat×dT	0. 547 *** （0. 000）	-0. 079 ** （0. 030）	0. 185 *** （0. 000）	-0. 511 *** （0. 000）
×L. ln（vapw）			1. 390 *** （0. 001）	0. 094 *** （0. 003）
N	3334	15890	3334	15890
（Pseudo）R²	0. 058	0. 051	0. 064	0. 055

注：括号内数字为稳健性标准误的 P 值；*、** 和 *** 分别表示在 10%、5% 和 1%的统计水平上显著。

（六）考虑国内外其他贸易政策

由于中国对外发起的其他贸易政策及外国对华的进口限制措施可能也会影响到下游企业出口，从而夸大中国对华反倾销对下游企业出口的抑制作用，因此，有必要同时考虑其他贸易政策的影响。结果发现，在样本期内中国曾经对外实施过保障措施，故设置二值虚拟变量 SGF：如果企业 f 在t~4 到 t~1 年①进口了中国对外保障措施的目标产品，SGF 取值为 1，否则取 0。此外，2001~2005 年外国对华出口也采取了诸如反倾销、反补贴、保障措施、特殊保障措施之类的贸易限制措施，故设置变量 FTPF：如果企业 f 在 t~5 到 t~1 年②出口了外国实施进口限制政策的目标产品，FTPF 取值为 1，否则取 0。这里额外控制了 SGF 和 FTPF 这两个变量重新进行回归，结果如表7-9所示。在加入额外变量后，关键变量 treat×dT 的显著性和系数大小几乎不变，反映基准回归结论的稳健性。

---

① 一般地，保障措施的实施时间为 4 年。

② 在外国对华贸易限制政策中，反倾销和反补贴最多，而它们的实施期限均为 5 年。

表7-9　稳健性检验：考虑国内外其他贸易政策

	（1） exp_dum	（2） ln_export	（3） exp_dum	（4） ln_export
treat×dT	0.536 ***	−0.091 ***	0.212 ***	−0.595 ***
	（0.000）	（0.007）	（0.000）	（0.000）
×L.ln（vapw）			1.273 **	0.120 ***
			（0.013）	（0.000）
N	3096	16874	3096	16874
（Pseudo）R^2	0.044	0.067	0.047	0.071

注：括号内数字为稳健性标准误的 P 值；＊、＊＊ 和 ＊＊＊ 分别表示在 10%、5% 和 1% 的统计水平上显著。

（七）采取不同回归方法

尽管 Logit 固定效应模型可以规避 Probit 固定效应模型的偶发性参数的缺点，但是其在迭代中丢弃掉样本期内出口状态不变企业的所有观测，也可能引起回归系数的偏误。为避免样本量大幅度缩减引起的偏误，这里分别使用线性概率模型（LPM）和 Probit 随机效应模型对 exp_dum 重新进行回归。如表7-10 所示，在新回归方法的设定下，结论几乎保持不变，表明 Logit 固定效应模型设定并没有带来估计偏误。

表7-10　稳健性检验：不同回归方法

	LPM （1） exp_dum	Probit RE （2） exp_dum	LPM （3） exp_dum	Probit RE （4） exp_dum
treat×dT	−0.030 ***	−0.329 ***	−0.068 ***	−0.875 ***
	（0.000）	（0.000）	（0.000）	（0.000）
×L.ln（vapw）			0.011 ***	0.141 ***
			（0.008）	（0.002）

	LPM	Probit RE	LPM	Probit RE
N	19808	19808	19808	19808
R^2/Log Likelihood	0.746	−5626.718	0.746	−5618.157

注：括号内数字为稳健性标准误的 P 值；*、** 和 *** 分别表示在 10%、5% 和 1% 的统计水平上显著。

(八) 考虑下游企业出口价格的变化

按照前面的分析，反倾销可能提高目标产品的进口价格，增加下游企业的生产成本，并对其生产和出口产生负面冲击。在这样的影响机制下，下游企业的出口价格可能会上升。本章在企业—产品—目的地—时间层面度量了企业的出口价格，并利用模型（7-16）考察实验组企业相比对照组企业在反倾销前后的价格变化。

$$\ln\left(price_{fpdt}\right) = \beta_0 + \beta_1 treat_f + \beta_2 dT_t + \beta_3 treat_f \times dT_t + X'_{ft-1}B + \lambda_f + \lambda_t + \varepsilon_{fpdt}$$

$$(7-16)$$

如表 7-11 第（1）列所示，treat×dT 的系数显著为负，表明反倾销之后下游企业的出口产品价格平均而言是下降的。可能有两个方面的原因：一是根据关税吸收（Tariff Absorption）的类似原理，下游企业为了避免出口可能的下降，主动降低了其税前的出口价格；二是中间投入品反倾销对下游企业价格的影响存在一定的滞后性。为此，本小节还进行了如下两类检验：第一，将反倾销的影响分拆到反倾销立案后的第 1~5 年，观察各年中下游企业的出口价格变化。如表 7-11 第（2）列所示，结果发现，从反倾销立案后第二年开始，下游企业出口价格开始逐渐上升，到立案后第四年已显著上升了 7%。第二，将反倾销起效的时间节点设定为立案后的第二年，用 dT′2 表示，即在反倾销立案第二年之后其值取 1、否则为 0，并将 treat×dT′2 取代 treat×dT 进行类似回归。如表 7-11 第（3）列所示，结果发现，反倾销第二年之后，下游企业的出口价格显著上升了 1.7%。相应地，如果将反倾销起效的时间节点设定为立案后第三、四、五年，结论十分类似，如表 7-11 第（4）~（6）列所示。上述结论说明，反倾销之后下游企业的出口价格出现了一定幅度的上涨，这暗示着被征收了反倾销税的下游企业的生产成本上升，为本章的理论分析及实证研究提供了进一步的支撑。

表 7-11　稳健性检验：下游企业出口价格的变化

	（1）ln（price）	（2）ln（price）	（3）ln（price）	（4）ln（price）	（5）ln（price）	（6）ln（price）
treat×dT	−0.024** （0.011）					
×year1		−0.023** （0.032）				
×year2		0.002 （0.901）				
×year3		0.013 （0.447）				
×year4		0.070*** （0.000）				
×year5		0.070*** （0.003）				
treat×dT′2			0.017* （0.080）			
treat×dT′3				0.048*** （0.000）		
treat×dT′4					0.068*** （0.000）	
treat×dT′5						0.032** （0.046）
Firm FE	Y	Y	Y	Y	Y	Y
N	424198	424198	424198	424198	424198	424198
R^2	0.553	0.553	0.553	0.553	0.553	0.553

注：括号内数字为稳健性标准误的 P 值；*、** 和 *** 分别表示在 10%、5% 和 1% 的统计水平上显著性。

第四节　反倾销影响的微观机制：
调查效应还是成本效应

一、反倾销影响机制的讨论

如前文所述，反倾销可能通过影响下游企业对外国涉案产品的进口作用于其出口，其影响机制包括调查效应和成本效应。

就调查效应而言，一旦中国对外发起反倾销调查，如果下游企业继续从外国企业进口涉案产品，在中国商务部达成肯定性裁决之后将会被征收反倾销税，但立案之后不会立即被征税，此时下游企业进口的变化方向是不确定的，它们可能因为惧怕未来被征税而减少进口，也可能为了避免未来缴纳高额反倾销税而短暂地增加进口。因此，反倾销措施的发起可能会增加下游企业生产经营风险，并进而影响到它们的对外出口，即反倾销通过调查效应作用于下游企业出口。

就成本效应而言，在中国商务部达成肯定性裁决之后，继续从外国企业进口涉案产品的下游企业将被征收反倾销税，作为其中间投入品的涉案产品价格也将随之上涨，下游企业的生产成本增加。如果这些企业将一定比例的产成品用于出口，价格的上涨将使其在国际市场的竞争力大幅度降低。因此，反倾销通过成本效应对下游企业出口带来消极影响。

由于基准回归中的实证分析仅证实了反倾销措施总体上对下游企业出口产生了抑制作用，而没有单独确认其调查效应和成本效应的存在，故本节期望论证这两个效应的存在性，并将其进行比较，以判断是调查效应还是成本效应主导反倾销对下游企业出口的负面冲击。

二、反倾销影响机制的甄别

基于与第五章类似的理由，本节同样仿照 Lu 等（2013）设定反倾销立案和终裁两个时间节点来甄别反倾销影响下游企业的微观机制。具体地，假设 t_1 表示立案年份、t_2 表示征税年份，设定两个二值虚拟变量 dT1 和 dT2，它们的取值如下：

$$dT1 = \begin{cases} 1 & t \in [t_1+1,\ t_2+1) \\ 0 & t \notin [t_1+1,\ t_2+1) \end{cases} \qquad dT2 = \begin{cases} 1 & t \geq t_2+1 \\ 0 & t < t_2+1 \end{cases}$$

接着，构建以下模型对反倾销的调查效应和成本效应进行检验：

$$Y_{ft} = \beta_0 + \beta_1 treat_f + \beta_{21} dT1_t + \beta_{22} dT2_t + \beta_{31} treat_f \times dT1_t + \beta_{32} treat_f \times dT2_t + X'_{ft-1}B + \lambda_f + \lambda_t + \varepsilon_{ft}$$

$$(7-17)$$

将模型（7-17）与基准回归模型（7-13）对比发现，关键变量的关系可以用以下表达式表示：$\beta_3 \times treat_f \times dT = \beta_{31} \times treat_f \times dT1 + \beta_{32} \times treat_f \times dT2$①。即反倾销对下游企业出口的总效应，可以分解为反倾销程序中不同环节的调查效应和成本效应，调查效应是在反倾销立案时就发生作用，而成本效应则在肯定性终裁之后才发生作用。

相应地，也使用模型（7-18）检验了企业生产率对反倾销调查效应和成本效应的影响：

$$Y_{ft} = \beta_0 + \beta_1 treat_f + \beta_{21} dT1_t + \beta_{22} dT2_t + \beta_{31} treat_f \times dT1_t + \beta_{32} treat_f \times dT2_t + \beta_4 treat_f \times \ln(productivity) + \beta_{51} dT1_t \times \ln(productivity) + \beta_{52} dT2_t \times \ln(productivity) + \beta_{61} treat_f \times dT1_t \times \ln(productivity) + \beta_{62} treat_f \times dT2_t \times \ln(productivity) + X'_{ft-1}B + \lambda_f + \lambda_t + \varepsilon_{ft}$$

$$(7-18)$$

本部分继续采用 Logit 和普通面板固定效应模型对模型（7-17）和模型（7-18）进行回归，控制变量与基准回归模型（7-13）完全一致。这里通过引入立案和终裁两个时间节点，将反倾销对下游企业影响机制中的调查效应和成本效应进行了分离，如表7-12所示。表7-12第（1）~（2）列显示，一方面，就出口概率而言，反倾销调查使实验组企业相对于对照组企业出口概率比下降41.5%，反倾销税使其下降高达78.3%，后者是前者的1.9倍；另一方面，就出口总量而言，反倾销调查之后实验组企业出口比对照

① 在基准回归中，假设调查效应与成本效应相等（$\beta_{31}=\beta_{32}$）并计算反倾销对下游企业出口的平均影响效应。

组企业下降7.0%，反倾销税使实验组企业比对照组企业出口减少29.9%，后者是前者的4.3倍。因此，反倾销同时存在调查效应和成本效应，但后者远远超过前者，成本效应大约是调查效应的2~4倍。

上述分析表明，中国对外发起的反倾销调查本身及反倾销税的征收均对下游企业出口造成负面影响。这说明反倾销不仅对下游企业带来了不确定风险，同时还增加了其生产成本，影响了企业生产与出口的决策，导致下游企业生产规模缩减，企业出口明显下降，甚至退出出口市场。这一结论扩展了贸易政策不确定性影响企业出口行为的证据（Handley，2011；Handley and Limão，2012；Feng et al.，2012）；也系统证实了反倾销的成本效应（Krupp and Skeath，2002；朱钟棣和鲍晓华，2004；沈瑶等，2005；朱庆华，2009；Blonigen，2016）。

反倾销影响下游企业出口的调查效应小于成本效应，可能有两方面原因：一是下游企业的反倾销目标产品库存起到了缓冲作用，例如，当中国对外发起反倾销调查之时，大部分下游企业还有前期从被诉国家进口的目标产品存货，它们可以使用这些存货从事生产活动，从而降低了反倾销调查对自身出口的负面影响；二是在反倾销立案调查与初裁之间的期限内，下游企业可能会通过转运和其他贸易方式增加目标产品的进口，从而不同程度地规避了反倾销措施对其造成的不利影响，并有效挽回了出口下降的部分损失①。

表 7-12　反倾销的调查效应和成本效应

	(1) exp_dum	(2) ln（export）	(3) exp_dum	(4) ln（export）
treat×dT1	0.585 *** (0.000)	-0.070 ** (0.038)	0.313 *** (0.009)	-0.487 *** (0.000)
×L. ln（vapw）			1.220 * (0.056)	0.104 *** (0.000)

① 例如，2014年1月和5月中国分别对美韩和欧盟进口太阳能级多晶硅采取了反倾销反补贴措施，这导致了中国加工贸易项下多晶硅进口出现了激增。详见中国贸易救济信息网商务部和海关总署公告2014年第58号，http：//www.cacs.gov.cn/cacs/newcommon/details.aspx？ articleid＝124683。

续表

	（1）	（2）	（3）	（4）
	exp_dum	ln（export）	exp_dum	ln（export）
treat×dT2	0.217***	−0.299***	0.030***	−0.955***
	（0.000）	（0.000）	（0.000）	（0.000）
×L.ln（vapw）			1.675***	0.169***
			（0.001）	（0.000）
L.ln（vapw）	1.071	0.036**	1.066	0.029
	（0.265）	（0.024）	（0.578）	（0.297）
L.ln（asset）	2.199***	0.463***	2.151***	0.458***
	（0.000）	（0.000）	（0.000）	（0.000）
L.ln（k/l）	0.767***	−0.131***	0.784***	−0.124***
	（0.003）	（0.000）	（0.007）	（0.000）
L.ln（subsidy）	1.024	0.016**	1.022	0.016**
	（0.363）	（0.016）	（0.395）	（0.016）
treat×L.ln（vapw）			0.888	−0.054
			（0.410）	（0.135）
dT1×L.ln（vapw）			0.920**	−0.002
			（0.046）	（0.880）
dT2×L.ln（vapw）			0.910	0.002
			（0.137）	（0.920）
C		−8.797***		−8.595***
		（0.000）		（0.000）
Firm FE	Y	Y	Y	Y
Year FE	Y	Y	Y	Y
N	3096	16874	3096	16874
（Pseudo）R²	0.054	0.069	0.060	0.073

注：括号内数字为稳健性标准误的 P 值；*、** 和 *** 分别表示在 10%、5% 和 1% 的统计水平上显著。

如表7-12第（3）～（4）列所示，模型（7-18）的回归结果还表明，在中国对外发起反倾销时，下游企业从被诉国家进口目标产品的风险或成本上升，企业退出出口市场、出口减少，并且出口概率和出口总额的下降与企业生产效率成反比；一旦达成肯定性终裁并征收反倾销税之后，企业出口概率与出口总额下降得更为明显，但生产效率较高的下游企业的出口所受影响更小。综上所述，反倾销对下游企业出口概率和出口数量均造成负面冲击；它是由反倾销的调查效应引发的不确定性风险上升以及征收反倾销税的成本效应共同起作用的，但成本效应远超过调查效应。

第五节　主要结论

本章首先构建了一个融入反倾销税的异质性企业理论模型，分析了中间投入品征税对生产率不同的下游企业生产和出口的差异化影响。其次，汇总了2001～2005年中国对48种中间产品发起的87起肯定性终裁反倾销案件，并与中国工业企业数据库和海关数据库（2000～2006年）相匹配，采用双重差分法就反倾销对下游企业出口的影响进行了实证研究。主要结论有以下四点：第一，反倾销抑制了下游企业出口，不仅降低了其出口概率，还减少了它们的总出口；第二，反倾销对下游企业出口的负面效应，受企业生产率的影响，企业生产率越高，反倾销对其出口的消极影响越小；第三，反倾销对下游企业出口抑制作用的持续时间较长，将在3～5年内持续存在甚至更久；第四，反倾销同时通过调查效应和成本效应影响下游企业出口，并且成本效应大约是调查效应的2～4倍。

第八章　主要结论、政策启示与未来研究方向

本书主要从进出口贸易、进口竞争性企业和下游企业几个角度对中国对外反倾销的政策效应进行了全面而深入的剖析，得出一些具有现实意义的结论，为国内企业和决策机构提供了相关政策建议，并指明未来研究的发展方向。

第一节　主要结论

一、中国对外反倾销取得的成绩与不足

1997 年中国对反倾销的运用实现了零的突破，"入世"前后又实现了反倾销调查数量的快速增长，商务部门在反倾销实践中积累了大量的经验，在合法规制外国倾销行为方面取得了不俗的成绩，大大地提升了中国运用合规性工具的能力。

然而，纵观中国对外反倾销 20 多年的发展历程，仍然存在以下七点不足之处：第一，对外反倾销数量较少，不足全球反倾销案件总数的 5%，在 2008 年之后甚至出现下滑态势；第二，产品重复反倾销比例居高，涉及相同产品的反倾销案件高达 25% 以上；第三，肯定性反倾销裁决比率高达 72.8%，位列全球之首；第四，反倾销裁决效率偏低，裁决期限较长，结案方式单一，且反倾销税率也相对低下；第五，反倾销进口覆盖率总体较低，不到 2%；第六，对欧盟、日本和美国这三大经济体的反倾销进口覆盖率与其进口位次不太相称；第七，对化工业、塑料制品业、钢铁业和纸

制品业等少数传统行业的反倾销进口覆盖率很高，光纤制造业和仪器仪表业等非传统行业长期处于低位徘徊。

二、中国对外反倾销限制了进口激增

中国对外反倾销具有较强的贸易限制效应，它提高了涉案产品的进口价格，有效地限制了来自指控对象国的涉案产品进口；同时，它还带来明显的贸易转移效应，主要表现在反倾销之前就从非指控对象国进口相似产品的企业的进口增长；此外，由于贸易转移效应无法抵消贸易限制效应，中国对外反倾销总体上起到了限制进口的作用。

就作用机制而言，贸易限制效应主要通过减少进口企业数量和进口国家数量（扩展边际）发挥作用，而贸易转移效应主要是通过增加"产品—企业—国家"对的平均进口（集约边际）实现的。

三、中国对外反倾销救济了进口竞争性企业

中国对外反倾销提高了进口竞争性企业的国内市场份额和市场势力，总体上对进口竞争性企业起到了较好的贸易救济效果，使它们的生产率平均提高了 6.3% ~ 9.0%。

进一步地，中国对外反倾销对国内进口竞争性企业的影响因企业初始生产率、销售市场和所有制性质不同而不同。第一，就不同生产率企业而言，反倾销对低效率企业的促进作用更大，对高效率企业的促进作用更小；第二，就不同销售市场企业而言，反倾销明显地促进了国内销售企业生产率的增长，但不影响出口企业的生产率变化；第三，就不同所有制企业而言，反倾销对国有企业的生产率起到了较大的促进作用，同时外商投资企业也取得了部分利益，但私营企业几乎没有从中获得好处。

此外，中国对外反倾销促进了国内进口竞争性产品的出口，同时提高了其出口概率、出口总额、出口数量以及出口价格，且影响时间较长、影响作用逐年增大；但是，反倾销对中国相关产品出口竞争力的提升作用有限，它仅仅促进了对非指控对象国的产品出口增长，对指控对象国的出口不升反降。

就作用机制而言，中国对外反倾销主要通过成本效应而非调查效应、

主要通过规模经济效应而非技术创新效应实现对国内进口竞争性企业的贸易救济,反倾销后中国进口竞争性行业实现的是数量型扩张、而非质量型增长。

四、中国对外反倾销损害了下游企业的利益

中国对外反倾销不仅通过征收反倾销税加重了下游企业的生产成本负担,还通过限制进口的方式减少了它们的进口产品种类,损害了下游企业的根本利益。

反倾销对下游企业的负面冲击在抑制其出口增长上可见一斑。第一,反倾销调查使下游企业出口概率下降、出口减少;第二,相对于低效率的企业而言,反倾销对高效率下游企业出口的影响更小;第三,反倾销对下游企业出口抑制作用持续时间较长,可能超过五年。

就作用机制而言,反倾销对下游企业出口的冲击同时通过调查效应和成本效应发挥作用,但成本效应是调查效应的 2~4 倍。

第二节 政策启示

本书肯定了中国对外反倾销实践工作及其在救济国内进口竞争性企业方面取得的成绩,同时也证实了它可能对下游企业带来的负面冲击,对政府和相关企业今后如何实施反倾销具有一定的启示意义。

一、政府层面

(一) 敦促国内企业适时启动反倾销措施

1. 建立反倾销预警机制

在进口产品价格暴跌或进口数量激增的情况下,按照价格下降或数量增长的幅度划分预警级别,同时向国内同类产品的生产企业报警,帮助它们了解外国竞争对手在国内市场的销售策略,以促进灵活机动地启动反倾销申诉程序。

2. 有序推动反倾销调查工作顺利开展

反倾销调查一旦发起，即使终裁裁定不征税，仍然会对进口起到一定的限制作用。但是，中国进出口企业大多为中小企业，在对外开展贸易活动时，往往只聚焦于交易本身，经常忽略与之相关的国内外经济形势与法律环境，导致其在进口时无法适时运用反倾销工具来维护自身合法利益。有鉴于此，中国商务部门应在国内企业中大力普及反倾销法律法规，在外国企业对华倾销产品时鼓励反倾销措施的运用与实施，以更好地发挥反倾销的"安全阀"作用。

首先，通过电视、报纸、杂志、微博、微信公众号等主流媒体和传媒终端多渠道途径地推广反倾销申诉技巧与知识，呈现相关法律要点、成功案例分析、专家访谈和学术研究等，让更多企业熟悉反倾销调查的适用条件与实施程序。

其次，发挥行业协会、地区商会、区域经济协会等中介机构及地方政府的桥梁作用，创设对外反倾销基金，为反倾销调查的例行或常规性事务提供一定的财政支持与补助，鼓励中小企业把握好时间节点通过中介组织"抱团"申诉。

再次，各级政府或相关部门可以借助培训、座谈和会议等方式向国内企业特别是私营企业推广反倾销知识，组织经验丰富的成功反倾销企业向其他企业提供政策咨询和辅导，在材料准备、申诉和举证等多个环节为从未申请过反倾销调查的企业提供援助，为反倾销诉讼的顺利进行保驾护航。

3. 努力提升反倾销案件的裁决效率与质量

首先，继续深化行政体制改革，分离商务部门进口反倾销调查与出口反倾销应对职能，考虑分行业或分国别对不同案件实现分级责任人负责制，大力缩短裁决期限。

其次，切实加强服务意识，正确处理与国内外企业之间的关系，注重与本国申诉企业合作，建立信息甄别机制，整理与收集反倾销调查中所需要的数据，做到分门别类统计，科学精准地识别外国涉案产品的销售特点与倾销幅度，有针对性地采取最有效的反倾销措施，全力提高反倾销裁决质量。

再次，把关反倾销程序的各个环节，包括严格审查国内企业反倾销措施的复审申请，调查外国产品倾销以及损害国内企业是否成立，条件不具备时给予否定性反倾销裁决，防止不合理反倾销或反倾销措施实施期限过长导致过度保护或衍生资源配置低效率。

最后，谨慎对待产品重复反倾销问题，广泛听取相关企业的不同意见，不放过损害中国企业利益的倾销行为，同时防范反倾销措施沦为少数企业的变相"保护伞"，在世界贸易组织框架协议下构建国内市场公平贸易环境。

（二）适度兼顾国内下游企业的基本权益

1. 考虑下游企业的利益

中国在对外发起反倾销时，应充分尊重并听取下游企业的相关意见，一方面，实现对国内所有企业一视同仁的公平对待；另一方面，也可防止反倾销向下游企业蔓延而滋生更多贸易争端。中国在此方面的执行能力还有待提高，具体表现在两个方面：一是中间产品涉案比例较高。研究表明，中国的中间产品反倾销涉案比重在全球居首；二是几乎很少考虑到下游企业的利益。这一点从复审裁决的结果可见一斑。在已经到期且进行了复审的反倾销案件中，肯定性裁决的比例非常高。除了 2013 年 8 月 29 日对双酚 A 的复审裁决为否定性的[①]之外，对于其他案件，只要国内企业申诉，反倾销税的征收期限就会被延长 5 年，可见，尽管商务部表示会在反倾销程序中倾听国内下游企业的呼声，但是种种原因导致下游企业的利益在中国没有得到足够的重视。有鉴于此，中国应适当减少对关键中间产品的反倾销调查，特别是对较多下游企业产生重大负面影响的涉案产品，商务部门更应审慎使用反倾销措施，在不得不立案的情况下，可在裁决时适当降低肯定性终裁比例，以兼顾下游企业的基本利益。

2. 完善并切实推行反倾销公共利益制度

反倾销公共利益制度通常是指考虑国内生产企业、进口企业、工业用户、消费者等利害关系方的利益及国家经济发展规划、国际政治经济外交关系等在内的社会或国家整体利益。虽然早在 2004 年《中国反倾销条例》就引入了反倾销公共利益原则，但是，由于其过窄的适用范围和较低的效力层次（吴益明，2009），迄今为止，国内仅有 4 起反倾销案件因为违背

---

① http：//www. cacs. gov. cn/cacs/newcommon/details. aspx？navid＝&articleId＝116587.

公共利益而得以中止①。在此背景下，中国立法部门应尽可能完善公共利益制度，建立健全利益评估与衡平机制；同时，通过明确关注下游企业的生产、销售、出口、利润和就业等指标的变化，切实增强公共利益调查的可操作性；此外，无论下游企业申请与否，均与反倾销调查同步开展公共利益调查，即使在反倾销调查达成肯定性裁决以后证实征收反倾销税将损害公共利益，也必须减轻或取消反倾销税。

3. 采取从低征税规则（Lesser Duty Rule）②

从低征税规则是指以倾销幅度和损害幅度中的最小者作为确定反倾销税率依据的做法。按照 WTO《反倾销协定》第九条第三款规定，"反倾销税的金额不得超过根据第二条确定的倾销幅度"，因此，在倾销幅度低于损害幅度时，不得按照损害幅度、而应按照倾销幅度征税。但是，在倾销幅度高于损害幅度时，反倾销发起国有权自行决定是依据倾销幅度、还是损害幅度征税。中国征收反倾销税的依据为外国出口企业的倾销幅度，几乎不考虑损害幅度的高低③，可能导致征收高于"足以消除反倾销对进口竞争性企业损害幅度的"反倾销税，从而加重对下游企业的损害。在此法律背景下，适时引入从低征税规则，可以在不妨碍对进口竞争性企业进行救济的同时兼顾下游企业的利益。

4. 引入下游企业救助机制

相关部门可以在双边和多边贸易协议的框架下为下游企业提供出口退税、出口补贴等其他临时性优惠政策安排，帮助它们度过进口受阻、国内供给不足的过渡期，防止大量下游企业因成本上升而大面积破产倒闭、在极端情况下甚至出现被调查产品需求萎缩而危及进口竞争性企业的正常经营，从而引发一系列经济和社会问题。

（三）加强贸易政策与产业政策协调

尽管国内外经济形势发生了巨大变化，但在中国实施了 20 多年的反倾销措施几乎没有发生重大调整。在当前深化供给侧结构性改革之时，中国尤其应做好包括反倾销政策在内的贸易政策与产业政策的协调。

---

① 朱庆华. 反倾销、贸易救济与公共利益 [M]. 北京：中国财政经济出版社，2009：352-359.

② 目前，欧盟、澳大利亚、加拿大、新西兰、印度、韩国、土耳其、墨西哥、巴西、哥伦比亚和秘鲁等国适用从低征税规则。

③《反倾销条例》第四十一条和第四十二条。

1. 建立反倾销政策效应的常态化评估制度

商务部门牵头并联合国内企业、各级海关与统计部门，在原有反倾销数据库的基础上构建政策效应评估数据库，密切监测涉案产品的进口贸易流量走势以及国内同类产品的生产、销售与出口的变化情况，按月或按季度详细统计国内进口竞争性企业的经营状况。在反倾销措施实施之后，每半年或每一年定期监测反倾销措施的实施效应时，不仅观察涉案产品的进口贸易流量走势，还应考察进口竞争性企业的生产、销售、利润和研发活动的变化，同时也要关注代表性下游企业的经营情况。一方面，指导经营状况毫无起色的进口竞争性企业通过合并和重组等方式淘汰落后产能，对经营绩效快速改善的企业辅以研发与创新的配套措施，引导有条件企业进行技术、工艺流程和产品创新，以达到救济国内企业并培育其核心竞争力的最终目标；另一方面，监测典型下游企业的进口、生产和出口的运行情况，当国内产品无法满足下游企业生产特别是出口需要时，通过启动年度复审适当调整涉案产品的反倾销税率或征收范围，将下游企业所受的负面影响降到最低。

2. 重视新兴产业领域的对外反倾销

反倾销是一国在倾销进口激增的条件下扶持国内弱小产业发展的贸易救济工具，在中国经济面临动能转换与产业结构升级的新常态下，不少新型业态与产业（如新一代信息技术、生物医药、高端装备制造等）尚处于成长初期，与外国相同行业存在较大差距，往往经不起激烈的竞争，所以对于这些弱小产业而言，灵活运用反倾销不仅重要而且有效。当前，随着市场需求的快速变迁，中国经济和产业政策逐步调整，传统化工业和钢铁业面临着去库存和去产能的双重压力，精细化工、光伏、精密仪器等附加值较高的产业则刚刚起步，包括反倾销在内的贸易政策应逐渐向这些新兴行业倾斜，为中国产业结构升级与经济高质量发展保驾护航。此外，西方发达国家对国内农业提供了各种生产和出口补贴，致使其农产品大量倾销到中国境内，对国内农业带来了较坏的负面影响，不利于中国乡村振兴战略的实施推进与农业产业安全，因此，农业以及农产品加工制造业可以成为未来实施反倾销政策的另一个重点。

3. 摒弃推行反倾销的"保护主义"狭隘动机

一方面，相关政府部门应当统筹考虑国内外市场、行业和企业的具体情况，把握好终止征收反倾销税的时间节点，适时取消反倾销措施，缩短政府干预的过渡期限，还市场以资源配置之主体地位，向国内企业发出政府旨在救济，而非保护的信号，使其摒弃"坐、等、靠"的落后观念；另一方面，鼓励国内企业放眼全球市场、树立"立足国内、走向国际"的中长期目标，在国内市场份额恢复增长之后，紧紧抓住反倾销措施实施的缓冲期，增加研发投入，实现自主创新和技术引进相结合，以质取胜，努力提高自身经营实力，待条件具备时大胆走出国门、开拓出口市场。

二、企业层面

（一）进口竞争性企业应积极申诉

一方面，中国企业应响应商务部门的号召，抓住各种反倾销实战经验的各种学习机会，积极主动了解反倾销相关知识与讯息，以备未来反倾销的不时之需；另一方面，加强反倾销在贸易实践中广泛运用，特别在全球经济普遍低迷时要密切关注外国竞争性产品的进口数量、进口价格以及自身销售收入的变化，一旦发现外国企业进行或试图进行倾销时，应迅速反应，收集倾销和损害的证据，向商务部提交反倾销调查申请，在调查过程中要充分论证、快速应对，争取最有利的判决结果，稳定国内市场份额与地位。

（二）下游企业应尽量避免反倾销的负面影响

1. 积极抗辩

在上游行业提起反倾销申诉时，下游企业应努力为自身遭受的损失抗辩，争取中止反倾销调查或反倾销税豁免机会，克服重重困难与"搭便车"的心理，尽可能地准确推算在征收反倾销税的条件下企业遭受的潜在损失以有效提高申诉成功概率，在没有重大利益关切企业牵头的情形下，借助行业协会联合其他下游企业共同申诉，预先估算企业因中间产品反倾销可能遭受的潜在损失，提供相关证据进行反倾销抗辩，以争取中止反倾销调查或反倾销税豁免机会。国外就有不少下游企业抗辩且获得救助的例子。在1994年的欧盟松香反倾销案件中，欧洲委员会发现对进口原产于中国台湾地区的松香进行反倾销调查会显著增加一些产业的生产成本，进而影响到这些行业的就业，因此，中止了对松香的反倾销调查。在2005年的加拿大不锈钢钢丝反倾销案中，加拿大国际贸易仲裁庭发现线带装置

（Belting Wire）是带料装置（Belting Products）的重要零部件，是后者成本的主要构成部分，如果对不锈钢钢丝征收高额反倾销税会显著降低加拿大带料装置生产商的竞争力，因此，降低了反倾销税税率。类似地，乌克兰也在 2007 年的钢丝绳、2010 年的硝酸铵和投掷设备以及 2011 年的充气橡胶轮胎反倾销案件中，因为违背下游企业利益而终止了反倾销调查①。

2. 事前防范

为了防止反倾销政策对下游企业正常生产经营造成过大冲击，下游企业应增加进口中间投入品的采购渠道，达到进口市场多元化以分散风险；同时，还要积极进行技术改革和创新，实现生产流程和技术水平的升级，提高企业生产效率，增强自身抵御风险的能力。

3. 事后自救

当旨在救济进口竞争性企业的反倾销措施既损害了自身利益、又无法制止时，下游企业还可以采取一系列措施进行自救：一来进行对外直接投资规避反倾销措施带来的消极影响，开展国际化经营，同时兼顾国内和国外两个市场；二来扩大生产经营范围，全方位多角度地开展经营，待条件具备时甚至可以考虑进入与目标产品相似产品的生产领域；三来也可在不违反世界贸易组织相关规定的前提下，启动贸易救济措施申诉响应机制，防止因上游行业反倾销而陷入利润下降和销量锐减的泥潭。

第三节　未来研究方向

与倾销一样，反倾销问题具有一定的复杂性，反倾销措施的实施对进口国国内经济带来的影响远非本书的研究所能囊括的，除了本书考察的进出口贸易、进口竞争性企业和下游企业经营绩效的变化之外，反倾销不仅可能带来外商直接投资增加，还可能会引导资源在不同产品、不同企业之间重新配置，同时这些影响效应还会受到国内外同类产品之间替代弹性的影响，从而区别于其他贸易措施。虽然本书未将上述主题纳入其研究框

---

① Kotsiubska. *Public Interest Consideration in Domestic and International Antidumping Disciplines* [M]. MILE Thesis, Supervisor Gary N. Horlick, 2011, 32–33+41.

架，但它们都是值得我们深入思考和研究的问题。

首先，反倾销既可能通过调控进口实现对国内企业的影响，也可能引导外商增加对华直接投资而反作用于国内企业，深入剖析外商直接投资如何影响以及在多大程度上作用于反倾销的经济效应可能比较重要。

其次，反倾销还可能导致被指控的外国企业与其位于中国国内的母子公司的内部贸易，或与其他企业进行合谋，通过调整价格或贸易模式来规避中国反倾销调查，进而影响到中国反倾销政策的正常执行。只有充分了解外国企业对反倾销措施的动态策略调整，才能指导中国未来如何应对反倾销具有借鉴意义。

再次，由于反倾销措施实施之后进口竞争性企业将获得好处，下游企业将遭受损失，所以反倾销不仅将引导资源在企业之间配置，还可能会引发企业重组其生产产品组合，从而在长期上对资源配置效率和国内产业结构带来深远影响。如何准确评价反倾销措施的长期资源配置效应，是一个极富挑战性的重要课题。

此外，从理论上来说，国内外产品之间的替代弹性越大，国内同类产品越容易替代外国涉案产品，反倾销的贸易救济效果就越好，甚至可能在不影响下游企业利益的情况下达到救济进口竞争性企业的效果。产品替代弹性是否以及如何影响反倾销政策效应是一个值得探讨的主题。

最后，临时性贸易壁垒形式不仅包括反倾销，还包括保障措施和反补贴，它们的调查程序、实施目的和作用机制具有相似之处，所以将反倾销、反补贴和保障措施纳入统一的分析框架，可能具有一定的理论和现实意义。

这些未竟的问题，都是有待进一步研究的重要课题，为下一阶段的研究提供了方向。

附　录

附录 1　截至 2019 年中国对外反倾销调查案件

发起编号	案件编号	应诉国（地区）	产品	税则号	立案时间	初裁时间	初裁结果	初裁措施	终裁时间	终裁结果	终裁措施	复审申请	复审立案时间	复审裁决时间	复审结果	复审措施	措施终止日期
1	1	美国	新闻纸	48010000	1997/11/10	1998/7/9	Y	78.93%	1999/6/3	Y	78%	Y	2003/7/4	2004/6/30	Y	78%	2009/6/29
1	2	加拿大	新闻纸	48010000	1997/11/10	1998/7/9	Y	57.95%~78.93%	1999/6/3	Y	57%~78%	Y	2003/7/4	2004/6/30	Y	57%~78%	2009/6/29
1	3	韩国	新闻纸	48010000	1997/11/10	1998/7/9	Y	17.11%~55.95%	1999/6/3	Y	9%~78%	Y	2003/7/4	2004/6/30	Y	9%~78%	2009/6/29

| 中国对外反倾销政策效应评估 |

续表

发起编号	案件编号	应诉国（地区）	产品	税则号	立案时间	初裁时间	初裁结果	初裁措施	终裁时间	终裁结果	终裁措施	复审申请	复审立案时间	复审裁决时间	复审结果	复审措施	措施终止日期
2	4	俄罗斯	冷轧硅钢片	72251110 72251190 72251910 72251990 72261110 72261190 72261910 72261990	1999/3/12	1999/12/30	Y	11%~73%	2000/9/11	Y	0~62%	N					2004/12/30
3	5	韩国	聚酯薄膜	39206200	1999/4/16	1999/12/29	Y	21%~72%	2000/8/25	Y	13%~46%	Y	2004/12/28	2005/12/28	Y	0%~46%	2010/12/27
4	6	日本	不锈钢冷轧薄板	72193100 72193200 72193300 72193400 72193500 72199000 72202000	1999/6/17	2000/4/3	Y	26%~75%	2000/12/18	Y	17%~58%	Y	2005/4/8	2006/4/8	Y	17%~58%	2011/4/7

续表

发起编号	案件编号	应诉国(地区)	产品	税则号	立案时间	初裁时间	初裁结果	初裁措施	终裁时间	终裁结果	终裁措施	复审申请	复审立案时间	复审裁决时间	复审结果	复审措施	措施终止日期
4	7	韩国	不锈钢冷轧薄板	72193100 72193200 72193300 72193400 72193500 72199000 72202000	1999/6/17	2000/4/3	Y	4%~69%	2000/12/18	Y	57%	Y	2005/4/8	2006/4/8	Y	57%	2011/4/7
5	8	日本	丙烯酸酯	29161200	1999/12/10	2000/11/23	Y	31%~60%	2001/6/9	Y	31%~60%	N					31%~60%	2006/11/23
5	9	美国	丙烯酸酯	29161200	1999/12/10	2000/11/23	Y	24%~69%	2001/6/9	Y	31%~67%	N					31%~67%	2006/11/23
5	10	德国	丙烯酸酯	29161200	1999/12/10	2000/11/23	Y	71%~74%	2001/6/9	N	进口数量可忽略不计							2001/6/9

续表

发起编号	案件编号	应诉国(地区)	产品	税则号	立案时间	初裁时间	初裁结果	初裁措施	终裁时间	终裁结果	终裁措施	复审申请	复审立案时间	复审裁决时间	复审结果	复审措施	措施终止日期
6	11	法国	二氯甲烷	29031200	2000/12/20	2001/8/16	Y	28%~75%	2002/4/11	N	进口量不足2.6%,终止调查						2002/4/11
6	12	荷兰	二氯甲烷	29031200	2000/12/20	2001/8/16	Y	10%~58%	2002/4/11	Y	9%~57%	Y	2007/8/5	2007/8/14	Y	9%~57%	2012/8/14
6	13	美国	二氯甲烷	29031200	2000/12/20	2001/8/16	Y	49%~58%	2002/4/11	Y	49%~58%	Y	2007/8/5	2007/8/14	Y	49%~58%	2002/4/11
6	14	韩国	二氯甲烷	29031200	2000/12/20	2001/8/16	Y	7%~28%	2002/4/11	Y	4%~28%	Y	2007/8/5	2007/8/14	Y	4%~28%	2012/8/14
6	15	英国	二氯甲烷	29031200	2000/12/20	2001/8/16	Y	7%~39%	2002/4/11	Y	6%~39%	Y	2007/8/5	2007/8/14	Y	6%~39%	2002/4/11
6	16	德国	二氯甲烷	29031200	2000/12/20	2001/8/16	Y	67%	2002/4/11	Y	66%	Y	2007/8/5	2007/8/14	Y	66%	2012/8/14

续表

发起编号	案件编号	应诉国（地区）	产品	税则号	立案时间	初裁时间	初裁结果	初裁措施	终裁时间	终裁结果	终裁措施	复审申请	复审立案时间	复审裁决时间	复审结果	复审措施	措施终止日期
7	17	韩国	聚苯乙烯	3903190	2001/2/9	MI	MI	MI	2001/12/6	N	无损害						2001/12/6
7	18	日本	聚苯乙烯	3903190	2001/2/9	MI	MI	MI	2001/12/6	N	无损害						2001/12/6
7	19	泰国	聚苯乙烯	3903190	2001/2/9	MI	MI	MI	2001/12/6	N	无损害						2001/12/6
8	20	美国	饲料级L-赖氨酸盐酸盐	29224110 29224190	2001/6/19	MI	MI	MI	2002/9/29	N	无损害						2002/9/29
8	21	韩国	饲料级L-赖氨酸盐酸盐	29224110 29224190	2001/6/19	MI	MI	MI	2002/9/29	N	无损害						2002/9/29

续表

发起编号	案件编号	应诉国(地区)	产品	税则号	立案时间	初裁时间	初裁结果	初裁措施	终裁时间	终裁结果	终裁措施	复审申请	复审立案时间	复审裁决时间	复审结果	复审措施	措施终止日期
8	22	印度尼西亚	饲料级L-赖氨酸盐酸盐	29224110 29224190	2001/6/19	MI	MI	MI	2002/9/29	N	无损害						2002/9/29
9	23	韩国	聚酯切片	39076011 39076019	2001/8/3	2002/10/29	Y	8%~52%	2003/2/3	Y	5%~52%	N					2008/2/2
10	24	韩国	涤纶短纤维	55032000 55062000	2001/8/3	2002/11/1	Y	4%~48%	2003/1/3	Y	2%~48%	N					2008/1/2
11	25	韩国	丙烯酸酯	29161200	2001/10/10	2002/12/5	Y	11%~20%	2003/4/10	Y	2%~20%	Y	2009/4/8		N	0	2009/4/8
11	26	马来西亚	丙烯酸酯	29161200	2001/10/10	2002/12/5	Y	13%~38%	2003/4/11	Y	4%~38%	Y	2009/4/9		Y	4%~38%	2014/4/9
11	27	新加坡	丙烯酸酯	29161200	2001/10/10	2002/12/5	Y	46%~49%	2003/4/12	Y	30%~49%	Y	2009/4/10		Y	30%~49%	2014/4/9

发起编号	案件编号	应诉国(地区)	产品	税则号	立案时间	初裁时间	初裁结果	初裁措施	终裁时间	终裁结果	终裁措施	复审申请	复审立案时间	复审裁决时间	复审结果	复审措施	措施终止日期
11	28	印度尼西亚	丙烯酸酯	29161200	2001/10/10	2002/12/5	Y	11%~24%	2003/4/13	Y	11%~24%	Y	2009/4/11		Y	11%~24%	2014/4/9
12	29	日本	己内酰胺	29337100	2001/12/7	2003/1/7	Y	5%~21%	2003/6/6	Y	5%~18%	N					2008/6/5
12	30	比利时	己内酰胺	29337100	2001/12/7	2003/1/7	Y	6%~16%	2003/6/6	Y	6%~16%	N					2008/6/5
12	31	德国	己内酰胺	29337100	2001/12/7	2003/1/7	Y	28%~38%	2003/6/6	Y	22%~28%	N					2008/6/5
12	32	荷兰	己内酰胺	29337100	2001/12/7	2003/1/7	Y	9%~18%	2003/6/6	Y	6%~18%	N					2008/6/5
12	33	俄罗斯	己内酰胺	29337100	2001/12/7	2003/1/7	Y	6%~29%	2003/6/6	Y	7%~16%	N					2008/6/5
13	34	美国	铜版纸	48101100 48101200	2002/2/6	2002/11/27	Y	29.65%~63.45%	2003/8/7	N	进口量不足3%,终止反倾销调查						2003/8/7

续表

发起编号	案件编号	应诉国(地区)	产品	税则号	立案时间	初裁时间	初裁结果	初裁措施	终裁时间	终裁结果	终裁措施	复审申请	复审立案时间	复审裁决时间	复审结果	复审措施	措施终止日期
13	35	韩国	铜版纸	48101100 48101200	2002/2/6	2002/11/27	Y	5.58%~31.09%	2003/8/8	Y	4%~51%	Y	2008/9/2	2009/9/2	Y	4%~51%	2014/8/4
13	36	日本	铜版纸	48101100 48101200	2002/2/6	2002/11/27	Y	23.89%~71.02%	2003/8/9	Y	9%~71%	Y	2008/9/2	2009/9/2	Y	9%~71%	2014/8/4
13	37	芬兰	铜版纸	48101100 48101200	2002/2/6	2002/11/27	N	进口量不足1.5%,终止调查									2002/11/27
14	38	欧盟	邻苯二酚	29072910	2002/3/1	2002/11/4	Y	50%~92%	2003/8/27	Y	20%~79%	Y	2009/8/25	2009/9/2	Y	20%~79%	2014/8/25
15	39	韩国	邻苯二甲酸酐	29173500	2002/3/6	2003/1/8	Y	14%~33%	2003/9/3	Y	0%~13%	Y	2009/8/29	2009/9/2	Y	0~13%	2014/8/21
15	40	日本	邻苯二甲酸酐	29173500	2002/3/6	2003/1/8	Y	66%	2003/9/4	Y	66%	Y	2009/8/29	2009/9/2	Y	66%	2014/8/22
15	41	印度	邻苯二甲酸酐	29173500	2002/3/6	2003/1/8	Y	33%	2003/9/5	Y	13%	Y	2009/8/29	2009/9/2	Y	13%	2014/8/23

续表

发起编号	案件编号	应诉国（地区）	产品	税则号	立案时间	初裁时间	初裁结果	初裁措施	终裁时间	终裁结果	终裁措施	复审申请	复审立案时间	复审裁决时间	复审结果	复审措施	措施终止日期
16	42	日本	丁苯橡胶	4002.911 40021912 40021919	2002/3/19	2003/4/16	Y	0%~33%	2003/9/9	Y	0%~33%	Y	2008/9/8	2009/9/7	Y	0%~33%	2014/9/9
16	43	韩国	丁苯橡胶	40021911 40021312 40021919	2002/3/19	2003/4/16	Y	10%~27%	2003/9/9	Y	7%~27%	Y	2008/9/8	2009/9/7	Y	7%~27%	2014/9/9
16	44	俄罗斯	丁苯橡胶	40021911 40021912 40021519	2002/3/19	2003/4/16	Y	16%~46%	2003/9/9	Y	14%~38%	Y	2008/9/8	2009/9/7	Y	4.02%~38%	2014/9/9
17	45	哈萨克斯坦	冷轧板卷	72091500 72091630 72091700 72091800 72092500 72092600 72092700 72092800 72090900 72112300 72112900 72119000	2002/3/20	2003/5/20	Y	21%~28%	2003/9/24	Y	14%~48%	N					2008/9/23

续表

发起编号	案件编号	应诉国（地区）	产品	税则号	立案时间	初裁时间	初裁结果	初裁措施	终裁时间	终裁结果	终裁措施	复审申请	复审立案时间	复审裁决时间	复审结果	复审措施	措施终止日期
17	46	韩国	冷轧板卷	72091500 72091600 72091700 72091800 72092500 72092600 72092700 72092800 72099000 72112300 72112900 72119000	2002/3/20	2003/5/20	Y	9%~40%	2003/9/24	Y	0~40%						2004/9/9①

① 在反倾销措施执行期间，于2004年9月9日期中复审，否定性裁决。

续表

发起编号	案件编号	应诉国（地区）	产品	税则号	立案时间	初裁时间	初裁结果	初裁措施	终裁时间	终裁结果	终裁措施	复审申请	复审立案时间	复审裁决时间	复审结果	复审措施	措施终止日期
17	47	中国台湾	冷轧板卷	72091500 72091600 72091700 72091800 72092500 72092600 72092700 72092800 72099000 72112300 72112900 72119000	2002/3/20	2003/5/20	Y	8%~ 55%	2003/9/24	Y	6%~ 55%	N					2008/9/23

续表

发起编号	案件编号	应诉国（地区）	产品	税则号	立案时间	初裁时间	初裁结果	初裁措施	终裁时间	终裁结果	终裁措施	复审申请	复审立案时间	复审裁决时间	复审结果	复审措施	措施终止日期
17	48	乌克兰	冷轧板卷	72091500 72091600 72091700 72091800 72092500 72092600 72092700 72092800 72099000 72112300 72112900 72119000	2002/3/20	2003/5/20	Y	12%~22%	2003/9/24	Y	9%~49%	N					2008/9/23

续表

发起编号	案件编号	应诉国（地区）	产品	税则号	立案时间	初裁时间	初裁结果	初裁措施	终裁时间	终裁结果	终裁措施	复审申请	复审立案时间	复审裁决时间	复审结果	复审措施	措施终止日期
17	49	俄罗斯	冷轧板卷	72091500 72091600 72091700 72091800 72092500 72092600 72092700 72092800 72099000 72112300 72112900 72119000	2002/3/20	2003/5/20	Y	9%~29%	2003/9/24	Y	7%~29%	N					2008/9/23
18	50	美国	聚氯乙烯	39041000	2002/3/29	2003/5/12	Y	25%~83%	2003/9/29	Y	11%~83%	Y	2008/9/29	2009/9/28	Y	11%~83%	2018/9/28
18	51	韩国	聚氯乙烯	39041000	2002/3/29	2003/5/12	Y	10%~76%	2003/9/29	Y	6%~76%	Y	2008/9/29	2009/9/28	Y	6%~76%	2018/9/29
18	52	日本	聚氯乙烯	39041000	2002/3/29	2003/5/12	Y	32%~115%	2003/9/29	Y	7%~84%	Y	2008/9/29	2009/9/28	Y	7%~84%	2018/9/30

中国对外反倾销政策效应评估

续表

发起编号	案件编号	应诉国(地区)	产品	税则号	立案时间	初裁时间	初裁结果	初裁措施	终裁时间	终裁结果	终裁措施	复审申请	复审立案时间	复审裁决时间	复审结果	复审措施	措施终止日期
18	53	俄罗斯	聚氯乙烯	39041000	2002/3/29	2003/5/12	Y	34%~82%	2003/9/29	Y	34%~47%	Y	2008/9/29	2009/9/28	Y	34%~47%	2015/9/28
18	54	中国台湾	聚氯乙烯	39041000	2002/3/29	2003/5/12	Y	10%~27%	2003/9/29	Y	10%~25%	Y	2008/9/29	2009/9/28	Y	10%~25%	2018/9/30
19	55	日本	甲苯二异氰酸酯(TDI)	29291010	2002/5/22	2003/6/10	Y	19%~49%	2003/11/22	Y	4%~49%	Y	2008/11/21	2009/11/20	Y	4%~49%	2014/11/20
19	56	韩国	甲苯二异氰酸酯(TDI)	29291010	2002/5/22	2003/6/10	Y	6%~22%	2003/11/22	Y	3%~5%	Y	2008/11/21	2009/11/20	Y	3%~5%	2014/11/20
19	57	美国	甲苯二异氰酸酯(TDI)	29291010	2002/5/22	2003/6/10	Y	23%~28%	2003/11/22	Y	7%~28%	Y	2008/11/21	2009/11/20	Y	7%~28%	2014/11/20
20	58	日本	苯酚	29071110	2002/8/1	2003/6/9	Y	7%~144%	2004/2/1	Y	6%~144%	Y	2009/1/30	2010/1/30	Y	6%~144%	2015/1/30

续表

发起编号	案件编号	应诉国(地区)	产品	税则号	立案时间	初裁时间	初裁结果	初裁措施	终裁时间	终裁结果	终裁措施	复审申请	复审立案时间	复审裁决时间	复审结果	复审措施	措施终止日期
20	59	韩国	苯酚	29071110	2002/8/1	2003/6/9	Y	10%	2004/2/1	Y	5%~16%	Y	2009/1/30	2010/1/30	Y	5%~16%	2015/1/30
20	60	美国	苯酚	29071110	2002/8/1	2003/6/9	Y	49%	2004/2/1	Y	36%	Y	2009/1/30	2010/1/30	Y	36%	2015/1/30
20	61	中国台湾	苯酚	29071110	2002/8/1	2003/6/9	Y	7%~20%	2004/2/1	Y	3%~19%	Y	2009/1/30	2010/1/30	Y	3%~19%	2015/1/30
21	62	日本	二苯基甲烷二异氰酸酯、多亚甲基多苯基异氰酸酯(MDI)	29291030 3824909 0	2002/9/20	MI	MI	MI	2003/11/28	N	申诉方撤诉						2003/11/28
21	63	韩国	二苯基甲烷二异氰酸酯、多亚甲基多苯基异氰酸酯(MDI)	29291030 3824909 0	2002/9/20	MI	MI	MI	2003/11/28	N	申诉方撤诉						2003/11/28

续表

发起编号	案件编号	应诉国(地区)	产品	税则号	立案时间	初裁时间	初裁结果	初裁措施	终裁时间	终裁结果	终裁措施	复审申请	复审立案时间	复审裁决时间	复审结果	复审措施	措施终止日期
22	64	日本	乙醇胺	29221100 29221200	2003/5/14	2004/3/25	Y	137%	2004/11/8	Y	74%		2009/11/13	2010/1/22	Y	74%	2015/11/13
22	65	美国	乙醇胺	29221100 29221200	2003/5/14	2004/3/25	Y	32%~112%	2004/11/9	Y	20%~74%	Y	2009/11/13	2010/1/22	Y	20%~74%	2015/11/13
22	66	德国	乙醇胺	29221100 29221200	2003/5/14	2004/3/25	N	进口比例低于3%,终止调查									2004/3/25
22	67	伊朗	乙醇胺	29221100 29221200	2003/5/14	2004/3/25	Y	26%~27%	2004/11/11	Y	26%~32%	Y	2009/11/13	2010/1/22	Y	26%~32%	2009/11/13
22	68	马来西亚	乙醇胺	29221100 29221200	2003/5/14	2004/3/25	Y	9%~40%	2004/11/12	Y	9%~74%	Y	2009/11/13	2010/1/22	Y	9%~74%	2015/11/13
22	69	中国台湾	乙醇胺	29221100 29221200	2003/5/14	2004/3/25	Y	23%~43%	2004/11/13	Y	20%~74%	Y	2009/11/13	2010/1/22	Y	20%~74%	2015/11/13
22	70	墨西哥	乙醇胺	29221100 29221200	2003/5/14	2004/3/25	Y	21%	2004/11/14	Y	74%	Y	2009/11/13	2010/1/22	Y	74%	2009/11/13
23	71	欧盟	三氯甲烷	29031300	2003/5/30	2004/4/8	Y	16%~59%	2004/11/8	Y	32%~96%	Y	2009/11/29	2009/11/29	Y	32%~96%	2014/11/29

续表

发起编号	案件编号	应诉国（地区）	产品	税则号	立案时间	初裁时间	初裁结果	初裁措施	终裁时间	终裁结果	终裁措施	复审申请	复审立案时间	复审裁决时间	复审结果	复审措施	措施终止日期
23	72	韩国	三氯甲烷	29031300	2003/5/30	2004/4/8	Y	62%	2004/11/8	Y	96%	Y	2009/11/29	2009/11/29	Y	96%	2014/11/29
23	73	印度	三氯甲烷	29031300	2003/5/30	2004/4/8	Y	96%	2004/11/8	Y	96%	Y	2009/11/29	2009/11/29	Y	96%	2009/11/29
23	74	美国	三氯甲烷	29031300	2003/5/30	2004/4/8	Y	45%~65%	2004/11/8	Y	96%	Y	2009/11/29	2009/11/29	Y	96%	2014/11/29
24	75	美国	非色散单位移模光纤	90011000	2003/7/1	2004/6/16	Y	16%~46%	2005/4/28	Y	46%	Y	2009/12/30	2010/12/31	Y	46%	2010/12/30
24	76	日本	非色散单位移模光纤	90011000	2003/7/1	2004/6/16	Y	46%	2005/4/28	Y	46%	Y	2009/12/30	2010/12/31	Y	46%	2021/12/30
24	77	韩国	非色散单位移模光纤	90011000	2003/7/1	2004/6/16	Y	7%~46%	2005/4/28	Y	7%~46%	Y	2009/12/30	2010/12/31	Y	7%~46%	2021/12/30

续表

发起编号	案件编号	应诉国（地区）	产品	税则号	立案时间	初裁时间	初裁结果	初裁措施	终裁时间	终裁结果	终裁措施	复审申请	复审立案时间	复审裁决时间	复审结果	复审措施	措施终止日期
25	78	中国台湾	锦纶6、66长丝	54023111 54023112 54024110 54024120	2003/10/31	2004/8/27	Y	0~13%	2005/4/28	N	倾销幅度低于2%，中止调查						2005/4/28
26	79	日本	氯丁橡胶	40024910 40024990	2003/11/10	2004/12/1	Y	0~151%	2005/5/10	Y	2%~151%	Y	2010/5/9	2010/8/30	Y	9.9%~43.9%	2022/5/9
26	80	美国	氯丁橡胶	40024910 40024990	2003/11/10	2004/12/1	Y	1.51	2005/5/10	Y	151%	Y	2010/5/9	2010/8/30	Y	151%	2022/5/9
26	81	欧盟	氯丁橡胶	40024910 40024990	2003/11/10	2004/12/1	Y	32%~151%	2005/5/10	Y	11%~151%	Y	2010/5/9	2010/8/30	Y	11%~151%	2022/5/9
27	82	日本	水合肼	28251010	2003/12/17	2004/8/3	Y	108%	2005/6/17	Y	184%	Y	2010/6/17	2011/6/17	Y	184%	2016/6/16
27	83	韩国	水合肼	28251010	2003/12/17	2004/8/3	Y	28%~35%	2005/6/17	Y	28%~184%	Y	2010/6/17	2011/6/17	Y	28%~184%	2016/6/16
27	84	美国	水合肼	28251010	2003/12/17	2004/8/3	Y	184%	2005/6/17	Y	184%	Y	2010/6/17	2011/6/17	Y	184%	2016/6/16
27	85	法国	水合肼	28251010	2003/12/17	2004/8/3	Y	118%~120%	2005/6/17	Y	68%~184%	Y	2010/6/17	2011/6/17	Y	68%~184%	2016/6/16

续表

发起编号	案件编号	应诉国（地区）	产品	税则号	立案时间	初裁时间	初裁结果	初裁措施	终裁时间	终裁结果	终裁措施	复审申请	复审立案时间	复审裁决时间	复审结果	复审措施	措施终止日期
28	86	美国	未漂白牛皮箱纸板	48043100 48044100 48045100 48052400 48052500	2004/3/31	2005/5/31	Y	16%~ 65.2%	2005/9/30	Y	12.9% ~ 65.2%	N					2010/9/30
28	87	韩国	未漂白牛皮箱纸板	48043100 48044100 48045100 48052400 48052500	2004/3/31	2005/5/31	Y	11%~ 65.2%	2005/9/30	Y	11%~ 65.2%	N					2010/9/30
28	88	中国台湾	未漂白牛皮箱纸板	48043100 48044100 48045100 48052400 48052500	2004/3/31	2005/5/31	Y	7.2%~ 65.2%	2005/9/30	Y	7%~ 65.2%	N					2010/9/30
28	89	泰国	未漂白牛皮箱纸板	48043100 48044100 48045100 48052400 48052500	2004/3/31	2005/5/31	Y	12.8%~ 65.2%	2005/9/30	Y	13.2% ~ 65.2%	N					2010/9/30

续表

发起编号	案件编号	应诉国（地区）	产品	税则号	立案时间	初裁时间	初裁结果	初裁措施	终裁时间	终裁结果	终裁措施	复审申请	复审立案时间	复审裁决时间	复审结果	复审措施	措施终止日期
29	90	日本	三氯乙烯	29032200	2004/4/16	2005/1/7	Y	159%	2005/7/22	Y	159%	Y	2010/7/21	2011/7/21	Y	159%	2016/7/21
29	91	俄罗斯	三氯乙烯	29032200	2004/4/16	2005/1/7	Y	5%～159%	2005/7/22	Y	3%～159%	Y	2010/7/21	2011/7/21	Y	3%～159%	2016/7/21
30	92	日本	双酚A	29072300	2004/5/12	MI	MI	MI	2005/11/7	N	申诉方撤诉						2005/11/7
30	93	俄罗斯	双酚A	29072300	2004/5/12	MI	MI	MI	2005/11/7	N	申诉方撤诉						2005/11/8
30	94	新加坡	双酚A	29072300	2004/5/12	MI	MI	MI	2005/11/7	N	申诉方撤诉						2005/11/9
30	95	韩国	双酚A	29072300	2004/5/12	MI	MI	MI	2005/11/7	N	申诉方撤诉						2005/11/10
30	96	中国台湾	双酚A	29072300	2004/5/12	MI	MI	MI	2005/11/7	N	申诉方撤诉						2005/11/11
31	97	日本	初级形态二甲基环氧硅氧烷	29310000 38249090 39100000	2004/7/16	2005/9/29	Y	16%～35%	2006/1/16	Y	14%～22%	N					2011/1/15

续表

发起编号	案件编号	应诉国(地区)	产品	税则号	立案时间	初裁时间	初裁结果	初裁措施	终裁时间	终裁结果	终裁措施	复审申请	复审立案时间	复审裁决时间	复审结果	复审措施	措施终止日期
31	98	美国	初级形态二甲基环体硅氧烷	29310000 38249090 39100000	2004/7/16	2005/9/29	Y	13%~35%	2006/1/16	Y	13%~22%	N					2011/1/16
31	99	英国	初级形态二甲基环体硅氧烷	29310000 38249090 39100000	2004/7/16	2005/9/29	Y	13%~35%	2006/1/16	Y	13%~22%	N					2011/1/17
31	100	德国	初级形态二甲基环体硅氧烷	29310000 38249090 39100000	2004/7/16	2005/9/29	Y	35%	2006/1/16	Y	22%	N					2011/1/18
32	101	美国	三元乙丙橡胶	40027010 40027090	2004/8/10	2005/11/16	Y	3%~43%	2006/2/9	N	申诉方撤诉						2006/2/9
32	102	韩国	三元乙丙橡胶	40027010 40027090	2004/8/10	2005/11/16	Y	11%~43%	2006/2/9	N	申诉方撤诉						2006/2/9
32	103	荷兰	三元乙丙橡胶	40027010 40027090	2004/8/10	2005/11/16	Y	6%~43%	2006/2/9	N	申诉方撤诉						2006/2/9

续表

发起编号	案件编号	应诉国(地区)	产品	税则号	立案时间	初裁时间	初裁结果	初裁措施	终裁时间	终裁结果	终裁措施	复审申请	复审立案时间	复审裁决时间	复审结果	复审措施	措施终止日期
33	104	美国	呋喃酚	29329910	2004/8/12	2005/6/16	Y	74.60%~113.20%	2006/2/12	Y	44%~113.20%	N					2011/2/11
33	105	欧盟	呋喃酚	29329910	2004/8/12	2005/6/16	Y	113.20%	2006/2/12	Y	113.20%	N					2011/2/11
33	106	日本	呋喃酚	29329910	2004/8/12	2005/6/16	Y	113.20%	2006/2/12	Y	113.20%	N					2011/2/11
34	107	日本	核苷酸类食品添加剂	29349930 38249090	2004/11/12	2005/8/4	Y	144%	2006/5/12	Y	119%	N					2011/5/11
34	108	韩国	核苷酸类食品添加剂	29349930 38249090	2004/11/12	2005/8/4	Y	25%~144%	2006/5/12	Y	25%~119%	N					2011/5/11
35	109	俄罗斯	环氧氯丙烷	29103000	2004/12/28	2005/9/21	Y	8.6%~71.5%	2006/6/28	Y	5.4%~71.5%	Y	2011/6/27	2012/6/27	Y	5.4%~71.5%	2017/6/27
35	110	韩国	环氧氯丙烷	29103000	2004/12/28	2005/9/21	Y	4.3%~71.5%	2006/6/28	Y	3.8%~71.5%	Y	2011/6/27	2012/6/27	Y	3.8%~71.5%	2017/6/27

发起国编号	案件编号	应诉国（地区）	产品	税则号	立案时间	初裁时间	初裁结果	初裁措施	终裁时间	终裁结果	终裁措施	复审申请	复审立案时间	复审裁决时间	复审结果	复审措施	措施终止日期
35	111	日本	环氧氯丙烷	29103000	2004/12/28	2005/9/21	Y	0~71.5%	2006/6/28	Y	0~71.5%	Y	2011/6/27	2012/6/27	Y	0~71.5%	2017/6/27
35	112	美国	环氧氯丙烷	29103000	2004/12/28	2005/9/21	Y	4.3%~71.5%	2006/6/28	Y	4.3%~71.5%	Y	2011/6/27	2012/6/27	Y	4.3%~71.5%	2017/6/27
36	113	日本	氨纶	54024920 54026920	2005/4/13	2006/5/24	Y	13.87%~61%	2006/10/19	Y	12.87%~61%	Y	2011/10/12	2012/10/12	Y	12.87%~61%	2017/10/11
36	114	美国	氨纶	54024920 54026920	2005/4/13	2006/5/24	Y	61%	2006/10/19	Y	61%	Y	2011/10/12	2012/10/12	Y	61%	2017/10/11
36	115	新加坡	氨纶	54024920 54026920	2005/4/13	2006/5/24	Y	11.5%~61%	2006/10/19	Y	10.85%~61%	Y	2011/10/12	2012/10/12	Y	10.85%~61%	2017/10/11
36	116	中国台湾	氨纶	54024920 54026920	2005/4/13	2006/5/24	Y	5.09%~61%	2006/10/19	Y	5.19%~61%	Y	2011/10/12	2012/10/12	Y	5.19%~61%	2017/10/11

续表

发起编号	案件编号	应诉国（地区）	产品	税则号	立案时间	初裁时间	初裁结果	初裁措施	终裁时间	终裁结果	终裁措施	复审申请	复审立案时间	复审裁决时间	复审结果	复审措施	措施终止日期
36	117	韩国	氨纶	54024920 54026920	2005/4/13	2006/5/24	Y	0~61%	2006/10/19	Y	0~61%	Y	2011/10/12	2012/10/12	Y	0~61%	2017/10/11
37	118	美国	邻苯二酚	29072910	2005/5/31	2005/12/2	Y	6%~46.81%	2006/5/22	Y	4%~46.81%	Y	2011/5/21	2012/5/21	Y	4%~46.81%	2017/5/21
37	119	日本	邻苯二酚	29072910	2005/5/31	2005/12/2	Y	42.86%	2006/5/22	Y	42.86%	Y	2011/5/21	2012/5/21	Y	42.86%	2017/5/22
38	120	中国台湾	PBT树脂	39079900	2005/6/6	2006/3/22	Y	12.78%~17.31%	2006/7/22	Y	17.31%	N					2011/7/21
38	121	日本	PBT树脂	39079900	2005/6/6	2006/3/22	Y	17.31%	2006/7/22	Y	6.24%~17.31%	N					2011/7/21
39	122	美国	耐磨纸	48043900	2005/6/13	2006/6/16	Y	26.64%~42.79%	2006/12/13	Y	4.1%~42.8%	N					2011/12/12
39	123	欧盟	耐磨纸	48043900	2005/6/13	2006/6/16	Y	10.35%~42.79%	2006/12/13	Y	10%~42.8%	N					2011/12/12
40	124	韩国	辛醇	29051600	2005/9/15	MI	MI	MI	2007/1/31	N	无损害						2007/1/31

续表

发起编号	案件编号	应诉国(地区)	产品	税则号	立案时间	初裁时间	初裁结果	初裁措施	终裁时间	终裁结果	终裁措施	复审申请	复审立案时间	复审裁决时间	复审结果	复审措施	措施终止日期
40	125	沙特阿拉伯	辛醇	29051600	2005/9/15	MI	MI	MI	2007/1/31	N	无损害						2007/1/31
40	126	日本	辛醇	29051600	2005/9/15	MI	MI	MI	2007/1/31	N	无损害						2007/1/31
40	127	欧盟	辛醇	29051600	2005/9/15	MI	MI	MI	2007/1/31	N	无损害						2007/1/31
40	128	印度尼西亚	辛醇	29051600	2005/9/15	MI	MI	MI	2007/1/31	N	无损害						2007/1/31
41	129	俄罗斯	丁醇	29051300 29051400	2005/10/14	MI	MI	MI	2007/3/2	N	无损害						2007/3/2
41	130	美国	丁醇	29051300 29051400	2005/10/14	MI	MI	MI	2007/3/2	N	无损害						2007/3/2
41	131	南非	丁醇	29051300 29051400	2005/10/14	MI	MI	MI	2007/3/2	N	无损害						2007/3/2
41	132	马来西亚	丁醇	29051300 29051400	2005/10/14	MI	MI	MI	2007/3/2	N	无损害						2007/3/2
41	133	欧盟	丁醇	29051300 29051400	2005/10/14	MI	MI	MI	2007/3/2	N	无损害						2007/3/2

续表

发起编号	案件编号	应诉国(地区)	产品	税则号	立案时间	初裁时间	初裁结果	初裁措施	终裁时间	终裁结果	终裁措施	复审申请	复审立案时间	复审裁决时间	复审结果	复审措施	措施终止日期
41	134	日本	丁醇	29051300 29051400	2005/10/14	MI	MI	MI	2007/3/2	N	无损害						2007/3/2
42	135	印度	壬基酚	29071310	2005/12/29	2006/7/10	Y	17.96%~20.38%	2007/3/28	Y	12.2%~20.38%	Y	2012/3/28	2013/3/28	Y	12.2%~20.38%	2024/3/28
42	136	中国台湾	壬基酚	29071310	2005/12/29	2006/7/10	Y	9.07%~20.38%	2007/3/28	Y	4.08%~20.38%	Y	2012/3/28	2013/3/28	Y	4.08%~20.38%	2024/3/28
43	137	欧盟	马铃薯淀粉	11081300	2006/2/6	2006/8/18	Y	35%~57.1%	2007/2/6	Y	17%~35%	Y	2012/2/3	2013/2/5	Y	12.6%~56.7%	2024/2/5
44	138	日本	电解电容器纸	48059110	2006/4/18	2006/10/19	Y	15%~40.83%	2007/4/17	Y	15%~40.83%	Y	2012/4/18	2013/4/18	Y	15%~40.83%	2024/4/17
45	139	印度	磺胺甲噁唑	29350030	2006/6/16	2007/2/1	Y	15.2%~37.7%	2007/6/5	Y	10.1%~37.7%	Y	2012/6/15	2013/6/14	Y	10.1%~37.7%	2018/6/15

续表

发起编号	案件编号	应诉国（地区）	产品	税则号	立案时间	初裁时间	初裁结果	初裁措施	终裁时间	终裁结果	终裁措施	复审申请	复审立案时间	复审裁决时间	复审结果	复审措施	措施终止日期
46	140	日本	双酚A	29072300	2006/8/30	2007/3/21	Y	6.2%~37.1%	2007/8/29	Y	6.1%~37.1%	Y	2012/8/29	2013/8/29	Y	6.1%~37.1%	2024/8/29
46	141	韩国	双酚A	29072300	2006/8/30	2007/3/21	Y	6.9%~37.1%	2007/8/30	Y	5.8%~37.1%	Y	2012/8/29	2013/8/29	Y	5.8%~37.1%	2024/8/29
46	142	新加坡	双酚A	29072300	2006/8/30	2007/3/21	Y	6.0%~37.1%	2007/8/31	Y	5.0%~37.1%	Y	2012/8/29	2013/8/29	Y	5.0%~37.1%	2024/8/29
46	143	中国台湾	双酚A	29072300	2006/8/30	2007/3/21	Y	5.3%~37.1%	2007/9/1	Y	5.3%~37.1%	Y	2012/8/29	2013/8/29	Y	5.3%~37.1%	2024/8/29
47	144	日本	甲乙酮	29141200	2006/11/22	2007/8/8	Y	9.6%~66.45%	2007/11/22	Y	9.6%~66.4%	Y	2012/11/21	2013/11/20	Y	9.6%~66.4%	2024/8/29

续表

发起编号	案件编号	应诉国(地区)	产品	税则号	立案时间	初裁时间	初裁结果	初裁措施	终裁时间	终裁结果	终裁措施	复审申请	复审立案时间	复审裁决时间	复审结果	复审措施	措施终止日期
47	145	新加坡	甲乙酮	29141200	2006/11/22	2007/8/8	Y	17.01%	2007/11/22	Y	17%	N					2012/11/22
47	146	中国台湾	甲乙酮	29141200	2006/11/22	2007/8/8	Y	25.07%	2007/11/22	Y	25%	Y	2012/11/21	2013/11/20	Y	25%	未裁决
48	147	日本	丙酮	29141100	2007/3/9	2007/11/22	Y	10.7%~52.4%	2008/6/9	Y	7.2%~51.6%	Y	2013/6/7	2014/6/6	Y	7.2%~51.6%	未裁决
48	148	新加坡	丙酮	29141100	2007/3/9	2007/11/22	Y	7.8%~54.1%	2008/6/9	Y	6.7%~51.6%	Y	2013/6/7	2014/6/6	Y	6.7%~51.6%	未裁决
48	149	韩国	丙酮	29141100	2007/3/9	2007/11/22	Y	5%~52.9%	2008/6/9	Y	5%~51.6%	Y	2013/6/7	2014/6/6	Y	5%~51.6%	未裁决
48	150	中国台湾	丙酮	29141100	2007/3/9	2007/11/22	Y	6.2%~51.6%	2008/6/9	Y	6.2%~51.6%	Y	2013/6/7	2014/6/6	Y	6.2%~51.6%	未裁决
49	151	韩国	初级形态二甲基环体硅氧烷	29310000 38249099	2008/5/28	2008/11/6	Y	251%	2009/5/28	Y	251%	N					2014/5/29

续表

发起编号	案件编号	应诉国（地区）	产品	税则号	立案时间	初裁时间	初裁结果	初裁措施	终裁时间	终裁结果	终裁措施	复审申请	复审立案时间	复审裁决时间	复审结果	复审措施	措施终止日期
49	152	泰国	初级形态二甲基环氧硅氧烷	29310000 38249099	2008/5/28	2008/11/6	Y	5.4%~21.8%	2009/5/28	Y	5.4%~21.8%	N					2014/5/29
50	153	日本	气相色谱-质谱联用仪	90272011 90275000 90278019 90278099	2008/6/5	MI	MI	MI	2009/2/20	N	申诉人撤诉	N					2009/2/20
51	154	沙特阿拉伯	1,4-丁二醇	29053990	2008/9/25	2009/5/7	Y	20.9%~31.6%	2009/12/25	Y	4.5%~13.6%	N					2014/11/2
51	155	中国台湾	1,4-丁二醇	29053990	2008/9/25	2009/5/7	Y	9.3%~31.6%	2009/12/25	Y	4.6%~13.6%	N					2014/11/2
52	156	美国	己二酸	29171200	2008/11/10	2009/6/26	Y	16.8%~35.4%	2009/11/2	Y	16.8%~35.4%	Y	2014/10/31	2015/10/23	Y	16.8%~35.4%	2020/11/1
52	157	欧盟	己二酸	29171200	2008/11/10	2009/6/26	Y	7.4%~16.7%	2009/11/2	Y	7.4%~16.7%	Y	2014/10/31	2015/10/23	Y	7.4%~16.7%	2020/11/1

续表

发起编号	案件编号	应诉国(地区)	产品	税则号	立案时间	初裁时间	初裁结果	初裁措施	终裁时间	终裁结果	终裁措施	复审申请	复审立案时间	复审裁决时间	复审结果	复审措施	措施终止日期
52	158	韩国	己二酸	29171200	2008/11/10	2009/6/26	Y	5.9%~16.7%	2009/11/2	Y	5.9%~16.7%	Y	2014/10/31	2015/10/23	Y	5.9%~16.7%	2020/11/1
53	159	美国	聚酰胺-6,6切片	39081011	2008/11/14	2009/6/25	Y	31.4%~37.5%	2009/10/13	Y	31.4%~37.5%	Y	2014/10/10	2015/10/10	Y	31.4%~37.5%	2020/10/12
53	160	意大利	聚酰胺-6,6切片	39081011	2008/11/14	2009/6/25	Y	5.3%~20.9%	2009/10/13	Y	5.3%~20.9%	Y	2014/10/10	2015/10/10	Y	5.3%~20.9%	2020/10/12
53	161	英国	聚酰胺-6,6切片	39081011	2008/11/14	2009/6/25	Y	20.9%	2009/10/13	Y	20.9%	N					2015/10/12
53	162	法国	聚酰胺-6,6切片	39081011	2008/11/14	2009/6/25	Y	20.9%	2009/10/13	Y	20.9%	Y	2014/10/10	2015/10/10	Y	20.9%	2020/10/12
53	163	中国台湾	聚酰胺-6,6切片	39081011	2008/11/14	2009/6/25	Y	20.9%	2009/10/13	Y	20.9%	Y	2014/10/10	2015/10/10	Y	20.9%	2020/10/12

续表

发起编号	案件编号	应诉国(地区)	产品	税则号	立案时间	初裁时间	初裁结果	初裁措施	终裁时间	终裁结果	终裁措施	复审申请	复审立案时间	复审裁决时间	复审结果	复审措施	措施终止日期
54	164	欧盟	碳钢紧固件	73181200 73181400 73181500 73182100 73182200	2008/12/29	2009/12/28	Y	16.8%~24.6%	2010/6/28	Y	6.1%~26%	Y	2015/6/26	2016/6/28	Y	6.1%~26%	2021/6/28
55	165	韩国	对苯二甲酸	29173611 29173619	2009/2/12	2010/2/3	Y	2.4%~11.2%	2010/8/12	Y	2.0%~11.2%	Y	2015/8/10	2016/8/10	Y	2.0%~11.2%	2021/8/10
55	166	泰国	对苯二甲酸	29173611 29173619	2009/2/12	2010/2/3	Y	12.2%~20.1%	2010/8/12	Y	6.0%~20.1%	Y	2015/8/10	2016/8/10	Y	6.0%~20.1%	2021/8/11
56	167	印度尼西亚	核苷酸类食品添加剂	29349990 38249090	2009/3/24	2010/6/5	Y	8.1%~29.7%	2010/9/24	Y	6.3%~29.7%	N					2015/9/23
56	168	泰国	核苷酸类食品添加剂	29349990 38249090	2009/3/24	2010/6/5	Y	6.5%~29.7%	2010/9/24	Y	4.8%~29.7%	N					2015/9/23

续表

发起编号	案件编号	应诉国(地区)	产品	税则号	立案时间	初裁时间	初裁结果	初裁措施	终裁时间	终裁结果	终裁措施	复审申请	复审立案时间	复审裁决时间	复审结果	复审措施	措施终止日期
57	169	美国	锦纶6切片	39081019	2009/4/29	2009/10/20	Y	30.4%~36.2%	2010/4/20	Y	29.3%~96.5%	Y	2015/4/21	2016/4/21	Y	29.3%~96.5%	2021/4/20
57	170	欧盟	锦纶6切片	39081019	2009/4/29	2009/10/20	Y	8.0%~23.9%	2010/4/20	Y	8.0%~23.9%	Y	2015/4/21	2016/4/21	Y	8.0%~23.9%	2021/4/20
57	171	俄罗斯	锦纶6切片	39081019	2009/4/29	2009/10/20	Y	5.9%~23.9%	2010/4/20	Y	5.9%~23.9%	Y	2015/4/21	2016/4/21	Y	5.9%~23.9%	2021/4/20
57	172	中国台湾	锦纶6切片	39081019	2009/4/29	2009/10/20	Y	4%~23.9%	2010/4/20	Y	4.0%~4.3%	Y	2015/4/21	2016/4/21	Y	4.0%~4.3%	2021/4/20
58	173	美国	取向电工钢	72251100 72261100	2009/6/1	2009/12/11	Y	10.7%~25%	2010/4/10	Y	7.8%~64.8%	N					2015/4/10
58	174	俄罗斯	取向电工钢	72251100 72261100	2009/6/1	2009/12/11	Y	4.6%~25%	2010/4/10	Y	6.3%~24%	N					2015/4/10

续表

发起编号	案件编号	应诉国(地区)	产品	税则号	立案时间	初裁时间	初裁结果	初裁措施	终裁时间	终裁结果	终裁措施	复审申请	复审立案时间	复审裁决时间	复审结果	复审措施	措施终止日期
59	175	印度尼西亚	甲醇	29051100	2009/6/24	2010/10/25	Y	9.1%~32.5%	2010/12/23	Y	9.1%~32.5%	N					2015/12/23
59	176	马来西亚	甲醇	29051100	2009/6/24	2010/10/25	Y	9.1%~37.5%	2010/12/23	Y	9.1%~37.5%	N					2015/12/23
59	177	沙特阿拉伯	甲醇	29051100	2009/6/24	2010/10/25	N	无倾销									2010/10/28
59	178	新西兰	甲醇	29051100	2009/6/24	2010/10/25	Y	9.5%~36.4%	2010/12/23	Y	9.5%~36.4%	N					2015/12/23
60	179	美国	白羽肉鸡产品	02071100 02071200 02071311 02071319 02071321 02071329 02071411 02071419 02071421 02071422 02071429 05040021	2009/9/27	2010/2/13	Y	43.1%~105.4%	2010/9/26	Y	50.3%~105.4%	Y	2015/10/8	2016/9/26	Y	46.6%~73.8%	2018/2/27

续表

发起编号	案件编号	应诉国（地区）	产品	税则号	立案时间	初裁时间	初裁结果	初裁措施	终裁时间	终裁结果	终裁措施	复审申请	复审立案时间	复审裁决时间	复审结果	复审措施	措施终止日期
61	180	欧盟	X射线安全检查设备	90221910	2009/10/23	2010/6/10	Y	43.1%~105.4%	2011/1/27	Y	33.5%~71.8%						2014/2/18①
62	181	美国	排气量在2.0升及2.0升以上小轿车和越野车	87033351 87033352 87033359 87033361 87033369 87032411 87032412 87032419 87032421 87032429 87033221 87033222 87033229 87033311 87033312 87033319 87033321 87033322 87033329 87033361 87033362 87033369 87039000	2009/11/6	2011/4/2	Y	2.0%~21.5%	2011/5/5	Y	2.0%~21.5%	N					2013/12/13

① 在反倾销措施执行期间，于2014年2月18日期中复审，否定性裁决。

续表

发起编号	案件编号	应诉国（地区）	产品	税则号	立案时间	初裁时间	初裁结果	初裁措施	终裁时间	终裁结果	终裁措施	复审申请	复审立案时间	复审裁决时间	复审结果	复审措施	措施终止日期
63	182	美国	己内酰胺	29337100	2010/4/22	2011/1/25	Y	6.6%~24.2%	2011/10/22	Y	2.2%~24.2%	Y	2016/10/21	2017/10/21	Y	2.2%~24.2%	2022/10/21
63	183	欧盟	己内酰胺	29337100	2010/4/22	2011/1/25	Y	8%~25.5%	2011/10/23	Y	2.3%~25.5%	Y	2016/10/21	2017/10/21	Y	2.3%~25.5%	2022/10/21
64	184	美国	非色散单位移单模光纤	90011000	2010/4/22	2011/2/18	Y	18.6%	2011/4/22	Y	18.6%	Y	2016/4/21	2017/4/21	Y	18.6%	2022/4/21
64	185	欧盟	非色散单位移单模光纤	90011000	2010/4/22	2011/2/18	Y	29.1%	2011/4/22	Y	29.1%	Y	2016/4/21	2017/4/21	Y	29.1%	2022/4/21
65	186	美国	相纸	37031010 37032010 37039010	2010/12/23	2011/8/10	Y	18.2%~28.8%	2012/3/22	Y	16.2%~28.8%	N						2023/3/21
65	187	欧盟	相纸	37031010 37032010 37039010	2010/12/23	2011/8/10	Y	17.6%~26.8%	2012/3/22	Y	17.5%~19.4%	N						2023/3/21

续表

发起编号	案件编号	应诉国(地区)	产品	税则号	立案时间	初裁时间	初裁结果	初裁措施	终裁时间	终裁结果	终裁措施	复审申请	复审立案时间	复审裁决时间	复审结果	复审措施	措施终止日期
65	188	日本	相纸	37031010 37032010 37039010	2010/12/23	2011/8/10	Y	28.8%	2012/3/22	Y	28.8%	N					2023/3/21
66	189	美国	干玉米酒糟	23033000	2010/12/28	MI	MI	MI	2012/5/8	N	申诉方撤诉						2012/5/8
67	190	日本	相关高性能不锈钢无缝钢管	73044110 73044910 73045110	2011/9/8	2012/5/9	Y	39.2%	2012/11/8	Y	14.4%						2016/8/22①
67	191	欧盟	相关高性能不锈钢无缝钢管	73044110 73044910 73045110	2011/9/8	2012/5/9	Y	37.5%	2012/11/8	Y	11.1%						2016/8/22②
68	192	美国	乙二醇和二甘醇的单丁醚	29094300	2011/11/18	2012/7/27	Y	10.1%~15.1%	2013/1/28	Y	10.6%~14.1%	Y	2018/1/27	2019/1/25	Y	37.5%~75.5%	2024/1/25

①② 在反倾销措施执行期间，于2016年8月22日期中复审，否定性裁决。

续表

发起编号	案件编号	应诉国(地区)	产品	税则号	立案时间	初裁时间	初裁结果	初裁措施	终裁时间	终裁结果	终裁措施	复审申请	复审立案时间	复审裁决时间	复审结果	复审措施	措施终止日期
68	193	欧盟	乙二醇和二甘醇的单丁醚	29094300	2011/11/18	2012/7/27	Y	9.3%~18.8%	2013/1/28	Y	9.3%~18.8%	Y	2018/1/27	2019/1/25	Y	10.8%~43.5%	2024/1/25
69	194	美国	涂布白卡纸	48103100 48103200 48103900 48109200 48109900 48115190 48115990 48116090	2011/11/18	MI	MI	MI	2013/5/16	N	申诉方撤诉						2013/5/16
70	195	日本	间苯二酚	29072100	2012/3/23	2012/11/23	Y	40.5%	2013/3/22	Y	40.5%	Y	2018/3/22	2019/3/22	Y	40.5%	2024/3/21
70	196	美国	间苯二酚	29072100	2012/3/23	2012/11/23	Y	30.1%	2013/3/22	Y	30.1%	Y	2018/3/22	2019/3/22	Y	30.1%	2024/3/21
71	197	欧盟	甲苯二异氰酸酯(TDI)	29291010	2012/3/23	2012/11/13	Y	37.7%	2013/3/13	Y	37.7%	N					2018/3/12

续表

发起编号	案件编号	应诉国(地区)	产品	税则号	立案时间	初裁时间	初裁结果	初裁措施	终裁时间	终裁结果	终裁措施	复审申请	复审立案时间	复审裁决时间	复审结果	复审措施	措施终止日期
72	198	欧盟	甲苯胺	29214300	2012/6/29	2013/3/1	Y	22.2%~36.9%	2013/6/28	Y	19.6%~36.9%	Y	2018/6/27	2019/6/27	Y	19.6%~36.9%	2024/6/27
73	199	美国	太阳能级多晶硅	28046190	2012/7/20	2013/7/18	Y	53.7%~57%	2014/1/21	Y	53.7%~57%	Y	2019/1/18	未裁决	未裁决	未裁决	未裁决
73	200	韩国	太阳能级多晶硅	28046190	2012/7/20	2013/7/18	Y	2.4%~48.7%	2014/1/21	Y	2.4%~48.7%	Y	2019/1/18	未裁决	未裁决	未裁决	未裁决
74	201	日本	吡啶	29333100	2012/9/21	2013/5/27	Y	47.9%	2013/11/20	Y	47.9%	Y	2018/11/21	未裁决	未裁决	未裁决	未裁决
74	202	印度	吡啶	29333100	2012/9/21	2013/5/27	Y	24.6%~57.4%	2013/11/20	Y	24.6%~57.4%	Y	2018/11/21	未裁决	未裁决	未裁决	未裁决
75	203	欧盟	太阳能级多晶硅	28046190	2012/11/1	2014/1/24	Y	0	2014/4/30	Y	14.3%~42%	Y	2016/4/29	2017/4/28	Y	14.3%~42%	2022/4/28

续表

发起编号	案件编号	应诉国(地区)	产品	税则号	立案时间	初裁时间	初裁结果	初裁措施	终裁时间	终裁结果	终裁措施	复审申请	复审立案时间	复审裁决时间	复审结果	复审措施	措施终止日期
76	204	美国	浆粕	47020000 47061000 47063000	2013/2/6	2013/11/7	Y	29.8%	2014/4/4	Y	16.9%~33.5%						2023/5/19①
76	205	巴西	浆粕	47020000 47061000 47063000	2013/2/6	2013/11/7	Y	49.4%	2014/4/4	Y	6.8%~11.5%						2023/5/19②
76	206	加拿大	浆粕	47020000 47061000 47063000	2013/2/6	2013/11/7	Y	50.9%	2014/4/4	Y	0~23.7%						2023/5/19③
77	207	美国	相关高温承压用合金钢无缝钢管	73045110 73045190 73045910 73045990	2013/5/10	2013/12/17	Y	39%	2014/5/9	Y	14.1%	Y	2019/5/9	未裁决	未裁决	未裁决	未裁决
77	208	欧盟	相关高温承压用合金钢无缝钢管	73045110 73045190 73045910 73045990	2013/5/10	2013/12/17	Y	44.2%	2014/5/9	Y	13.0%~13.2%	Y	2019/5/9	未裁决	未裁决	未裁决	未裁决

①②③ 2017年8月25日，中国商务部对其进行了再调查立案；2018年4月20日，达成肯定性终裁。

续表

发起编号	案件编号	应诉国（地区）	产品	税则号	立案时间	初裁时间	初裁结果	初裁措施	终裁时间	终裁结果	终裁措施	复审申请	复审立案时间	复审裁决时间	复审结果	复审措施	措施终止日期
77	209	日本	相关高温承压用合金钢无缝钢管	73045110 73045190 73045910 73045990	2013/5/10	2013/12/17	Y	36.6%	2014/5/9	N	进口数量比例低于3%，终止调查						2014/5/9
78	210	美国	四氯乙烯	29032300	2013/5/31	2014/2/17	Y	76.2%	2014/5/30	Y	71.8%	Y	2019/5/30	未裁决	未裁决	未裁决	未裁决
78	211	欧盟	四氯乙烯	29032300	2013/5/31	2014/2/17	Y	33%	2014/5/30	Y	27.6%	Y	2019/5/30	未裁决	未裁决	未裁决	未裁决
79	212	欧盟	葡萄酒	22041000 22042100 22042900	2013/7/1	MI	MI	MI	2014/3/24	N	申诉方撤诉						2014/3/24
80	213	印度	单模光纤	90011000	2013/8/14	2014/5/13	Y	13.7%~51.7%	2014/8/13	Y	7.4%~30.6%						未到期
81	214	印度	特丁基对苯二酚	29072990	2013/8/22	2014/4/29	Y	37.6%~56.9%	2014/8/21	Y	49.8%						未到期
82	215	日本	光纤预制棒	70022010	2014/3/19	2015/5/18	Y	7.8%~8.9%	2015/8/19	Y	8.0%~9.1%	Y	2017/8/18	2018/7/10	Y	8.0%~9.1%	2023/7/10

续表

发起编号	案件编号	应诉国（地区）	产品	税则号	立案时间	初裁时间	初裁结果	初裁措施	终裁时间	终裁结果	终裁措施	复审申请	复审立案时间	复审裁决时间	复审结果	复审措施	措施终止日期
82	216	美国	光纤预制棒	70022010	2014/3/19	2015/5/18	Y	16.9%~39.0%	2015/8/19	Y	17.4%~41.7%	Y	2017/8/18	2018/7/10	Y	17.4%~41.7%	2023/7/10
83	217	欧盟	血液透析机	90189040	2014/6/13	MI	MI	MI	2014/12/17	N	申诉方撤诉						2014/12/17
83	218	日本	血液透析机	90189040	2014/6/13	MI	MI	MI	2014/12/17	N	申诉方撤诉						2014/12/17
84	219	新加坡	甲基丙烯酸甲酯	29161400	2014/8/8	2015/7/24	Y	6.8%~14.5%	2015/12/1	Y	6.7%~14.5%						2022/12/1
84	220	泰国	甲基丙烯酸甲酯	29161400	2014/8/8	2015/7/24	Y	10.7%~15.2%	2015/12/2	Y	11.1%~18.4%						2022/12/1
84	221	日本	甲基丙烯酸甲酯	29161400	2014/8/8	2015/7/24	Y	12.2%~34.6%	2015/12/3	Y	12.3%~34.6%						2022/12/1
85	222	欧盟	未漂白纸袋纸	48041100 48042100 48043100 48044100 48045100	2015/4/10	2015/12/10	Y	23.4%~29.0%	2016/4/21	Y	26.2%~29.0%	未到期					2021/4/21

续表

发起编号	案件编号	应诉国（地区）	产品	税则号	立案时间	初裁时间	初裁结果	初裁措施	终裁时间	终裁结果	终裁措施	复审申请	复审立案时间	复审裁决时间	复审结果	复审措施	措施终止日期
85	223	美国	未漂白纸袋纸	48041100 48042100 48043100 48044100 48045100	2015/4/10	2015/12/10	Y	14.9%	2016/4/21	Y	14.9%	未到期					2021/4/21
85	224	日本	未漂白纸袋纸	48041100 48042100 48043100 48044100 48045100	2015/4/10	2015/12/10	Y	20.2%	2016/4/21	Y	20.5%	未到期					2021/4/21
86	225	日本	腈纶	55013000 55033000 55063000	2015/7/14	2016/4/1	Y	15.8%~17.8%	2016/7/13	Y	15.8%~16.1%	未到期					2021/7/13
86	226	韩国	腈纶	55013000 55033000 55063000	2015/7/14	2016/4/1	Y	6.1%	2016/7/13	Y	4.1%~16.1%	未到期					2021/7/13
86	227	土耳其	腈纶	55013000 55033000 55063000	2015/7/14	2016/4/1	Y	10.7%	2016/7/13	Y	8.2%~16.1%	未到期					2021/7/13

续表

发起编号	案件编号	应诉国（地区）	产品	税则号	立案时间	初裁时间	初裁结果	初裁措施	终裁时间	终裁结果	终裁措施	复审申请	复审立案时间	复审裁决时间	复审结果	复审措施	措施终止日期
87	228	日本	取向电工钢	72251100 72261100	2015/7/23	2016/4/1	Y	39.0%~45.7%	2016/7/23	Y	39.0%~45.7%	未到期					2021/7/23
87	229	韩国	取向电工钢	72251100 72261100	2015/7/23	2016/4/1	Y	14.5%~29.5%	2016/7/23	Y	37.3%	未到期					2021/7/24
87	230	欧盟	取向电工钢	72251100 72261100	2015/7/23	2016/4/1	Y	46.3%	2016/7/23	Y	46.3%	未到期					2021/7/25
88	231	日本	钛基非晶合金带材	72269199	2015/11/18	2016/8/18	Y	25.9%	2016/11/18	Y	25.9%	未到期					2021/11/18
88	232	美国	钛基非晶合金带材	72269199	2015/11/18	2016/8/18	Y	48.5%	2016/11/18	Y	48.5%	未到期					2021/11/18
89	233	美国	干玉米酒糟	23033000	2016/1/12	2016/9/23	Y	33.8%	2017/1/12	Y	42.2%~53.7%	未到期					2022/1/10
90	234	日本	偏二氯乙烯-氯乙烯共聚树脂	39045000	2016/4/20	2017/1/19	Y	47.1%	2017/4/19	Y	47.1%	未到期					2022/4/19

续表

发起编号	案件编号	应诉国（地区）	产品	税则号	立案时间	初裁时间	初裁结果	初裁措施	终裁时间	终裁结果	终裁措施	复审申请	复审立案时间	复审裁决时间	复审结果	复审措施	措施终止日期
91	235	韩国	共聚聚甲醛	39071010 39071090	2016/10/24	2017/6/26	Y	6.1%~30.0%	2017/10/23	Y	6.2%~30.4%	未到期					2022/10/23
91	236	泰国	共聚聚甲醛	39071010 39071090	2016/10/24	2017/6/26	Y	23.7%~34.9%	2017/10/23	Y	18.5%~34.9%	未到期					2022/10/23
91	237	马来西亚	共聚聚甲醛	39071010 39071090	2016/10/24	2017/6/26	Y	7.6%~9.5%	2017/10/23	Y	8.0%~9.5%	未到期					2022/10/23
92	238	印度	邻氯对硝基苯胺	29214200	2017/2/13	2017/10/20	Y	31.4%~49.9%	2018/2/12	Y	31.4%~49.9%	未到期					2023/2/12
93	239	泰国	双酚A	29072300	2017/3/6	2017/11/9	Y	10.1%~31.0%	2018/3/1	Y	9.7%~31.0%	未到期					2023/3/1
94	240	韩国	甲基异丁基（甲）酮	29141300	2017/3/28	2017/11/20	Y	29.9%~32.3%	2018/3/20	Y	18.5%~32.3%	未到期					2023/3/20
94	241	日本	甲基异丁基（甲）酮	29141300	2017/3/28	2017/11/20	Y	48.4%~190.4%	2018/3/20	Y	47.8%~190.4%	未到期					2023/3/20

续表

发起编号	案件编号	应诉国（地区）	产品	税则号	立案时间	初裁时间	初裁结果	初裁措施	终裁时间	终裁结果	终裁措施	复审申请	复审立案时间	复审裁决时间	复审结果	复审措施	措施终止日期
94	242	南非	甲基异丁基（甲）酮	29141300	2017/3/28	2017/11/20	Y	15.9%~34.1%	2018/3/20	Y	15.9%~34.1%	未到期					2023/3/20
95	243	印度	间苯氧基苯甲醛	29124990	2017/6/8	2018/2/7	Y	36.2%~56.9%	2018/5/31	Y	36.4%~56.9%	未到期					2023/5/31
96	244	韩国	苯乙烯	29025000	2017/6/23	2018/2/12	Y	7.8%~8.4%	2018/6/22	Y	6.2%~7.5%	未到期					2023/6/22
96	245	中国台湾	苯乙烯	29025000	2017/6/23	2018/2/12	Y	5.0%	2018/6/22	Y	3.8%~4.2%	未到期					2023/6/22
96	246	美国	苯乙烯	29025000	2017/6/23	2018/2/12	Y	9.2%~10.7%	2018/6/22	Y	13.7%~55.7%	未到期					2023/6/22
97	247	巴西	白羽肉鸡产品	02071100 02071200 02071311 02071319 02071321 02071329 02071411 02071419 02071421 02071422 02071429 05040021	2017/8/18	2018/6/8	Y	18.8%~38.4%	2019/2/15	Y	17.8%~32.4%	未到期					2024/2/15

续表

发起编号	案件编号	应诉国（地区）	产品	税则号	立案时间	初裁时间	初裁结果	初裁措施	终裁时间	终裁结果	终裁措施	复审申请	复审立案时间	复审裁决时间	复审结果	复审措施	措施终止日期
98	248	美国	卤化丁基橡胶	40023910 40023990	2017/8/30	2018/4/19	Y	66.5%	2018/8/10	Y	75.5%	未到期					2023/8/10
98	249	欧盟	卤化丁基橡胶	40023910 40023990	2017/8/30	2018/4/19	Y	30.9%~63.7%	2018/8/10	Y	27.4%~71.9%	未到期					2023/8/10
98	250	新加坡	卤化丁基橡胶	40023910 40023990	2017/8/30	2018/4/19	Y	26.0%~66.5%	2018/8/10	Y	23.1%~45.2%	未到期					2023/8/10
99	251	美国	氢碘酸	28111990	2017/10/16	2018/6/16	Y	118.8%	2018/10/15	Y	123.4%	未到期					2023/10/15
99	252	日本	氢碘酸	28111990	2017/10/16	2018/6/16	Y	41.1%	2018/10/15	Y	41.1%	未到期					2023/10/16
100	253	美国	乙醇胺	29221100 29221200 29221310	2017/10/30	2018/6/16	Y	75.3%~97.3%	2018/10/29	Y	76.0%~97.1%	未到期					2023/10/29
100	254	沙特阿拉伯	乙醇胺	29221100 29221200 29221310	2017/10/30	2018/6/16	Y	11.7%~18.7%	2018/10/29	Y	10.1%~27.9%	未到期					2023/10/29

发起编号	案件编号	应诉国（地区）	产品	税则号	立案时间	初裁时间	初裁结果	初裁措施	终裁时间	终裁结果	终裁措施	复审申请	复审立案时间	复审裁决时间	复审结果	复审措施	措施终止日期
100	255	马来西亚	乙醇胺	29221100 29221200 29221310	2017/10/30	2018/6/16	Y	18.3%~20.3%	2018/10/29	Y	18.3%~20.3%	未到期					2023/10/29
100	256	泰国	乙醇胺	29221100 29221200 29221310	2017/10/30	2018/6/16	Y	37.6%	2018/10/29	Y	37.6%	未到期					2023/10/29
101	257	韩国	丁腈橡胶	40025910 40025990	2017/11/9	2018/7/16	Y	12.0%~37.3%	2018/11/8	Y	12%~37.3%	未到期					2023/11/8
101	258	日本	丁腈橡胶	40025910 40025990	2017/11/9	2018/7/16	Y	18.1%~56.4%	2018/11/8	Y	16%~56.4%	未到期					2023/11/8
102	259	中国台湾	正丁醇	29051300	2017/12/29	2018/9/3	Y	6.0%~56.1%	2018/12/28	Y	6.0%~56.1%	未到期					2023/12/28
102	260	马来西亚	正丁醇	29051300	2017/12/29	2018/9/3	Y	12.7%~26.7%	2018/12/28	Y	12.7%~26.7%	未到期					2023/12/28
102	261	美国	正丁醇	29051300	2017/12/29	2018/9/3	Y	52.3%~139.8%	2018/12/28	Y	52.2%~139.3%	未到期					2023/12/28
103	262	日本	邻二氯苯	29039110	2018/1/23	2018/10/8	Y	70.4%	2019/1/22	Y	70.4%	未到期					2024/1/22

续表

发起编号	案件编号	应诉国（地区）	产品	税则号	立案时间	初裁时间	初裁结果	初裁措施	终裁时间	终裁结果	终裁措施	复审申请	复审立案时间	复审裁决时间	复审结果	复审措施	措施终止日期
103	263	印度	邻二氯苯	29039110	2018/1/23	2018/10/8	Y	31.9%	2019/1/22	Y	31.9%	未到期					2024/1/22
104	264	美国	高粱	10079000	2018/2/5	2018/4/17	Y	178.6%	2018/5/18	N	提高了下游养殖业成本，终止双反调查						2018/5/18
105	265	美国	苯酚	29071110	2018/3/26	2019/5/27	Y	125.4%~129.6%	2019/9/3	Y	244.3%~287.2%	未裁决					未裁决
105	266	欧盟	苯酚	29071110	2018/3/26	2019/5/27	Y	82.0%	2019/9/3	Y	30.4%	未到期					2024/9/5
105	267	韩国	苯酚	29071110	2018/3/26	2019/5/27	Y	13.3%~23.7%	2019/9/3	Y	12.5%~23.7%	未到期					2024/9/5
105	268	日本	苯酚	29071110	2018/3/26	2019/5/27	Y	81.2%	2019/9/3	Y	19.3%~27.0%	未到期					2024/9/5

续表

发起编号	案件编号	应诉国（地区）	产品	税则号	立案时间	初裁时间	初裁结果	初裁措施	终裁时间	终裁结果	终裁措施	复审申请	复审立案时间	复审裁决时间	复审结果	复审措施	措施终止日期
105	269	泰国	苯酚	29071110	2018/3/26	2019/5/27	Y	11.9%~28.6%	2019/9/3	Y	10.6%~28.6%	未到期					2024/9/5
106	270	欧盟	不锈钢钢坯和不锈钢热轧板/卷	72189100 72189900 72191100 72191200 72191312 72191319 72191322 72191329 72191412 72191419 72191422 72191429 72192100 72192200 72192300 72192410 72192420 72192430 72201100 72201200	2018/7/23	2019/3/22	Y	43.0%	2019/7/22	Y	43.0%	未到期					2024/7/22

续表

发起编号	案件编号	应诉国（地区）	产品	税则号	立案时间	初裁时间	初裁结果	初裁措施	终裁时间	终裁结果	终裁措施	复审申请	复审立案时间	复审裁决时间	复审结果	复审措施	措施终止日期
106	271	日本	不锈钢钢坯和不锈钢热轧板/卷	72189100 72189900 72191100 72191200 72191312 72191319 72191322 72191329 72191412 72191419 72191422 72191429 72192100 72192200 72192300 72192410 72192420 72192430 72201100 72201200	2018/7/23	2019/3/22	Y	18.1%~29.0%	2019/7/22	Y	18.1%~29.0%	未到期					2024/7/22

续表

发起编号	案件编号	应诉国（地区）	产品	税则号	立案时间	初裁时间	初裁结果	初裁措施	终裁时间	终裁结果	终裁措施	复审申请	复审立案时间	复审裁决时间	复审结果	复审措施	措施终止日期
106	272	韩国	不锈钢钢坯和不锈钢热轧板/卷	72189100 72189900 72191100 72191200 72191312 72191319 72191322 72191329 72191412 72191419 72191422 72191429 72192100 72192200 72192300 72192410 72192420 72192430 72201100 72201200	2018/7/23	2019/3/22	Y	23.1%~103.1%	2019/7/22	Y	23.1%~103.1%	未到期					2024/7/22

续表

发起编号	案件编号	应诉国(地区)	产品	税则号	立案时间	初裁时间	初裁结果	初裁措施	终裁时间	终裁结果	终裁措施	复审申请	复审立案时间	复审裁决时间	复审结果	复审措施	措施终止日期
106	273	印度尼西亚	不锈钢钢坯和不锈钢热轧板/卷	72189100 72189900 72191100 72191200 72191312 72191319 72191322 72191329 72191412 72191419 72191422 72191429 72192100 72192200 72192300 72192410 72192420 72192430 72201100 72201200	2018/7/23	2019/3/22	Y	20.2%	2019/7/22	Y	20.2%	未到期					2024/7/22
107	274	日本	立式加工中心	84571010	2018/10/16												未裁决
107	275	中国台湾	立式加工中心	84571010	2018/10/16												未裁决

续表

发起编号	案件编号	应诉国（地区）	产品	税则号	立案时间	初裁时间	初裁结果	初裁措施	终裁时间	终裁结果	终裁措施	复审申请	复审立案时间	复审裁决时间	复审结果	复审措施	措施终止日期
108	276	澳大利亚	大麦	10031000 10039000	2018/11/19												未裁决
109	277	印度	7-苯乙酰氨基-3-氯甲基-4-头孢烷酸对甲氧基苄酯	29349960	2018/11/26												未裁决
110	278	新加坡	甲硫氨酸	29304000	2019/4/10												未裁决
110	279	马来西亚	甲硫氨酸	29304000	2019/4/10												未裁决
110	280	日本	甲硫氨酸	29304000	2019/4/10												未裁决
111	281	日本	聚苯硫醚	39119000	2019/5/30												未裁决

续表

发起编号	案件编号	应诉国(地区)	产品	税则号	立案时间	初裁时间	初裁结果	初裁措施	终裁时间	终裁结果	终裁措施	复审申请	复审立案时间	复审裁决时间	复审结果	复审措施	措施终止日期
111	282	美国	聚苯硫醚	3919000	2019/5/30												未裁决
111	283	韩国	聚苯硫醚	3919000	2019/5/30												未裁决
111	284	马来西亚	聚苯硫醚	3919000	2019/5/30												未裁决
112	285	美国	三元乙丙橡胶	40027010 40027090	2019/6/19												未裁决
112	286	韩国	三元乙丙橡胶	40027010 40027090	2019/6/19												未裁决
112	287	欧盟	三元乙丙橡胶	40027010 40027090	2019/6/19												未裁决
113	288	美国	正丙醇	29051210	2019/7/23												未裁决
114	289	美国	间甲酚	29071211	2019/7/29												未裁决
114	290	欧盟	间甲酚	29071211	2019/7/29												未裁决
114	291	日本	间甲酚	29071211	2019/7/29												未裁决

资料来源: 2011 年及以前的数据来自于世界银行的全球反倾销数据库(https://datacatalog.worldbank.org/dataset/temporary-trade-barriers-database-including-global-antidumping-database); 2012~2019 年的数据作者整理自中国贸易救济信息网(http://cacs.mofcom.gov.cn/)。案件统计信息截至 2019 年 12 月 31 日。

注: "MI" 表示信息缺失; "Y" 表示肯定性裁决; "N" 表示否定性裁决。

附录 2　截至 2019 年中国对外反补贴调查案件

编号	应诉国（地区）	产品	税则号	立案时间	初裁时间	初裁措施	终裁时间	终裁措施	申诉方是否为行业协会	是否同时反倾销	措施终止日期
1	美国	电工钢（冷轧取向硅钢）	72251100 72261100	2009/6/1	2009/12/10	美国：11.7%~12%	2010/4/10	美国：11.7%~44.6%	否	是	2015/4/10
2	美国	白羽肉鸡	02071100 02071200 02071311 02071319 02071321 02071329 02071411 02071419 02071421 02071422 02071429 05040021	2009/9/27	2010/4/28	美国：4.9%~31.4%	2010/8/30	美国：4.0%~30.3%	是	是	2015/8/28

续表

编号	应诉国（地区）	产品	税则号	立案时间	初裁时间	初裁措施	终裁时间	终裁措施	申诉方是否为行业协会	是否同时反倾销	措施终止日期
3	美国	排气量在2.0升及2.0升以上小轿车和越野车	87032351 87032352 87032359 87032361 87032369 87032411 87032412 87032419 87032421 87032429 87033221 87033222 87033229 87033311 87033312 87033319 87033321 87033322 87033329 87033361 87033362 87033369 87039000	2009/11/6	2011/4/2	美国：0%~12.9%	2011/5/5	美国：0%~12.9%	是	是	2013/12/13

续表

编号	应诉国（地区）	产品	税则号	立案时间	初裁时间	初裁措施	终裁时间	终裁措施	申诉方是否为行业协会	是否同时反倾销	措施终止日期
4	欧盟	马铃薯淀粉	11081300	2010/8/30	2011/5/16	欧盟：7.7%~11.19%	2011/9/16	欧盟：7.5%~12.4%	是	否①	未到期
5	美国	太阳能级多晶硅	28046190	2012/7/20	2013/9/16	美国：0%~6.5%	2014/1/21	美国：0%~2.1%	否	是	未到期
6	欧盟	太阳能级多晶硅	28046190	2012/11/1	2014/1/24	欧盟：10.7%	22014/4/30	欧盟：1.2%	否	是	未到期
7	欧盟	葡萄酒	22041000 22042100 22042900	2013/7/1		申诉企业撤诉	2014/3/24		是	是	2014/3/24
8	美国	干玉米酒糟	23033000	2016/1/12	2016/9/28	美国：10.0%~10.7%	2017/1/11	美国：11.2%~12%	是	是	未到期

① 虽未同时反倾销，但由于 2006 年发起的反倾销措施经过复审审查后仍继续实施，所以对马铃薯淀粉，均同时征收反倾销反补贴税。

续表

编号	应诉国（地区）	产品	税则号	立案时间	初裁时间	初裁措施	终裁时间	终裁措施	申诉方是否为行业协会	是否同时反倾销	措施终止日期
9	印度	邻氯对硝基苯胺	29214200	2017/2/13	2017/10/20	20.4%~166.0%	2018/2/12	21.2%~166.8%	否	是	未到期
10	美国	高粱	10079000	2018/2/4	2018/5/18	N①			否②	是	2018/5/18
11	印度	7-苯乙酰氨基-3-氯甲基-4-头孢烷酸对甲氧基苄酯	29349960	2018/11/26					否	是	未裁决
12	澳大利亚	大麦	10031000 10039000	2018/12/21					是	是	未裁决
13	美国	正丙醇	29051210	2019/7/29					否	是	未裁决

资料来源：中国贸易救济信息网 (http://cacs.mofcom.gov.cn/)。
案件统计信息截至 2019 年 12 月 31 日。

① 因不符合公共利益，终止调查。
② 商务部没有收到书面申请自行立案。

附录 3　截至 2019 年中国对外保障措施调查案件

编号	产品		税则号	立案时间	初裁时间	初裁措施	终裁时间	终裁措施	措施终止日期	申诉方
1	（一）普通中厚板		72082500 72083700 72085200 72083600 72085100	2002/5/20	2002/5/20	7%~26%①	2002/11/19	8.7%~22.4%	2003/12/26	中国钢铁工业协会及上海宝钢集团公司、鞍山钢铁集团公司（集团）公司、武汉钢铁公司、首钢总公司和邯郸钢铁集团有限公司
	（二）普薄板	热轧普薄板	72081000 72084000 72082600 72083800 72085300 72082700 72083900 72085400 72089000							

① 关税配额内执行现行进口关税税率，配额外加征 7%~26% 的特别关税。不适用的情况有两种：第一，进口份额不超过该种产品进口总量 3% 的原产于发展中国家/地区的产品；第二，哈萨克斯坦、乌克兰、白俄罗斯（与中国鉴有双边钢铁贸易协议）。

续表

编号	产品		税则号	立案时间	初裁时间	初裁措施	终裁时间	终裁措施	措施终止日期	申诉方
1	（二）普薄板	冷轧普薄板	72091500 72091600 72091700 72091800 72092500 72092600 72092700 72092800							
		镀锡板（带）	72099000							
		镀锌板（带）	72101100 72101200 72121000							
		彩涂板（带）	72103000 72104100 72104900 72122000 72123000 72107000 72124000							
	（三）硅电钢	取向硅电钢	72251100 72261100							
		无取向冷轧硅电钢	72251900 72261900							

续表

编号	产品		税则号	立案时间	初裁时间	初裁措施	终裁时间	终裁措施	措施终止日期	申诉方
1	（四）不锈钢板（带）	不锈钢中板（带）	72191200 72193100							
		热轧不锈钢薄板（带）	72201200 72191300 72191400 72192300 72192400							
		冷轧不锈钢薄板（带）	72193200 72193300 72193400 72193500 72202000							
		其他不锈钢板	72199000 72209000							
	（五）其他（热轧）普钢带		72111300 72111400 72111900 72119000							
	（六）普盘条（带有轧制过程中产生的凹痕、凸缘、槽沟及其他变形的不规则盘卷的铁及非合金钢的热轧盘条、杆除外）		72139100 72132000							

续表

编号	产品		税则号	立案时间	初裁时间	初裁措施	终裁时间	终裁措施	措施终止日期	申诉方
1	（七）普通条杆	螺纹钢	72142000							
		冷轧棒材	72151000 72155000 72159000							
		H型钢	72161010 72163300							
		截面高≥80mm槽钢	72163100							
		截面高≥80mm角钢	72164010							
	（八）普通型材	其他普通型钢	72165090							
		冷弯型钢	72166100 72166900 72169100 72169900							
	（九）无缝管	石油天然气用管道管	73041000							
		石油天然气用套、导及钻管	73042100 73042900							

续表

编号	产品	税则号	立案时间	初裁时间	初裁措施	终裁时间	终裁措施	措施终止日期	申诉方
1	（十）焊管	73051100 73051200 73051900 73061000 73052000 73062000 73063000							
	（十一）钢坯	72071200 72071100 72071900 72072000							
2	食糖	17011200 17011300 17011400 17019100 17019910 17019920	2016/9/22			2017/5/22①	2017/5/22~ 2018/5/21： 45%； 2018/5/22~ 2019/5/21： 40%； 2019/5/22~ 2020/5/21： 35%	未到期	广西糖业协会

资料来源：中国贸易救济信息网（http://cacs.mofcom.gov.cn/）。

注：案件统计信息截至2019年12月31日。

———————

① 2018年7月16日取消《不适用保障措施的发展中国家（地区）名单》，包括189个经济体。

附录 4 下游企业最优化问题求解过程

方法一：成本最小化

$$\min_{l, x_h, x_f} c = wl + r_h x_h + Tr_f x_f \qquad (A4-1)$$

$$q = \phi l^\alpha \left[\left(x_h^{\frac{\sigma-1}{\sigma}} + x_f^{\frac{\sigma-1}{\sigma}} \right)^{\frac{\sigma}{\sigma-1}} \right]^{1-\alpha} \qquad (A4-2)$$

以下为求解过程：

即求解如下拉格朗日函数：$L = -wl - r_h x_h - Tr_f x_f + \lambda \left\{ \phi l^\alpha \left[\left(x_h^{\frac{\sigma-1}{\sigma}} + x_f^{\frac{\sigma-1}{\sigma}} \right)^{\frac{\sigma}{\sigma-1}} \right]^{1-\alpha} - q \right\}$

对 l 求偏导得到：

$$w = \lambda \alpha \phi l^{\alpha-1} \left(x_h^{\frac{\sigma-1}{\sigma}} + x_f^{\frac{\sigma-1}{\sigma}} \right)^{\frac{(1-\alpha)\sigma}{\sigma-1}} \qquad (A4-3)$$

对 x_h 求偏导得到：

$$r_h = \lambda \phi l^\alpha (1-\alpha) \left[\left(x_h^{\frac{\sigma-1}{\sigma}} + x_f^{\frac{\sigma-1}{\sigma}} \right)^{\frac{\sigma}{\sigma-1}} \right]^{-\alpha} \frac{\sigma}{\sigma-1} \left(x_h^{\frac{\sigma-1}{\sigma}} + x_f^{\frac{\sigma-1}{\sigma}} \right)^{\frac{1}{\sigma-1}} \frac{\sigma-1}{\sigma} x_h^{-\frac{1}{\sigma}}$$

$$\Rightarrow r_h = \lambda \phi l^\alpha (1-\alpha) \left[\left(x_h^{\frac{\sigma-1}{\sigma}} + x_f^{\frac{\sigma-1}{\sigma}} \right)^{\frac{1-\alpha\sigma}{\sigma-1}} x_h^{-\frac{1}{\sigma}} \right] \qquad (A4-4)$$

对 x_f 求偏导得到：

$$Tr_f = \lambda \phi l^\alpha (1-\alpha) \left[\left(x_h^{\frac{\sigma-1}{\sigma}} + x_f^{\frac{\sigma-1}{\sigma}} \right)^{\frac{\sigma}{\sigma-1}} \right]^{-\alpha} \frac{\sigma}{\sigma-1} \left(x_h^{\frac{\sigma-1}{\sigma}} + x_f^{\frac{\sigma-1}{\sigma}} \right)^{\frac{1}{\sigma-1}} \frac{\sigma-1}{\sigma} x_f^{-\frac{1}{\sigma}}$$

$$\Rightarrow Tr_f = \lambda \phi l^\alpha (1-\alpha) \left[\left(x_h^{\frac{\sigma-1}{\sigma}} + x_f^{\frac{\sigma-1}{\sigma}} \right)^{\frac{1-\alpha\sigma}{\sigma-1}} x_f^{-\frac{1}{\sigma}} \right] \qquad (A4-5)$$

式（A4-3）／式（A4-4）得：

$$\frac{w}{r_h} = \frac{\lambda \alpha \phi l^{\alpha-1} \left(x_h^{\frac{\sigma-1}{\sigma}} + x_f^{\frac{\sigma-1}{\sigma}} \right)^{\frac{(1-\alpha)\sigma}{\sigma-1}}}{\lambda \phi l^\alpha (1-\alpha) \left[\left(x_h^{\frac{\sigma-1}{\sigma}} + x_f^{\frac{\sigma-1}{\sigma}} \right)^{\frac{1-\alpha\sigma}{\sigma-1}} x_h^{-\frac{1}{\sigma}} \right]} = \frac{\alpha}{l(1-\alpha)} \left(x_h^{\frac{\sigma-1}{\sigma}} + x_f^{\frac{\sigma-1}{\sigma}} \right) x_h^{\frac{1}{\sigma}}$$

$$\Rightarrow l = \frac{\alpha r_h}{w\,(1-\alpha)} \times \left(x_h^{\frac{\sigma-1}{\sigma}} + x_f^{\frac{\sigma-1}{\sigma}} \right) x_h^{\frac{1}{\sigma}} \qquad\qquad (A4\text{-}6)$$

式（A4-4）／式（A4-5）得：

$$\frac{r_h}{Tr_f} = \frac{\lambda\phi l^{\alpha}\,(1-\alpha)\,\left[\left(x_h^{\frac{\sigma-1}{\sigma}} + x_f^{\frac{\sigma-1}{\sigma}} \right)^{\frac{1-\alpha\sigma}{\sigma-1}} x_h^{-\frac{1}{\sigma}} \right]}{\lambda\phi l^{\alpha}\,(1-\alpha)\,\left[\left(x_h^{\frac{\sigma-1}{\sigma}} + x_f^{\frac{\sigma-1}{\sigma}} \right)^{\frac{1-\alpha\sigma}{\sigma-1}} x_f^{-\frac{1}{\sigma}} \right]} = \left(\frac{x_h}{x_f} \right)^{-\frac{1}{\sigma}}$$

$$\Rightarrow \frac{x_f}{x_h} = \left(\frac{r_h}{Tr_f} \right)^{\sigma}$$

$$\Rightarrow x_f = x_h \left(\frac{r_h}{Tr_f} \right)^{\sigma} \qquad\qquad (A4\text{-}7)$$

将式（A4-7）代入式（A4-6）得到：

$$l = \frac{\alpha r_h}{w\,(1-\alpha)} \times \left\{ x_h^{\frac{\sigma-1}{\sigma}} + \left[x_h \left(\frac{r_h}{Tr_f} \right)^{\sigma} \right]^{\frac{\sigma-1}{\sigma}} \right\} x_h^{\frac{1}{\sigma}}$$

$$\Rightarrow l = \frac{\alpha r_h x_h}{w\,(1-\alpha)} \left[1 + \left(\frac{r_h}{Tr_f} \right)^{\sigma-1} \right] \qquad\qquad (A4\text{-}8)$$

将式（A4-7）和式（A4-8）代入式（A4-2）得到：

$$q = \phi \left\{ \frac{\alpha r_h x_h}{w\,(1-\alpha)} \left[1 + \left(\frac{r_h}{Tr_f} \right)^{\sigma-1} \right] \right\}^{\alpha} \left\{ \left[x_h^{\frac{\sigma-1}{\sigma}} + \left(x_h \left\{ \frac{r_h}{Tr_f} \right\}^{\sigma} \right)^{\frac{\sigma-1}{\sigma}} \right]^{\frac{\sigma}{\sigma-1}} \right\}^{1-\alpha}$$

$$\Rightarrow q = \phi \left[\frac{\alpha r_h x_h}{w\,(1-\alpha)} \right]^{\alpha} \left[1 + \left(\frac{r_h}{Tr_f} \right)^{\sigma-1} \right]^{\alpha} x_h^{1-\alpha} \left[1 + \left(\frac{r_h}{Tr_f} \right)^{\sigma-1} \right]^{\frac{\sigma(1-\alpha)}{\sigma-1}}$$

$$\Rightarrow q = \phi x_h \left[\frac{\alpha r_h}{w\,(1-\alpha)} \right]^{\alpha} \left[1 + \left(\frac{r_h}{Tr_f} \right)^{\sigma-1} \right]^{\frac{\sigma-\alpha}{\sigma-1}}$$

$$\Rightarrow x_h = \frac{q}{\phi \left[\dfrac{\alpha r_h}{w\,(1-\alpha)} \right]^{\alpha} \left[1 + \left(\dfrac{r_h}{Tr_f} \right)^{\sigma-1} \right]^{\frac{\sigma-\alpha}{\sigma-1}}} \qquad\qquad (A4\text{-}9)$$

将式（A4-9）代入式（A4-7）得：

$$x_f = \frac{q}{\phi \left[\dfrac{\alpha r_h}{w\,(1-\alpha)} \right]^{\alpha} \left[1 + \left(\dfrac{r_h}{Tr_f} \right)^{\sigma-1} \right]^{\frac{\sigma-\alpha}{\sigma-1}}} \left(\frac{r_h}{Tr_f} \right)^{\sigma} \qquad\qquad (A4\text{-}10)$$

将式（A4-9）代入式（A4-8）得：

$$l = \frac{\alpha r_h}{w(1-\alpha)}\left[1+\left(\frac{r_h}{Tr_f}\right)^{\sigma-1}\right]\frac{q}{\phi\left[\frac{\alpha r_h}{w(1-\alpha)}\right]^{\alpha}\left[1+\left(\frac{r_h}{Tr_f}\right)^{\sigma-1}\right]^{\frac{\sigma-\alpha}{\sigma-1}}}$$

$$\Rightarrow l = \frac{q}{\phi\left[\frac{\alpha r_h}{w(1-\alpha)}\right]^{\alpha-1}\left[1+\left(\frac{r_h}{Tr_f}\right)^{\sigma-1}\right]^{\frac{\sigma-\alpha}{\sigma-1}-1}}$$

$$\Rightarrow l = \frac{q}{\phi\left[\frac{\alpha r_h}{w(1-\alpha)}\right]^{\alpha-1}\left[1+\left(\frac{r_h}{Tr_f}\right)^{\sigma-1}\right]^{\frac{1-\alpha}{\sigma-1}}} \qquad (A4-11)$$

将式（A4-9）、式（A4-10）和式（A4-11）代入目标函数（A4-1）得到：

$$c = \frac{wq}{\phi\left[\frac{\alpha r_h}{w(1-\alpha)}\right]^{\alpha-1}\left[1+\left(\frac{r_h}{Tr_f}\right)^{\sigma-1}\right]^{\frac{1-\alpha}{\sigma-1}}} + \frac{r_h q}{\phi\left[\frac{\alpha r_h}{w(1-\alpha)}\right]^{\alpha}\left[1+\left(\frac{r_h}{Tr_f}\right)^{\sigma-1}\right]^{\frac{\sigma-\alpha}{\sigma-1}}} +$$

$$\frac{Tr_f q}{\phi\left[\frac{\alpha r_h}{w(1-\alpha)}\right]^{\alpha}\left[1+\left(\frac{r_h}{Tr_f}\right)^{\sigma-1}\right]^{\frac{\sigma-\alpha}{\sigma-1}}}\left(\frac{r_h}{Tr_f}\right)^{\sigma}$$

$$= \frac{wq}{\phi\left[\frac{\alpha r_h}{w(1-\alpha)}\right]^{\alpha-1}\left[1+\left(\frac{r_h}{Tr_f}\right)^{\sigma-1}\right]^{\frac{1-\alpha}{\sigma-1}}} +$$

$$\frac{q}{\phi\left[\frac{\alpha r_h}{w(1-\alpha)}\right]^{\alpha}\left[1+\left(\frac{r_h}{Tr_f}\right)^{\sigma-1}\right]^{\frac{\sigma-\alpha}{\sigma-1}}}r_h\left[1+\left(\frac{r_h}{Tr_f}\right)^{\sigma-1}\right]$$

$$= \frac{q}{\phi w^{-\alpha}r_h^{\alpha-1}\left[1+\left(\frac{r_h}{Tr_f}\right)^{\sigma-1}\right]^{\frac{1-\alpha}{\sigma-1}}\left(\frac{\alpha}{1-\alpha}\right)^{\alpha-1}} +$$

$$\frac{q}{\phi w^{-\alpha}r_h^{\alpha-1}\left[1+\left(\frac{r_h}{Tr_f}\right)^{\sigma-1}\right]^{\frac{1-\alpha}{\sigma-1}}\left(\frac{\alpha}{1-\alpha}\right)^{\alpha}}$$

$$= \frac{q}{\phi w^{-\alpha} r_h^{\alpha-1} \left[1+\left(\frac{r_h}{Tr_f}\right)^{\sigma-1}\right]^{\frac{1-\alpha}{\sigma-1}}} \left[\left(\frac{\alpha}{1-\alpha}\right)^{1-\alpha} + \left(\frac{\alpha}{1-\alpha}\right)^{-\alpha}\right]$$

$$= \frac{q}{\phi w^{-\alpha} r_h^{\alpha-1} \left[1+\left(\frac{r_h}{Tr_f}\right)^{\sigma-1}\right]^{\frac{1-\alpha}{\sigma-1}}} (1-\alpha)^{\alpha-1} \alpha^{-\alpha}$$

$$\Rightarrow c = \frac{q}{\phi \alpha^{\alpha} (1-\alpha)^{1-\alpha} r_h^{\alpha-1} w^{-\alpha} \left[1+\left(\frac{r_h}{Tr_f}\right)^{\sigma-1}\right]^{\frac{1-\alpha}{\sigma-1}}} \qquad (A4-12)$$

将式（A4-12）简化得到：

$$q = c\phi \alpha^{\alpha} (1-\alpha)^{1-\alpha} r_h^{\alpha-1} w^{-\alpha} \left[1+\left(\frac{r_h}{Tr_f}\right)^{\sigma-1}\right]^{\frac{1-\alpha}{\sigma-1}} \qquad (A4-13)$$

令 $\Omega = c\alpha^{\alpha} (1-\alpha)^{1-\alpha} r_h^{\alpha-1} w^{-\alpha}$，且对式（A4-13）对 T 求偏导得：

$$\frac{\partial q}{\partial T} = \Omega\phi \left[1+\left(\frac{r_h}{Tr_f}\right)^{\sigma-1}\right]^{\frac{2-\alpha-\sigma}{\sigma-1}} \left(\frac{r_h}{r_f}\right)^{\sigma-1} \left[-(1-\alpha)\right] T^{-\sigma} < 0 \qquad (A4-14)$$

对式（A4-14）对 ϕ 求偏导得：

$$\frac{\partial (\partial q/\partial T)}{\partial \phi} = \Omega \left[1+\left(\frac{r_h}{Tr_f}\right)^{\sigma-1}\right]^{\frac{2-\alpha-\sigma}{\sigma-1}} \left(\frac{r_h}{r_f}\right)^{\sigma-1} \left[(1\ \alpha)\right] T^{-\sigma} < 0 \quad (A4-15)$$

方法二：利润最大化

$$\underset{1,x_h,x_f}{s.t.} \quad \pi = p\phi l^{\alpha} \left[\left(x_h^{\frac{\sigma-1}{\sigma}} + x_f^{\frac{\sigma-1}{\sigma}}\right)^{\frac{\sigma}{\sigma-1}}\right]^{1-\alpha} - wl - r_h x_h - Tr_f x_f \qquad (A4-16)$$

将式（A4-16）对 l 求偏导得：

$$\alpha p\phi l^{\alpha-1} \left[\left(x_h^{\frac{\sigma-1}{\sigma}} + x_f^{\frac{\sigma-1}{\sigma}}\right)^{\frac{\sigma}{\sigma-1}}\right]^{1-\alpha} = w \qquad (A4-17)$$

将式（A4-16）对 x_h 求偏导得：

$$(1-\alpha) p\phi l^{\alpha} \left[\left(x_h^{\frac{\sigma-1}{\sigma}} + x_f^{\frac{\sigma-1}{\sigma}}\right)^{\frac{\sigma}{\sigma-1}}\right]^{-\alpha} \left(x_h^{\frac{\sigma-1}{\sigma}} + x_f^{\frac{\sigma-1}{\sigma}}\right)^{\frac{1}{\sigma-1}} x_h^{-\frac{1}{\sigma}} = r_h \qquad (A4-18)$$

将式（A4-16）对 x_f 求偏导得：

$$(1-\alpha) p\phi l^{\alpha} \left[\left(x_h^{\frac{\sigma-1}{\sigma}} + x_f^{\frac{\sigma-1}{\sigma}}\right)^{\frac{\sigma}{\sigma-1}}\right]^{-\alpha} \left(x_h^{\frac{\sigma-1}{\sigma}} + x_f^{\frac{\sigma-1}{\sigma}}\right)^{\frac{1}{\sigma-1}} x_f^{-\frac{1}{\sigma}} = Tr_f \qquad (A4-19)$$

将式（A4-18）除以式（A4-19）得：

$$x_f = x_h \left(\frac{r_h}{Tr_f} \right)^{\sigma} \tag{A4-20}$$

将式（A4-17）除以式（A4-18）得：

$$l = \frac{\alpha}{1-\alpha} \frac{r_h}{w} x_h^{\frac{1}{\sigma}} \left(x_h^{\frac{\sigma-1}{\sigma}} + x_f^{\frac{\sigma-1}{\sigma}} \right) \tag{A4-21}$$

将式（A4-20）代入式（A4-21）得：

$$l = \frac{\alpha}{1-\alpha} \frac{r_h}{w} x_h \left[1 + \left(\frac{r_h}{Tr_f} \right)^{\sigma-1} \right] \tag{A4-22}$$

此时，分别得到 x_f、l 与 x_h 之间的关系，接下来，将 x_f 与 l 代入式（A4-17），目的是求出 x_h 的表达式，即欲将 x_h 表达成产品价格 p、要素价格 r_h、r_f，以及 w 的表达式（若求得此 x_h 的表达式是关于产品价格 p 的函数，那么 x_f、l 也应为产品价格 p 的函数，然后将 $x_f(p)$、$l(p)$，以及 x_h（p）代入生产函数，即可直接求得供给函数，那么此供给函数应为产品价格 p 的函数）。故将式（A4-20）和式（A4-22）代入式（A4-17）得：

$$\alpha p \phi \left\{ \frac{\alpha}{1-\alpha} \frac{r_h}{w} \left[1 + \left(\frac{r_h}{Tr_f} \right)^{\sigma-1} \right] \right\}^{\alpha-1} x_h^{\alpha-1} x_h^{1-\alpha} \left[1 + \left(\frac{r_h}{Tr_f} \right)^{\sigma-1} \right]^{\frac{\sigma(1-\alpha)}{\sigma-1}} = w \tag{A4-23}$$

但值得注意的是，从式（A4-23）中可知，$x_h^{\alpha-1} x_h^{1-\alpha} = x_h^0 = 1$，即 x_h 被约掉，产品价格 p 可直接表达成要素价格 r_h、r_f 以及 w 的表达式，简化式（A4-23）得：

$$p = \frac{w^{\alpha}}{\phi \alpha^{\alpha} (1-\alpha)^{1-\alpha} r_h^{\alpha-1} \left[1 + \left(\frac{r_h}{Tr_f} \right)^{\sigma-1} \right]^{\frac{1-\alpha}{\sigma-1}}} \tag{A4-24}$$

由式（A4-24）得：

$$c = pq = \frac{q}{\phi \alpha^{\alpha} (1-\alpha)^{1-\alpha} r_h^{\alpha-1} w^{-\alpha} \left[1 + \left(\frac{r_h}{Tr_f} \right)^{\sigma-1} \right]^{\frac{1-\alpha}{\sigma-1}}} \tag{A4-25}$$

可知式（A4-25）与式（A4-12）完全一致。后续推导同方法一。

参考文献

［1］Amiti, Mary and Jozef Konings, Trade Liberalization, Intermediate Inputs, and Productivity: Evidence from Indonesia ［J］. *The American Economic Review*, 2007, 97 (5): 1611-1638.

［2］Avsar, Veysel, The Anatomy of Trade Deflection ［R］. *Unpublished Working Paper*, Florida International University, 2010.

［3］Bao, X., and L. D. Qiu. Is China's Antidumping More Retaliatory than that of the US? ［J］. *Review of International Economics*, 2011, 19 (2): 374-389.

［4］Barrell R. and Pain N. Trade Restraints and Japanese Direct Investment Flow ［J］. *European Economic Review*, 1999, 43 (1): 29-45.

［5］Bas, Maria and Orsetta Causa. Trade and Product Market Policies in Upstream Sectors and Productivity in Downstream Sectors: Firm-level Evidence from China ［J］. *Journal of Comparative Economics*, 2013, 41 (3): 843-862.

［6］Bas, Maria. Input-trade Liberalization and Firm Export Decision: Evidence from Argentina ［J］. *Journal of Development Economics*, 2012, 97 (2): 481-493.

［7］Baylis, Kathy, and Nisha Malhotra. Antidumping and Market Power in the Agriculture Sector, with a Special Case Study of the Fresh Tomato Industry ［J］. *The Estey Centre Journal of International Law and Trade Policy*, 2008, 9 (1): 38-50.

［8］Bernard, A. B., and B. Jensen. Exceptional Exporter Performance: Cause, Effect, or Both? ［J］. *Journal of International Economics*, 1999, 47 (1): 1-25.

［9］Bernard, A. B., and B. Jensen. Exporters, Skill Upgrading, and the Wage Gap ［J］. *Journal of International Economics*, 1997, 42 (1-2): 3-31.

[10] Blonigen, B. A., and Jee-Hyeong Park. Dynamic Pricing in the Presence of Antidumping Policy: Theory and Evidence [J]. *American Economic Review*, 2004, 94 (1): 134-154.

[11] Blonigen, B. A., Benjamin H. Liebman, Justin R. Pierce, Wesley W. Wilson. Are All Trade Protection Policies Created Equal? Empirical Evidence for Nonequivalent Market Power Effects of Tariffs and Quotas [J]. *Journal of International Economics*, 2013a, 89 (2): 1-10.

[12] Blonigen, B. A., Benjamin L., and Wesley W. Wilson. Antidumping and Production-Line Exit: The Case of the US Steel Industry [J]. *Review of Industrial Organization*, 2013b, 42 (4): 395-413.

[13] Blonigen, Bruce. Industrial Policy and Downstream Export Performance [Z]. *Unpublished Working Paper*, National Bureau of Economic Research, 2013.

[14] Bown, Chad P. Global Antidumping Database [EB/OL]. The World Bank, June, available at http://econ. worldbank. org/ttbd/gad/, 2014.

[15] Bown, Chad P. Trade Policy Flexibilities and Turkey: Tariffs, Antidumping, Safeguards and WTO Dispute Settlement [Z]. *Unpublished Working Paper*, The World Bank, 2013.

[16] Bown, C. P., and M. A. Crowley. China's Export Growth and the China Safeguard: Threats to the World Trading System? [J]. *Canadian Journal of Economics*, 2010, 43 (4): 1353-1388.

[17] Bown, C. P., and M. A. Crowley. Policy Externalities: How US Antidumping Affects Japanese Exports to the EU [J]. *European Journal of Political Economy*, 2006, 22 (3): 696-714.

[18] Bown, C. P., and M. A. Crowley. Trade Deflection and Trade Depression [J]. *Journal of International Economics*, 2007, 72 (1): 176-201.

[19] Brandt, Loren, Johannes Van Biesebroeck and Yifan Zhang. Creative Accounting or Creative Destruction? Firm-level Productivity Growth in Chinese Manufacturing [J]. *Journal of Development Economics*, 2012, 97 (2): 339-351.

[20] Breton, Paul. Anti-dumping Policies in the EU and Trade Diversion [J]. *European Journal of Political Economy*, 2001, 17 (3): 593-607.

[21] Carter, Colin A., and Caroline Gunning-Trant. U. S. Trade

Remedy Law and Agriculture: Trade Diversion and Investigation Effects [J]. *Canadian Economic Association*, 2010, 43 (1): 97–126.

[22] Chandra, Piyush. Impact of Temporary Trade Barriers: Evidence from China [J]. *China Economic Review*, 2016, 38, 24–48.

[23] Chevassus – Lozza, Emmanuelle, Carl Gaigné and Léo Le Mener. Does Input Trade Liberalization Boost Downstream Firms' Export? Theory and Firm-level Evidence [J]. *Journal of International Economics*, 2013, 90 (2): 391–402.

[24] Choi Yong – Seok and Chin Hee Hahn. Effects of Imported Intermediate Varieties on Plant Total Factor Productivity and Product Switching: Evidence from Korean Manufacturing [J]. *Asian Economic Journal*, 2013, 27 (2): 125–143.

[25] Crowley, Meredith A. Do Safeguard Tariffs and Antidumping Duties Open or Close Technology Gaps? [J]. *Journal of International Economics*, 2006, 68 (2): 469–484.

[26] De Melo, Jaime, and David Tarr. Welfare Costs of Quotas in Textiles, Steel, and Autos [J]. *Review of Economics and Statistics*, 1990, 72 (3): 489–497.

[27] Durling, James P., Thomas J. Prusa. The Trade Effects Associated with an Antidumping Epidemic: The Hot-rolled Steel Market, 1996–2001 [J]. *European Journal of Political Economy*, 2006, 22 (3): 675–695.

[28] Egger, Peter, and Douglas Nelson. How Bad Is Antidumping? Evidence From Panel Data [J]. *The Review of Economics and Statistics*, 2011, 93 (4): 1374–1390.

[29] Feinberg, Robert M., and Seth Kaplan. Fishing Downstream: The Political Economy of Effective Administered Protection [J]. *The Canadian Journal of Economics/Revue Canadienne D'Economique*, 1993, 26 (1): 150–158.

[30] Feng Ling, Zhiyuan Li and Deborah L. Swenson. Trade Policy Uncertainty and Exports: Evidence from China's WTO Accession [Z]. *Unpublished Working Paper*, Shanghai University of Finance and Economics, 2014.

[31] Francois, Joseph F., Hugh M. Arce, Kenneth A. Reinert, and Joseph E. Flynn. Commercial Policy and the Domestic Carrying Trade [J]. *The*

Canadian Journal of Economics/Revue Canadienne D'Economique, 1996, 29 (1): 181-198.

[32] Ganguli, Bodhisattva. The Trade Effects of Indian Antidumping Actions [J]. *Review of International Economics*, 2008, 16 (5): 930-941.

[33] Goldberg, Pinelopi Koujianou, Amit Kumar Khandelwal, Nina Pavcnik and Petia Topalova. Imported Intermediate Inputs and Domestic Product Growth: Evidence from India [J]. *The Quarterly Journal of Economics*, 2010b, 125 (4): 1727-1767.

[34] Goldberg, Pinelopi Koujianou, Amit Kumar Khandelwal, Nina Pavcnik and Petia Topalova. Trade Liberalization and New Imported Inputs [J]. *The American Economic Review*, 2009, 99 (2): 494-500.

[35] Handley, Kyle, and Nuno Limão. Trade and Investment under Policy Uncertainty: Theory and Firm Evidence [Z]. *Unpublished Working Paper*, National Bureau of Economic Research, 2012.

[36] Handley, Kyle. Exporting under Trade Policy Uncertainty: Theory and Evidence [Z]. *Unpublished Working Paper*, WTO, 2011.

[37] Helpman, E., M. Melitz and Y. Rubinstein. Estimating Trade Flows: Trading Partners and Trading Volumes [J]. *Quarterly Journal of Economics*, 2008, 123 (2): 441-487.

[38] Herrera Estrella Gómez. Are Estimation Techniques Neutral to Estimate Gravity Equations? [Z]. *Unpublished Working Paper*, University of Granada, 2010.

[39] Hoekman, Bernard M., Michael P. Leidy. Cascading Contingent Protection [J]. *European Economic Review*, 1992, 36 (4): 883-992.

[40] Hughes, John S., Stefanie Lenway and Judy Rayburn. Stock Price Effects of U. S. Trade Policy Responses to Japanese Trading Practices in Semi-Conductors [J]. *The Canadian Journal of Economics/Revue canadienne d'Economique*, 1997, 30 (4a): 922-942.

[41] Kasahara, Hiroyuki and Beverly Lapham. Productivity and the Decision to Import and Export: Theory and Evidence [J]. *Journal of International Economics*, 2013, 89 (2): 297-316.

[42] Kee, Hiau Looi and Heiwai Tang. Domestic Value Added in Chinese

Exports: Firm-level Evidence [Z]. *Unpublished Working Paper*, The World Bank, 2013.

[43] Khatibi, A. The Effects of Antidumping Policy on Trade Diversion: A Theoretical Approach [Z]. Mimeo, 2007.

[44] Konings, Jozef and Hylke Vandenbussche. Antidumping Protection and Markups of Domestic Firms [J]. *Journal of International Economics*, 2005, 65 (1): 151-165.

[45] Konings, Jozef and Hylke Vandenbussche. Antidumping Protection Hurts Exporters: Firm - level Evidence [J]. *Review of World Economy/ Weltwirtschaftliches Archiv*, 2013, 149 (2): 295-320.

[46] Konings, Jozef and Hylke Vandenbussche. Heterogeneous Responses of Firms to Trade Protection [J]. *Journal of International Economics*, 2008, 76 (2): 371-383.

[47] Konings, Jozef and Hylke Vandenbussche. Import Diversion under European Antidumping Policy [J]. *Journal of Industry, Competition and Trade*, 2001, 1 (3): 283-299.

[48] Kotsiubska, Viktoriia. Public Interest Consideration in Domestic and International Antidumping Disciplines [Z]. *MILE Thesis, Supervisor Gary N. Horlick*, 2011.

[49] Krupp, Corinne. M. and Patricia S. Pollard. Market Responses to Antidumping Laws: Some Evidence from the U. S. Chemical Industry [J]. *Canadian Journal of Economics*, 1996, 29 (1): 199-227.

[50] Krupp, Corinne M., and Susan Skeath. Evidence on the Upstream and Downstream Impacts of Antidumping Cases [J]. *The North American Journal of Economics and Finance*, 2002, 13 (2): 163-178.

[51] Levinsohn, J., and A. Petrin. Estimating Production Functions Using Inputs to Control for Unobservables [J]. *Review of Economic Studies*, 2003, 70 (2): 317-341.

[52] Liebman, Benjamin H. and Kasaundra M. Tomlin. Steel Safeguards and the Welfare of U. S. Steel Firms and Downstream Consumers of Steel: A Shareholder Wealth Perspective [J]. *The Canadian Journal of Economics/Revue canadienne D' Economique*, 2007, 40 (3): 812-842.

[53] Lloyd P. J. Anti–Dumping and Competition Law [Z]. *The World Trade Organization: Legal, Economic and Political Analysis*, Book, 2005, 1666–1681

[54] Lu, Y., Z. Tao, and Y. Zhang. How Do Exporters Respond to Anti-dumping Investigations? [J]. *Journal of International Economics*, 2013, 91 (2): 290–300.

[55] Maiti, D. Anti–Dumping, Competitiveness and Consumer Welfare: A Study on Commodity Prices with A Special Reference to India [Z]. *SANEI Working Paper Series*, 2012, 12–07.

[56] Melitz, M. J. The Impact of Trade on Intra–Industry Reallocations and Aggregate Industry Productivity [J]. *Econometrica*, 2003, 71 (6): 1695–1725.

[57] Niels, Gunnar. Trade Diversion and Destruction Effects of Anti-dumping Policy: Empirical Evidence from Mexico [Z]. *Unpublished Working Paper*, Mimeo, 2003.

[58] Olley, S. and A. Pakes. The Dynamics of Productivity in the Telecommunications Equipment Industry [J]. *Econometrica*, 1996, 64 (6): 1263–1297.

[59] Park, Soonchan. The Trade Depressing and Trade Diversion Effects of Antidumping Actions: The Case of China [J]. *China Economic Review*, 2009, 20 (3): 542–548.

[60] Pierce, J. Plant–Level Responses to Antidumping Duties: Evidence from U. S. Manufacturers [J]. *Journal of International Economics*, 2011, 85 (2): 222–233.

[61] Prusa, Thomas. Why Are so Many Antidumping Petitions Withdrawn? [J]. *Journal of International Economics*, 1992, 33 (1–2): 1–20.

[62] Prusa, T. J. On the Spread and Impact of Anti–dumping [J]. *Canadian Journal of Economics*, 2001, 34 (3): 591–611.

[63] Prusa, T. J. The Trade Effects of U. S. Antidumping Actions [Z]. *NBER Working Paper*, 1996, 5440.

[64] Sleuwaegen, Leo, René Belderbos, Clive Jie–A–Joen. Cascading Contingent Protection and Vertical Market Structure [J]. *International Journal of Industrial Organization*, 1998, 16 (6): 697–718.

[65] Staiger, R. W., F. A. Wolak. Measuring Industry – Specific

Protection：Antidumping in the United States ［Z］. *Brookings Papers on Economic Activity*，*Microeconomics*，1994，51-118.

［66］Topalova，Petia and Amit Khandelwal. Trade Liberalization and Firm Productivity：The Case of India ［J］. *Review of Economics and Statistics*，2011，93（3）：995-1009.

［67］Upward，Richard，Zheng Wang and Jinghai Zheng. Weighing China's Export Basket：The Domestic Content and Technology Intensity of Chinese Exports ［J］. *Journal of Comparative Economics*，2013，41（2）：527-543.

［68］Vandenbussche，Hylke，and Christian Viegelahn. Trade Protection and Input Switching：Firm-level Evidence from Indian Importers ［Z］. *Unpublished Working Paper*，Centre for Economic Policy Research，2013.

［69］Zheng Yu and Regina Abrami. The New Face of Chinese Industrial Policy：Making Sense of Antidumping Cases in the Petrochemical and Steel Industries ［J］. *Journal of East Asian Studies*：*September-December* 2011，11（3）：373-406.

［70］鲍晓华. 反倾销措施的贸易救济效果评估 ［J］. 经济研究，2007（2）：71-84.

［71］贝思·V. 亚伯勒，罗伯特·M. 亚伯勒. 世界经济贸易与金融（第 / 版）［M］. 党李明译. 北京：清华大学出版社，2009.

［72］宾建成. 中国首次反倾销措施执行效果评估 ［J］. 世界经济，2003（9）：38-43.

［73］陈波，荆然. 金融危机、融资成本与中国出口贸易变动 ［J］. 经济研究，2013（2）：30-41.

［74］陈勇兵，陈宇媚，周世民. 贸易成本、企业出口动态与出口增长的二元边际 ［J］. 经济学（季刊），2012（7）：1477-1502.

［75］丛海彬，邹德玲. 基于反倾销税实施的经济效应分析 ［J］. 特区经济，2007（12）：268-269.

［76］方勇，张二震. 出口产品反倾销预警的经济学研究 ［J］. 经济研究，2004（1）：74-82.

［77］冯宗宪，向洪金. 欧美对华反倾销措施的贸易效应：理论与经验研究 ［J］. 世界经济，2010（3）：31-55.

［78］公强，伍楠林. 反倾销税实施对进口国的福利影响 ［J］. 商场现

代化，2008（6）：16-18.

［79］韩玉军，李雅菲. 美欧对华光伏产品反倾销的成因与影响［J］.国际贸易，2013（7）：18-22.

［80］江东坡. 不对称成本信息、反倾销威胁与最优出口贸易政策［J］. 南方经济，2010（4）：37-52.

［81］李春顶，石晓军，费太安. 主动反倾销的生产率促进效应：中国证据及其解释［J］. 财贸经济，2013（7）：68-78.

［82］李春顶. 中国对外反倾销措施的产业救济效果研究（1997～2007）［J］. 南方经济，2011（5）：3-16.

［83］李猛，于津平. 中国反倾销跨越动机对外直接投资研究［J］. 财贸经济，2013（4）：66-73.

［84］李淑贞. 中国反倾销的贸易救济效应：基于产品进口倾向性的比较研究［J］. 国际贸易问题，2013（6）：106-114.

［85］林伟勤. 行业协会建设与应对反倾销的策略选择［J］. 南方经济，2005（11）：106-108.

［86］刘玲，刘剑芸. 中国对外反倾销的贸易救济效果研究［J］. 经济与管理研究，2009（10）：67-73.

［87］刘重力，曹杰. 欧盟对华反倾销的贸易转移效应：基于产品角度的经验分析［J］. 国际贸易问题，2011（7）：91-101.

［88］卢仁祥. 金融危机下的贸易救济问题研究［J］. 经济问题，2012（6）：33-36.

［89］鲁晓东，连玉君. 中国工业企业全要素生产率估计：1999～2007［J］. 经济学（季刊），2012（1）：541-558.

［90］毛其淋，盛斌. 贸易自由化、企业异质性与出口动态——来自中国微观企业数据的证据［J］. 管理世界，2013（3）：48-68.

［91］米家龙，侯杰，郭双焦. 中国反倾销、反补贴和保障措施制度的完善研究［M］. 北京：经济科学出版社，2009.

［92］彭国华，夏帆. 中国多产品出口企业的二元边际及核心产品研究［J］. 世界经济，2013（2）：42-63.

［93］钱学锋，熊平. 中国出口增长的二元边际及其因素决定［J］. 经济研究，2010（1）：65-79.

［94］邵敏，包群，叶宁华. 信贷融资约束对员工收入的影响［J］. 经

济学（季刊），2013（4）：895-912.

[95] 沈国兵. 美国对华反倾销对中国内向和外向 FDI 的影响 [J]. 财贸经济，2011（9）：63-71.

[96] 沈国兵. 美国对中国反倾销的贸易效应：基于木制卧室家具的实证分析 [J]. 管理世界，2008（4）：48-59.

[97] 沈瑶，王继柯，单晓菁. 中间品反倾销税的适度征收问题研究 [J]. 南开经济研究，2003（4）：15-19.

[98] 沈瑶，王继柯. 中国反倾销实施中的贸易转向研究：以丙烯酸酯为例 [J]. 国际贸易问题，2004（3）：9-12.

[99] 沈瑶，朱益，王继柯. 中国反倾销实施中的产业关联研究：以聚氯乙烯案为例 [J]. 国际贸易问题，2005（3）：83-87.

[100] 史青. 企业出口对员工工资影响的再分析 [J]. 数量经济技术经济研究，2013（3）：3-21.

[101] 苏振东，刘芳. 中国对外反倾销措施的产业救济效应评估——基于动态面板数据模型的微观计量分析 [J]. 财贸经济，2009（10）：77-84.

[102] 苏振东，刘芳. 中国对外反倾销的经济救济效果评估 [J]. 世界经济研究，2010a（1）：45-51.

[103] 苏振东，刘芳，严敏. 中国反倾销措施产业救济效应的作用机制和实际效果 [J]. 财贸经济，2010b（11）：88-96.

[104] 苏振东，刘璐瑶，洪玉娟. 对外反倾销措施提升中国企业绩效了吗 [J]. 财贸经济，2012（3）：68-75.

[105] 苏振东，邵莹. 对外反倾销措施能否改善中国企业绩效？——以化工产品"双酚A"案件为例 [J]. 经济评论，2013（4）：81-88.

[106] 苏振东，邵莹. 对外反倾销能否提升中国企业生存率？——以化工产品"双酚A"案件为例 [J]. 财贸经济，2014（9）：82-93.

[107] 唐宇. 反倾销保护引发的四种经济效应分析 [J]. 财贸经济，2004（11）：65-69.

[108] 田巍，余淼杰. 企业出口强度与进口中间品贸易自由化：来自中国企业的实证研究 [J]. 管理世界，2013（1）：28-44.

[109] 王分棉，周煊. 对外反倾销一定能保护国内产业吗 [J]. 世界经济研究，2012（11）：50-56.

[110] 王晓磊, 沈瑶. 中国对外实施反倾销措施的直接经济效应研究——以基础化工产品案件为例 [J]. 财贸研究, 2014 (2): 65-74.

[111] 王孝松, 施炳展, 谢申祥等. 贸易壁垒如何影响了中国的出口边际?——以反倾销为例的经验研究 [J]. 经济研究, 2014 (11): 58-71.

[112] 王孝松, 翟光宇, 林发勤. 反倾销对中国出口的抑制效应探究 [J]. 世界经济, 2015 (5): 36-58.

[113] 吴国松, 朱晶, 林大燕. 中国不同类别农业保护支持政策的贸易救济效应 [J]. 中国农村经济, 2013 (12): 39-50.

[114] 吴益民. 试论反倾销中的公共利益原则 [J]. 上海大学学报, 2019 (6): 96-110.

[115] 向洪金. 国外对华反倾销措施的贸易限制效应与贸易转移效应研究 [J]. 数量经济技术经济研究, 2008 (10): 75-86.

[116] 谢千里, 罗斯基, 张轶凡. 中国工业生产率的增长与收敛 [J]. 经济学 (季刊), 2008 (3): 809-826.

[117] 杨仕辉, 邓莹莹. 被诉反倾销措施贸易效应的实证分析与比较 [J]. 国际经贸探索, 2002 (5): 107-120.

[118] 杨仕辉, 魏守道. 中国被诉反倾销寒蝉效应的实证分析 [J]. 国际经贸探索, 2010 (4): 21-27.

[119] 杨晓云, 药朝诚. 中印反倾销行为特征比较研究 [J]. 国际贸易问题, 2012 (7): 132-139.

[120] 杨艳红, 李小平. 中国对外反倾销与国内企业的市场势力 [J]. 宏观经济研究, 2012 (1): 38-41.

[121] 叶宁华, 包群, 邵敏. 空间集聚、市场拥挤与中国出口企业的过度扩张 [J]. 管理世界, 2014 (1): 58-72.

[122] 苑涛. 反倾销的经济影响: 对中国的分析 [M]. 北京: 人民出版社, 2009.

[123] 张亮. 反倾销法从低征税规则研究 [M]. 北京: 中国法制出版社, 2012.

[124] 张玉卿, 邱薇. 中国石化产业对外反倾销效果分析 [J]. 对外经贸事务, 2008a (11): 43-46.

[125] 张玉卿, 杨荣珍. 中国对外反倾销贸易救济效果评估 [J]. 世界贸易组织动态与研究, 2008b (11): 1-6.

［126］赵磊. 中国反倾销措施的贸易救济效果检验［J］. 经济问题探索，2012（9）：41-46.

［127］朱庆华. 反倾销、贸易救济与公共利益［M］. 北京：中国财政经济出版社，2009.

［128］朱宪辰，李玉连. 领导、追随与社群合作的集体行动——行业协会反倾销诉讼的案例分析［J］. 经济学（季刊），2007（2）：581-596.

［129］朱钟棣，鲍晓华. 反倾销措施对产业的关联影响［J］. 经济研究，2004（1）：83-92.

［130］祝福云. 反倾销税的价格效应与产出效应研究［J］. 价格理论与实践，2012（9）：82-83.

后 记

很多人认为，反倾销是一个"古老"的问题，再来研究已经失去意义，但是实际上并非如此。反倾销兴起于 20 世纪 80 年代，一直活跃在全球贸易实践中，并被常用常新，先后由发达国家向发展中国家蔓延、再由传统产业向新兴产业扩散，在近几年的中美贸易争端中也被反复多次运用，彰显了其旺盛的生命力。

任何一项贸易政策的运用与实施，都不能忘却"初心"所在，反倾销也不例外。截至 2019 年底，中国一共发起了 291 起反倾销调查。本书关心的问题是，中国为什么要对外发起反倾销？这些反倾销调查是否达到了目的？这也是本书写作的动机。令人欣慰的是，通过本书的写作我找到了答案。

应该说，在反倾销规则运用方面，中国完成了从初学者向熟练运用者的蜕变。即使当初因为担心外国对华大规模使用贸易制裁措施而在《中华人民共和国反倾销条例》中设立了"适当情况下有权进行反制"的相关条款，但 23 年的实践依然能够证明，中国已经逐渐成长为一个既充满智慧又极端克制的反倾销谨慎使用国。

我从 2013 年开始着手反倾销问题的研究，至今已经七年有余。七年来，尽管我对反倾销问题有了更深的理解，但也对出现的问题产生了新的疑惑。例如，在实践中反倾销政策如何巧妙地平衡进口竞争性企业与下游企业的利益关系，反倾销是否有利于规范大型跨国企业母子公司或总分公司之间的转移定价行为，反倾销在细分行业领域是否拥有扭转资本流动方向的能力……这些问题不断鞭策着我努力追问、不断前行、不停探索。

本书是我在博士论文的基础上完善而成的，依托于安徽省哲学社会科学规划项目"反倾销视角下我国企业的全球产业链攀升路径研究"（AHSKF2019D048）完成，同时得到了安徽省社会科学院区域现代化研究院的资助。本书中一些章节虽然已在《经济学（季刊）》《上海经济研究》《当代财经》《现代财经》等期刊上发表，但囿于篇幅，期刊上发表的版本没有此书中内容完整。

本书及相关论文的写作得到了我的导师鲍晓华教授深入浅出和细致入微的指导，书稿完成后鲍教授又在百忙之中抽空代我写序；此外，本书的不少观点是我在上海财经大学商学院求学期间与授课教授、同门师弟师妹及同学的讨论中碰撞产生的，他们帮助我在研究过程中攻坚克难，谨在此致以衷心的感谢！

本书能够顺利出版，得益于我所在单位安徽省社会科学院的领导曾凡银院长、沈天鹰副院长、杨俊龙副院长、沈跃春副院长、陈瑞处长、杭大虎处长、何长辉主任、孔令刚所长和张谋贵副所长的无私帮助，得益于我的同事储昭斌副研究员、李双全老师、吴寅恺博士、严静博士、李颖博士和许红老师等的谆谆鼓励，得益于经济管理出版社任爱清女士的细心勘校，同时还得益于我的家人秦钟建先生和秦一方女士的大力支持，在此一并表示感谢！

谨以此书献给所有帮助和支持我的人，再次真诚地感谢你们！

陈清萍

2020 年 6 月 12 日